Reinhold Christiani · Klaus Metzger (Hrsg.)

Die Grundschul-Fundgrube
für Vertretungsstunden

Lehrer-Bücherei: Grundschule

Herausgegeben von
Reinhold Christiani und Klaus Metzger

Autorinnen und Autoren:

Anders, Karin (Münster)
Auras, Tom (Köln)
Berend, Carmen (Aachen)
Birnstengel-Höft, Ute Dr. (Lindlar)
Böhm, Beate (Georgsmarienhütte)
Bölting, Mechthild (Köln)
Bongartz, Thomas (Viersen)
Bonsels, Nadine (Viersen)
Bürger, Christoph (Erkelenz)
Christ, Elisabeth (Aachen)
Cottmann, Kathrin (Köln)
Draack, Claudia (Osnabrück)
Feldhaus, Anne (Köln)
Fortmeier, Anne Marie (Krefeld)
Gien, Gabriele Dr. (Augsburg)
Harrer, Lisa (Augsburg)
Heyden, Karl-Heinz (Herne)
Hoffmann, Susanne
  (Bad Salzuflen)
Kamps, Petra (Neuss)
Keßler, Rudolf (Siegen)
Köppert, Christine Dr. (Augsburg)
Krisch, Jule (Herrsching am See)
Kuschkewitz, Elisabeth (Herne)
Lemmen, Petra (Erkelenz)
Leuchter, Johanna
  (Heinsberg-Oberbruch)
Lorenz, Petra (Herne)
Lorenz, Werner (Herne)

Mahlke, Angelika (Herten)
Menzel, Dirk Dr.
  (Schwabmünchen)
Metzger, Klaus (Gersthofen)
Nicklaus, Ingrid (Düsseldorf)
Nikolei, Judith (Wesel)
Oerter, Andrea (Münster)
Rauenschwender, Heiko (Münster)
Robert, Chistina (Borken-Weseke)
Roßmannek, Elfi (Herne)
Roßmannek, Jörg (Herne)
Spiegel, Ute Dr. (Mering)
Spinner, Kaspar H. Prof. Dr.
  (Mering)
Starke, Thomas (Münster)
Sterkenburgh, Sabine (Dinslaken)
Szacknys-Kurhofer, Silvia
  (Versmold)
Verboom, Lilo (Düsseldorf)
Weiler, Brigitte (Köln)
Weindl, Brigitte (Friedberg)
Witte, Mechthild Maren
  (Dortmund)

Reinhold Christiani
Klaus Metzger (Hrsg.)

Die Grundschul-
Fundgrube für
Vertretungsstunden

•

Unterrichtsideen für zwischendurch
Beispiele für die Klassen 1 bis 4

Die in diesem Werk angegebenen Internetadressen haben wir geprüft (Redaktions-
schluss Juli 2004). Dennoch können wir nicht ausschließen, dass unter einer solchen
Adresse inzwischen ein ganz anderer Inhalt angeboten wird.

 http://www.cornelsen.de

Bibliografische Information: Die Deutsche Bibliothek verzeichnet diese Publikation
in der Deutschen Nationalbibliografie; detaillierte bibliografische Daten sind im
Internet über http://dnb.ddb.de abrufbar.

Dieses Werk berücksichtigt die Regeln der reformierten Rechtschreibung und
Zeichensetzung.

5.	4.	3.	2.	1.	Die letzten Ziffern bezeichnen
08	07	06	05	04	Zahl und Jahr der Auflage.

© 2004 Cornelsen Verlag Scriptor GmbH & Co. KG, Berlin
Das Werk und seine Teile sind urheberrechtlich geschützt. Jede Verwertung in ande-
ren als den gesetzlich zugelassenen Fällen bedarf deshalb der vorherigen schriftlichen
Einwilligung des Verlags.
Hinweis zu § 52 a UrhG: Weder das Werk noch seine Teile dürfen ohne eine solche
Einwilligung eingescannt und in ein Netzwerk eingestellt werden. Dies gilt auch für
Intranets von Schulen und sonstigen Bildungseinrichtungen.

Redaktion: Anja Sokoll, Berlin
Herstellung: Brigitte Bredow, Berlin
Illustrationen: Klaus Müller, Berlin
Satz: FROMM MediaDesign GmbH, Selters/Ts.
Umschlagfoto: David Ausserhofer, Berlin
Druck und Bindung: Clausen & Bosse, Leck
Printed in Germany
ISBN 3-589-05092-6
Bestellnummer 50926

 Gedruckt auf säurefreiem Papier,
umweltschonend hergestellt aus chlorfrei gebleichten Faserstoffen.

Inhaltsverzeichnis

Vorwort

Kolleginnen und Kollegen vertreten – das gehört zum täglichen Geschäft des Unterrichtens, sei es für einige Stunden, wenige Tage oder auch für einen längeren Zeitraum. Vertretungsunterricht ist im normalen Schulbetrieb immer ein Störfaktor: Das geordnete Schulehalten gerät leicht durcheinander. Und Kinder im Grundschulalter vermissen nichts so sehr wie Kontinuität und Verlässlichkeit.

Vertretungen werden – zu Recht – ungern übernommen. Wer will schon gern den Aufpasser spielen? Man will auch nicht einfach nur den Unterrichtstoff wiederholen oder weiterführen, den die Kollegin oder der Kollege durchgenommen hat oder noch durchnimmt, vor allem dann nicht, wenn es einer längerfristige Vertretung ist.

Gewiss, es ist eine Belastung, wenn man unvorhergesehen in einer Klasse vertreten muss. Die Grundschule kann jedoch die Belastung für die Kolleginnen und Kollegen in Grenzen halten, wenn sie über ein organisatorisches Konzept verfügt, mit dem alle gegen unliebsame Überraschungen gefeit sind. Professionelle Zusammenarbeit vorausgesetzt, lässt sich ein gut funktionierendes Vertretungskonzept in überschaubarer Zeit erarbeiten. Dazu gehören u. a. ein kontinuierlicher Erfahrungsaustausch, abgestimmte Unterrichtsplanung für die Parallelklassen, ein Austausch der Arbeitsmaterialien, Absprachen hinsichtlich der Leistungsüberprüfungen. Wünschenswert ist es auch, dass die Schülerinnen und Schüler die gleichen Arbeitsformen kennen und wichtige Arbeitstechniken beherrschen. Umso besser, wenn die Klassen mit gutem Arbeitsmaterial ausgestattet sind. Kurz: Weiß man viel voneinander, dann fällt die Vertretung auch leichter.

Andererseits fordern Vertretungsstunden das Organisationstalent und die methodische Fantasie der Lehrenden. Und sie bieten die spannende Chance, gezielt Neues auszuprobieren, was im unterrichtlichen Alltag vor allem aus Zeitmangel oft unterbleibt.

Muss man den Unterricht in einer Klasse vertretungsweise übernehmen, ist es hilfreich, wenn man auf bewährte Unterrichtseinheiten zurückgreifen kann, die möglichst sofort und ohne allzu große Vorbereitung umsetzbar sind. Dann wird die Vertretungsstunde auf keinen Fall zu einer seelenlosen Stillbeschäftigung, deren Ende die Kinder herbeisehnen, sondern sie wird sinnvoll herausfordernder Unterricht. Für diesen Zweck haben Lehrerinnen und Lehrer vor allem aus Nordrhein-Westfalen und Bayern Unterrichtsvorschläge für Vertretungsstunden erarbeitet.

Zur schnelleren Orientierung sind alle Unterrichtsbeispiele nach Fächern sortiert und nach demselben Muster aufgebaut:

- Wie heißt das Thema?
- Für welche Jahrgangsstufen ist das Beispiel geeignet?
- Wie viel Zeit nimmt es etwa in Anspruch?
- Welche Materialien muss ich vorbereiten?

Zu jeder Einheit sind Ziele formuliert. Im Anschluss daran wird ein Verlauf in groben Zügen vorgeschlagen. Unter ⚠ **Tipps** stehen Vorschläge zur Variation oder zur Erweiterung des Themas. Wenn von der Lehrerin oder den Schülern die Rede ist, sind selbstverständlich beide Geschlechter gemeint.

Auch im Vertretungsfalle haben die Schülerinnen und Schüler Anspruch auf bestmögliche Förderung. Deshalb ist es wichtig, jede Vertretungsstunde pädagogisch und didaktisch-methodisch planvoll zu gestalten. Dazu muss nicht immer – und schon gar nicht sofort – das durchgenommen werden, was im Schulbuch oder gar im Lehrplan steht. Es kommt vielmehr darauf an, dass die Unterrichtszeit sinnvoll genutzt wird, d. h., dass die Schülerinnen und Schüler auch im Vertretungsfalle zielorientiert unterrichtet und gefördert werden. Das soll, obwohl losgelöst vom täglichen Unterrichtsgeschehen, Neugier wecken und kreatives Denken und Tun fördern, aber auch Freude machen. Wir hoffen, dass diese Fundgrube dazu beiträgt.

REINHOLD CHRISTIANI und KLAUS METZGER

DEUTSCH

Verben mit kombinatorischer Verhärtung

Ute Spiegel

Klassenstufe   1–2
Dauer   ca. 45 Minuten
Vorbereitung/Material   Text an Tafel schreiben; für Gruppenarbeit je nach Gruppenzahl Wortkarten kopieren, zerschneiden und in Umschläge geben, dazu DIN-A3-Blätter.

Ziel
Strategie für den Umgang mit einem Rechtschreibphänomen entwickeln

Anmerkung
Im Deutschen werden die schwach behauchten Laute B, G, D im Auslaut stark ausgesprochen und klingen damit wie P, K, T. Dies ist bei den Substantiven [hunt] und Adjektiven [gelp] der Fall. Dasselbe Phänomen tritt bei den Verben auf: Hier wird in Kombination mit dem „grammatischen" T (3. Person Singular = „er gipt") ebenfalls verhärtet, deshalb die Bezeichnung „kombinatorische Verhärtung".
In der Schrift wird diese lautliche Änderung auf Grund des morphematischen Prinzips nicht nachvollzogen. Wegen der Gleichschreibung des Wortstammes bleiben B und G erhalten.

Verlauf

Phasen	Schritte
1	• Schaffung eines Problembewusstseins durch folgenden Fehlertext an dem Tafelflügel: *Das macht Peter* *Peter schreipt nicht so gerne. Dafür liept er malen. Er gipt sein Bild der Lehrerin. Die zeikt es der Klasse. Alle finden es schön.*
2	• Suchen der Fehler. • Eine Lösungsmöglichkeit überlegen (Verlängerung der Form). ▶▶▶

	• Wortkarten in der Grundform und der „er-Form" vergleichen, gleichen Wortstamm farbig markieren, mit richtiger Wortkarte falsche Schreibung überhängen.
3	• Ähnliche Beispiele an der Tafel sammeln. Auch hier soll bei jedem Beispiel der gleiche Wortstamm farblich markiert werden. • Gruppenarbeit: Zusammengehörige Wortkarten suchen, Wortstamm markieren, auf ein DIN-A3-Blatt aufkleben. Dieses kann einige Zeit im Klassenzimmer aufgehängt werden. Falls ein Wörterheft vorhanden ist, können die Wortkarten dort aufgeschrieben werden. Auch kann ein Merksatz formuliert werden.

☐ Tipp

Die Formulierung eines Merksatzes sollte mit Bedacht erfolgen. Hieran darf gekaut und gefeilt werden. Oft zeigen sich erst hier Unsicherheiten und Missverständnisse der Schüler. Lieber kein Merksatz als einer, der den Schülern übergestülpt wird!

Material

Wortkarten

schreibt	liebt	gibt	zeigt
schreiben	lieben	geben	zeigen

Wortkarten für die Gruppenarbeit

bewegen	er bewegt	schreiben	er schreibt
bleiben	er bleibt	singen	er singt
bringen	er bringt	üben	er übt
fragen	er fragt	werden	er wird
geben	er gibt	zeigen	er zeigt
leben	er lebt	fliegen	er fliegt
legen	er legt	liegen	er liegt
lieben	er liebt	lügen	er lügt
pflegen	er pflegt	schieben	er schiebt

Piraten, Gespenster, Vampire, Hexen und Co. – kreative Schreibanlässe

Elisabeth Kuschkewitz

Klassenstufe   1–4
Dauer   45 Minuten oder länger
Vorbereitung/Material Tafel, Zeichenblock, DIN-A4-Blätter

Ziele
● Kreatives Schreiben anregen
● Wortschatz erweitern
● Kommunikation und Kooperation fördern

Verlauf in Klasse 1 und 2

Phasen	Schritte
1	● Tafelanschrift mit Wortmaterial, das auf das Thema schließen lässt, z. B.: Segelschiff – Schatzkiste – Gold – Totenkopf – Säbel … Die Wörter vorlesen lassen, die Kinder finden schnell das geplante Thema und äußern sich spontan.
2	● Mögliche Weiterarbeit einzeln, mit dem Partner oder in der Gruppe: – Die Kinder schreiben eine kleine Geschichte, die sie mit passenden Bildern versehen. – Sie malen ein Piratenschiff, eine Schatztruhe, einen Piraten usw. und schreiben eigene Wörter dazu. – Sie malen ein Bild und schreiben einen kleinen Text oder einen Satz dazu. – Sie schreiben die Wörter von der Tafel ab und malen jeweils das entsprechende Bild dazu.
3	● Zum Abschluss werden die Ergebnisse vorgestellt und an der Tafel oder an der Wand ausgehängt.

⊡ Tipps
● Man kann auch mit einem Erzählkreis beginnen, in dem die Kinder ihr Wissen und ihre Vorstellungen einbringen können. Dazu notiert der Lehrer Wortmaterial an der Tafel.

- Vorschläge für eine Tafelanschrift zu den Themen:
  Gespenster: Schloss – Mitternacht – Turmuhr – Kettengerassel – Spinnweben
  Vampire: Sarg – Knoblauch – Kreuz – Umhang – Zähne
  Hexen: Besen – Rabe – Kater – Buch – Tanz

Verlauf in Klasse 3 und 4

Phasen	Schritte
1	<ul><li>Die Kinder erstellen tischgruppenweise eine Wortsammlung zum Thema.</li><li>Die einzelnen Wortsammlungen werden allen vorgestellt und evtl. noch ergänzt. Beispiel: zittern, schrecklich, feuchte Mauern, kalte Hand, Fledermäuse, schleichen, unheimlich, Schritte von hinten, Angstschweiß, Angst.</li><li>Die Kinder machen Vorschläge für die inhaltliche Gestaltung einer Geschichte. Beispiel: Beim Stöbern im Wald entdecken Kinder ein verfallenes Schloss und gehen hinein. Im Dunkeln verlaufen sie sich in den Gängen und finden den Weg zurück nicht mehr. Es ist kalt und unheimlich in den feuchten Mauern. Sie hören seltsame Geräusche. Was sollen sie tun?</li></ul>
2	<ul><li>Mögliche Weiterarbeit einzeln, mit dem Partner oder in der Gruppe: – Mit Hilfe des Wortmaterials schreiben die Kinder eine Geschichte auf. – Sie gestalten eine Bildergeschichte.</li></ul>
3	<ul><li>Zum Abschluss werden die Ergebnisse in einem Erzählkreis vorgestellt.</li></ul>

⚠ Tipps

- Die Wortsammlung kann in die Umrisszeichnung eines Piratenschiffes, eines Geisterschlosses, eines Sarges, eines Hexenbesens usw. geschrieben werden.
- Die Geschichten können mit Hilfe von körpereigenen Instrumenten verklanglicht und dann vorgetragen werden.
- Mit den ausgeschnittenen Piraten kann ein in Gemeinschaftsarbeit entstandenes Piratenschiff ausgerüstet werden.

● Eine alternative Möglichkeit, sich mit dem Thema Piraten zu befassen, wäre folgende: Der Lehrer schreibt lustige Piratennamen an die Tafel wie z. B.: Jan Holzbein – Tom Schielauge – Lars Stoppelbart – Jim Langhals – Luk Ringelsocke – Tim Eisenhand – Rob Buntrock usw. Den Kindern macht es sicherlich Spaß, selbst solche Namen zu finden. Anschließend malen die Kinder einen zum Namen passenden Piraten auf ein Blatt. Zum Abschluss wird geraten, welcher Pirat wohl dargestellt wurde.

Falsches raus! – Spielen mit Sprache

Klaus Metzger

Klassenstufe   1–4
Dauer   beliebig
Vorbereitung/Material Tafel oder OH-Projektor, Folien und Folienstifte

Ziele
● Aktiven und passiven Wortschatz erweitern
● Sprachliche Strategien fördern

Anmerkung
Aus einer Reihe von Wörtern muss das Wort herausgefunden werden, das nicht hineinpasst. Dabei können ganz unterschiedliche Kriterien und Merkmale angewandt werden.
Beispiele:
Rotbuche – Silbertanne – Trauerweide – Blaufichte
Alle sind Bäume, aber die Trauerweide hat kein Farbadjektiv in ihrem Namen.
Himbeere – Erdbeere – Stachelbeere – Brombeere
Alle sind Beeren, aber Stachelbeere hat vier Silben.

Das ist manchmal einfach, manchmal knifflig. Immer jedoch müssen die Kinder in allen Teilbereichen der Sprache nachdenken und ganz unterschiedliche Strategien anwenden.

Verlauf

Phasen	Schritte
1	• Wortreihen an die Tafel schreiben oder per OH-Projektor an die Wand projizieren. • Gemeinsame Raterunden, möglichst mit verschiedenen Kriterien, damit die Vielfalt klar wird.
2	• Kinder erstellen Wortreihen in Partner- oder Gruppenarbeit, die sie auf Folienstücke schreiben.
3	• Lösen der Rätsel.

⚠ Tipp

„Falsches raus!" kann kooperativ (dann gerät das Finden der Struktur, die Sprache ins Zentrum) oder im Wettbewerb (dann stehen eher Sieg oder Niederlage im Vordergrund) gespielt werden.

Material

1. Schnabelente – Rotfuchs – Blauwal – Rotkehlchen (Tiere, aber Schnabelente hat kein Farbadjektiv im Namen)
2. Sessel – Stuhl – Hocker – Couch (auf allen kann man sitzen, aber die Couch ist als einzige feminin; nur auf der Couch können mehrere sitzen)
3. Väter – Mütter – Schwestern – Brüder (alle gehören zur Familie, aber die Schwestern haben keinen Umlaut)
4. Messer – Gabel – Löffel – Teller (drei gehören zum Besteck; ein Wort hat keine Doppelkonsonanz)

Wortwechsler – Spielen mit Sprache

Klaus Metzger

Klassenstufe   1–4
Dauer   beliebig
Vorbereitung/Material   Tafel oder OH-Projektor mit Folien

Ziele
- Mit Sprache spielerisch umgehen
- Aktiven und passiven Wortschatz der Kinder aktivieren
- Individuelles Sprachvermögen fördern

Anmerkung
Ein Ausgangswort verwandelt sich dabei in ein völlig anderes Zielwort. Pro Schritt darf immer nur ein Buchstabe verändert werden. Es dürfen nur sinnvolle Wörter vorkommen.
Beispiel:
Aus Sonne wird Kante:

S	O	N	N	E
T	O	N	N	E
T	A	N	N	E
T	A	N	T	E
K	A	N	T	E

Die Zeilen geben die Anzahl der nötigen Schritte vor.

Erfahrungsgemäß setzen die Kinder, haben sie den „Wortwechsler" erst einmal kennen gelernt, alles daran, möglichst schwierige Wortpaare zu finden. So beschäftigen sie sich ohne Aufforderung intensiv und gewinnbringend mit einer Ebene von Sprache – den Wörtern.

Verlauf

Phasen	Schritte
1	• Raster an die Tafel oder auf Folie zeichnen.
2	• Ausgangs- und Zielwort eintragen.
3	• Raterunde; kann beliebig oft wiederholt werden.

⚠ Tipps
- Wörterpaare können schon Kinder der ersten Klasse finden. Sie übernehmen dann die Leitung „ihres" Spiels.
- Möglich ist es auch, darauf zu verzichten, eine Zeilenanzahl vorzugeben. Das macht es etwas schwieriger.
  Der „Wortwechsler" ist ein kooperatives Spiel, es kann aber auch als Wettbewerb gestaltet werden.
- Weitere Beispiele für „Wortwechsler" wären:
  KRAGEN – TRAGEN – TRAUEN – BRAUEN – BRATEN
  WOLKE – WOLLE – WILLE – WILLI – LILLI
  DIEBE – LIEBE – LIESE – RIESE – RIEGE – ZIEGE
  GABEL – NABEL – NAGEL – NAGER – HAGER
  TELLER – TEILER – TEILEN – FEILEN/HEILEN/MEILEN

Micki, der Ausreißer – aktives Zuhören

Kaspar H. Spinner

Klassenstufe   1–4
Dauer   ca. 20 Minuten
Vorbereitung/Material Text zum Vorlesen

Ziele
- Konzentriertes Zuhören
- Vorstellungen entwickeln
- Bezug zum Text herstellen

Anmerkung
An ausgewählten Textstellen werden beim Vorlesen zuhöreraktivierende Impulse gegeben. Impuls 1 (s. Material) stellt eine Verbindung zu eigenen Erfahrungen her. Impuls 2 und 3 regen das antizipierende Verstehen an. Impuls 4 hält dazu an, eine Verbindung zu einer früheren Textstelle (Micki sagt nicht, wo der Schal ist) herzustellen. Impuls 5 soll den Blick abschließend auf die innere Handlung der Geschichte lenken.

Verlauf

Phasen	Schritte
1	• Die Kinder sitzen im Kreis. • Die Lehrerin liest die Geschichte vor. • An den angegebenen Schlüsselstellen der Geschichte werden die Impulse gegeben (s. Material). • Die Kinder äußern ihre Ideen.

⚠ Tipps

• Zusätzlich könnte man an der Stelle, wo die Ratten auftauchen und Micki fieberhaft überlegt, was er machen könnte, einen Impuls setzen (Was wird Micki jetzt wohl tun?).

• Die Geschichte eignet sich in Klasse 3 und 4 auch zum Weiterschreiben, wenn man bei Impuls 3 abbricht.

• Im Band „Die schönsten Erstlesegeschichten" von Mirjam Pressler findet man weitere Texte, die für das Vorlesen geeignet sind. Besonders amüsant ist „Der kleine Hund" (S. 127–136).

Material

Micki, der Ausreißer

Micki liegt im Bett und ist wütend. [*Impuls 1: Liegst du auch manchmal wütend im Bett?*] Sehr wütend. „Morgen laufe ich weg", denkt er. „Dann werden sie schon sehen! Dann werden sie traurig sein und mich suchen. Morgen nach dem Frühstück packe ich meinen Schlafanzug und einen warmen Pullover in meinen Ranzen, und dann gehe ich weg. Nein, ich nehme noch mein Sparschwein mit. Schließlich muss ich mir ja was zum Essen kaufen. Ach ja, und die Schokolade in der Speisekammer packe ich auch noch ein. Mama wird sich ganz schön Sorgen machen, wenn ich nicht mehr da bin. Warum muss sie auch immer an mir rummeckern? ‚Micki, wie sieht denn dein Zimmer aus! Micki, du hast schon wieder nicht die Zähne geputzt. Micki, wisch sofort die Milch vom Boden, warum kannst du denn nicht besser aufpassen? Micki, sag mir auf der Stelle, wo dein neuer Schal ist.' ‚Das kann ich nicht, Mama', hat Micki gesagt. Und die Mutter hat ihn angeschrien: ‚Kannst du denn nie auf deine Sachen aufpassen?'"
Micki muss vor lauter Mitleid mit sich selbst ein bisschen weinen. „Morgen gehe ich weg", denkt er. „Sie mag mich ja sowieso nicht."

Mit dem Zug? Nein, Mit dem Bus? Nein. Mit dem Schiff? Ja, mit dem Schiff. Und es wird ein schönes Schiff sein. Weiß und groß schaukelt es im Hafen auf dem Wasser. Micki wartet, bis niemand hinschaut, dann läuft er schnell über das Fallreep zum Schiff hinüber. Auf dem Zwischendeck findet er eine Ecke, in der nur ein paar Besen und ein paar Eimer stehen. Er holt seinen warmen Pullover aus dem Ranzen, rollt ihn als Kopfkissen zusammen und streckt sich auf dem Boden aus. Ein bisschen hart ist es, aber das ist nicht so schlimm. Wenn man in die weite Welt hinauszieht, darf man nicht so zimperlich sein

Überall auf dem Schiff hört er Leute herumlaufen und reden. „Verdammt, kannst du nicht besser aufpassen?", brüllt ein Mann. Und dann hört man das Klatschen einer Ohrfeige.

Micki rollt sich zusammen. Von diesem Mann möchte er nicht gefunden werden, wirklich nicht.

Dann fangen die Motoren an zu tuckern. Das Schiff zittert so heftig, dass man das Schaukeln nicht mehr merkt. Und dann fährt es los. Die große Fahrt hat begonnen. Und seine Mutter wird morgen Augen machen, wenn er nicht mehr nach Hause kommt. Ausgerechnet an ihrem Geburtstag.

Micki holt sich eine Tafel Schokolade aus dem Ranzen. „Schokolade als Abendessen", denkt er, „nicht schlecht."

Es wird dunkel, es muss schon ziemlich spät sein. Und auf dem Schiff wird es immer stiller. Dann ist nur noch das Tuckern der Motoren zu hören und das leise Klatschen der Wellen an die Schiffswand. Micki macht die Augen zu.

Da hört er plötzlich ein Rascheln und setzt sich erschrocken auf. Überall um ihn herum raschelt es. Er hält die Luft an. Und dann sieht er in dem Dämmerlicht dunkle Schatten. [*Impuls 2: Was könnte das wohl sein?*] Ratten! „Natürlich", denkt er, „auf jedem Schiff gibt es Ratten. Das steht in allen Büchern, und man kann es in allen Filmen sehen. Und wie könnten Ratten das sinkende Schiff verlassen, wenn es sie nicht gäbe?"

Micki überlegt fieberhaft, was er machen könnte. Und dann hat er eine wunderbare Idee. Er holt aus dem Ranzen die beiden letzten Tafeln Schokolade hervor. Mit zitternden Fingern reißt er das Papier ab und bricht die Schokolade in kleine Stücke. Eines nach dem anderen wirft er den Ratten hin. Er hört, wie sie mit ihren scharfen Zähnen nagen. Noch ein Stück. Doch dann ist die Schokolade zu Ende. Nichts mehr. Die Ratten kommen drohend auf ihn zu. Micki spürt die scharfen Zähne an seinen Beinen und fängt an zu schreien … [*Impuls 3: Und wie könnte nun die Geschichte weitergehen?*]

Jemand schüttelt ihn an der Schulter. „Micki, wach auf. Wir müssen doch für Mama den Geburtstagstisch decken. Hast du schlecht geträumt?"

Es ist Papa.

Micki nickt und schiebt die Schlafanzugbeine hoch. Seine Haut ist heil und sauber. Erleichtert springt er aus dem Bett. Dann holt er sein Geschenk aus der Spielzeugkiste. Ein selbst gemachtes Bilderbuch. Eingewickelt in [*Impuls 4: Ja, worin eingewickelt?*] den neuen Schal, weil er kein Papier gefunden hatte. Und Zeitungspapier wollte er nicht nehmen.

Als Mama sein Geschenk auspackt, schaut sie Micki an. „Entschuldige", sagt sie. „Bist du mir noch böse?" *[Impuls 5: Und was denkt ihr, ist Micki noch wütend auf seine Mutter?]* Micki schüttelt den Kopf und lacht.

Mirjam Pressler

Silbenspiele

Ute Spiegel

Klassenstufe   1–4
Dauer   je 10–25 Minuten

Ziele
● Interaktion fördern
● Rhythmische Sicherheit aufbauen
● Silbenaufbau von Wörtern erkennen
● Ähnlichkeiten der letzten Silben in Wörtern erkennen

Verlauf

Spiel	Schritte
Namens-spiel in der Klasse	● Ein Schüler beginnt und sagt: Ich bin der O-le (Name wird geklatscht) und rufe die Ma-rie (Name wieder nur geklatscht). Die Kinder, die gemeint sein könnten, melden sich. Das aufgerufene Kind macht im selben Stil weiter. ● Eindeutiger wird das Spiel, wenn Vor- und Zuname genannt werden. ● Lustiger wird es, wenn statt zu klatschen eine andere Bewegungsart gewählt wird (hüpfen, stampfen, schnipsen, blinzeln …), die nach Meinung des Senders in irgendeiner Art zum Empfänger passt. ▶▶▶

Roboter-spiel

- Dies funktioniert wie das Namensspiel, ist allerdings von Bewegung begleitet. Ein Erfinder hat einen Roboter für den Haushalt (für die Arbeit, …) gebaut. Allerdings ist ein Roboter nicht so flexibel wie der Mensch. Ein Roboter kann immer nur eine Sache. Welchen Roboter hat dein Erfinder gebaut? Lass ihn auftreten: Ich bin der Roboter, der kann „Ge-schirr spü-len" (wird geklatscht).
- Im Anschluss kann die Tätigkeit des Roboters pantomimisch dargestellt werden.

Tiere klatschen

(kombinierbar und steigerbar je nach Leistungsstand der Klasse)
- Zunächst werden Standardtiernamen zusammen mit einem Rhythmus eingeübt.

Bär

En-te

Klap-per-schlan-ge

- Zur Sicherung können zunächst zwei, später drei Tiere durch das Klatschen erraten werden (z. B. Bär, Klapperschlange, Ente). Auch Wiederholungen sind möglich (z. B. Bär, Ente, Ente). Nach zwei Beispielen können die Kinder das Ratespiel selbst spielen.
- Wenn diese drei Tiere keine Schwierigkeiten mehr bereiten, wird es durch das Hinzukommen folgender Tiere schwieriger:

Eich-hörn-chen

Fle-der-maus

Einzuüben sind diese Tiere durch einen Bordun: Eines der beiden Tiere wird als Grundbass unter eine Reihe der zuvor geübten Tiere gelegt:

Bär   Bär   Klapperschlange

Eichhörnchen Eichhörnchen Eichhörnchen   ▶▶▶

Auch hier können die Kinder bald die „Dirigenten des 2-stimmigen Chores" sein.

● Weitere Tiere suchen! Die Klatschmuster bilden die Grundlage. Jetzt werden zu jedem Muster neue Tiere gesucht: Bär: Pfau, Luchs, ... Gerade bei den dreisilbigen Tieren fordert die Rhythmusunterscheidung die Kinder heraus.

Das Hiberakulum – einen Text weiterschreiben

Ingrid Nicklaus

Klassenstufe   1–4
Dauer   ca. 45 Minuten
Vorbereitung/Material Geschichtenanfang zum Vorlesen, Mal- oder Schreibheft ohne Linienblätter

Ziele

● Fortsetzungstext nach literarischem Vorbild fantasievoll erfinden
● Text unter Beachtung des Hinweises „...dass an diesem Tag etwas Besonderes passieren würde" schreiben

Verlauf

Phasen	Schritte
1	● Die Lehrerin liest die Geschichte vor. ● Die Kinder stellen Vermutungen an, wer das Hiberakulum sein und wie die Geschichte weitergehen könnte. Dabei beachten Sie den Hinweis im Text, „... dass an diesem Tag etwas Besonderes passieren würde".
2	● Die Kinder schreiben die Geschichte weiter und zeichnen das Hiberakulum nach eigener Vorstellung.
3	● Zum Abschluss lesen sie ihre Geschichten vor. Hierbei sollte darauf geachtet werden, ob der Schreibhinweis berücksichtigt wurde.

⚠ Tipps

● Die Kinder können die Geschichte auch selbst lesen (vorher kopieren) und dann weiterarbeiten.

● Jüngere Kinder können die Fortsetzungsgeschichte auch als Bildergeschichte (5–6 Bilder) malen und ihr Erzählen daran orientieren.

● Sollte mehr Zeit zur Verfügung stehen, könnten die Kinder mit dem Impuls: „Stell dir vor, das Hiberakulum käme zu dir geflogen, würde bei dir wohnen und du könntest ihm einen Raum für seine Bedürnisse einrichten. Wie sähe dieser aus?" eine passende Zeichnung entwerfen.

Material

Das Hiberakulum

An irgendeinem Karibikstrand, weit, weit weg von hier, stand eine kleine, doch feine Moschee mit einem kleinen, doch feinen Türmchen, welches den Glanz der Welt und die Herrlichkeit des Lebens mit seinem goldbestückten Dächlein widerspiegelte. Und in dieser kleinen, doch feinen Moschee wohnte das kleine, doch feine Hiberakulum sein einsames, doch glückliches Leben.

Es wohnte weder in der Moschee, weil es gläubig war, noch weil die Moschee am Strand errichtet war, sondern nur, weil ihm die in arabischer Schönschrift verzierten Wände und die hübschen Bildchen gefielen. Jeden Morgen kletterte es das Türmchen hinauf und polierte das goldene Dächlein so lange, bis es sein Spiegelbild darin erkennen konnte, und dann rückte es seine kleinen, im Sonnenschein grünlich glänzenden Schuppen zurecht und betrachtete sein Spiegelbild.

Hiberakulums sind nämlich bekannt für ihre Kletterkünste, da sie federleicht sind. Dieses Hiberakulum, von dem die Geschichte hier handelt, nutzte seine Leichtigkeit zum Baden aus. Ab und zu, immer, wenn es Lust dazu hatte, sprang es in das glasklare, von der Sonne aufgewärmte Karibikwasser und ließ sich von den Wellen hin und her schaukeln.

Es konnte zwar nicht schwimmen, doch durch sein Federgewicht trieb es an der Wasseroberfläche, wobei eine Seite des Hiberakulums im Wasser schwamm und die andere Seite von der prallen Sonne gewärmt wurde. So konnte es stundenlang verharren und sein Leben genießen. Wenn es dann nach drei oder vier Stunden aus dem Wasser kam, war es sehr, sehr hungrig und durstig, und dann, da das Salzwasser ja nicht schmeckte, kletterte es meistens auf eine Kokosnusspalme, pflückte sich eine reife Kokosnuss, trank die frische Kokosnussmilch und aß das Fruchtfleisch.

Dann setzte es sich oben in die Palmblätter und beobachtete, wie sich die letzten, goldroten Sonnenstrahlen im kleinen, doch feinen Dächlein des kleinen, doch feinen Türmchens spiegelten und wie die Sonne jede Sekunde ein Stückchen tiefer im Meer zu versinken schien...

Eines Morgens wachte das Hiberakulum besorgt auf. *Es hatte das Gefühl, dass an diesem Tag etwas Besonderes passieren würde.* So nervös, wie es war, war es schon lange nicht mehr gewesen.

Es polierte das Dächlein des Türmchens eine Stunde lang, kletterte die Kokosnusspalme mindestens zwanzig Mal rauf und runter und aß mindestens zehn Kokosnüsse hintereinander, bis es plötzlich wusste, was passieren würde!

Da packte es seine sieben Sachen, sprang ins Wasser und ließ sich von einer großen Welle weit, weit hinaus aufs Karibische Meer treiben, und noch viel weiter ...

Sam Schott

Der Faden – mit einem Gedicht produktiv umgehen

Christina Robert/Heiko Rauenschwender

Klassenstufe	1–4
Dauer	ca. 30–45 Minuten
Vorbereitung/Material	je nach Alter der Kinder: evtl. Gedichttext im Klassensatz; weiße Blätter für eigene Figuren und Verse; Fäden, Kleber, Stifte

Ziele
- Gedicht kennen lernen und durch Handlungen nachvollziehen
- Gedicht produktiv und kreativ fortsetzen

Verlauf

Phasen	Schritte
1	• Stuhlkreis bilden. • Vortragen des Gedichts durch die Lehrerin. Nach jeder Strophe wird der Faden von einem Kind entsprechend umgelegt. • Nach der letzten Strophe können Äußerungen der Kinder zusammengetragen und noch weitere Figuren gelegt werden.
2	• Je nach Jahrgangsstufe können unterschiedliche Arbeitsaufträge gegeben werden: im Gedicht genannte Figuren nachlegen; neue Figuren mit einem Faden legen; Lieblingsfigur aufkleben; zur ▶▶▶

	aufgeklebten Figur schreiben, was sie darstellen soll oder dazu einen Vers dichten und aufschreiben.
	● Es kann in Einzel- oder Partnerarbeit gearbeitet werden.
3	● Präsentation der Ergebnisse.

ⓘ Tipps

● Bei der Aufgabenstellung kann gut differenziert werden. Der Arbeitsauftrag sollte dem jeweiligen Lese- und Schreibvermögen der Kinder angemessen sein.

● Bei der Präsentation der Ergebnisse gibt es keine richtige oder falsche Lösung.

Material

Der Faden

Es war einmal ein Faden,

der lag da wie ein Strich.

Der lag da und langweilte sich.

„Was tu ich? Ich ringle mich!"

Er ringelte sich zur Spirale.

Und dann mit einem Male

machte er aus sich draus

eine Schnecke mit einem Haus.

Gleich wurde etwas Neues gemacht:

Heidewitzka, eine 8!

Bald darauf eine Dickedull,

eine kugelrunde Null.

Dann noch mit viel Geschick,

ein Fisch, ein Meisterstück!

„Was kann ich jetzt noch sein?",

dachte der Fisch. Da fiel ihm was ein.

Josef Guggenmos

Tisch – über Sprache nachdenken

Dirk Menzel

Klassenstufe 2
Dauer ca. 40 Minuten
Vorbereitung/Material Text im Materialteil kopieren

Ziele
- Klären der prototypischen Vorstellungen des Begriffes „Tisch"
- Beispielhaftes Erkunden und Reflektieren über die Funktion und Eindeutigkeit von Begriffen in der Sprache

Verlauf

Phasen	Schritte
1	• Die Kinder bekommen zunächst ohne weitere Einführung den Auftrag: „Male einen Tisch, der so ungewöhnlich wie möglich ist!" Um den zeitlichen Rahmen zu begrenzen, sollte das Malpapier höchstens die Größe DIN A4 haben.
2	• Mit ihren Bildern kommen die Kinder nach ca. zehn Minuten in den Sitzkreis; Zielfrage der folgenden Phase ist: „Was macht einen Tisch zum Tisch?" • Als Impuls liest der Lehrer die ersten vier Zeilen der „Tischrede" von Martin Auer vor (s. Material). • Die Kinder sollen nun jeweils anhand ihres eigenen Bildes versuchen zu erklären, was den Tisch auf ihrem Bild als Tisch definiert. • Es ist zunächst Aufgabe des Lehrers, die Aussagen der Kinder mit Rückfragen so lange in Zweifel zu ziehen, bis eine Definition zur Frage „Was macht den Tisch zum Tisch?" entsteht. Eine Rückfrage könnte sein: „Wenn ein Tisch etwas ist, auf das man etwas stellen kann, ist dann ein Stuhl (ein Klavier, eine Kiste) auch ein Tisch?
3	• Zuletzt sollte eine Umschreibung für den Begriff „Tisch" formuliert werden, mit der alle einverstanden sind.

[!] **Tipp**

Beim Philosophieren geht es weniger um das Ziel als um den Weg. Hierbei ist jede Überlegung wertvoll, weshalb jeder Gedanke gewürdigt werden sollte.

Material

Tischrede

Hast du schon einmal über einen TISCH nachgedacht?

Zum Beispiel, was den TISCH denn zum TISCH gerade macht?

Was macht ihn so TISCHIG, so TISCHARTIG, TISCHHAFT?

Eine geheimnisvolle TISCHKRAFT?

Und TISCHT ein TISCH eigentlich, oder wird er GETISCHT?

Und VERTISCHT er, wenn seine TISCHHEIT erlischt?

Und machst du so weiter mit TISCH, bis du döst,

hat plötzlich TISCH von dem Ding sich gelöst.

Und du fragst dich: „Wieso denn eigentlich TISCH?"

Und TISCH klingst so fremd, TISCH klingt so frisch.

Und du bist ganz erstaunt, weil du ganz sicher weißt,

dass TISCH eigentlich überhaupt nicht „heißt".

Dafür steht in deinem Zimmer ganz dumm

Ein gänzlich Namenloses herum.

So fremd und unheimlich unbekannt,

ganz stumm, unbegreifbar und unbenannt,

fast unsichtbar, gar nicht richtig da …

Und dann, dann sagst du auf einmal: „Aha,

das ist ja der TISCH!" Und es schnappt wieder ein.

„Der Tisch, na klar, was sonst soll es sein?"

Martin Auer

Begriffe bildhaft darstellen

Petra Lorenz

Klassenstufe   2
Dauer   ca. 15–45 Minuten
Vorbereitung/Material Folie mit Beispielen, Computer oder weißes Schreib-
                          papier

Ziele
● Mit Sprache fantasievoll umgehen
● Das Schreiben mit dem Computer spielerisch trainieren
● Verschiedene Funktionen eines Schreibprogrammes spielerisch kennen
  lernen

Verlauf

Phasen	Schritte
1	● Die Lehrerin zeigt auf der Folie Beispiele, wie man Begriffe bildhaft gestalten kann. ● Die Schüler machen Vorschläge zu geeigneten Begriffen.
2	● Gemeinsam werden Begriffe ausgewählt und die Gestaltung geplant.
3	● Die Umsetzung kann am Computer oder auf weißem Papier stattfinden.
4	● Im Anschluss bietet sich eine farbliche Gestaltung der Entwürfe an.

(!) Tipps
● Weitere geeignete Begriffe: Quadrat, Dreieck, Kreis, Haus, Schlange, ...
● Geeignete Begriffspaare: Tor – Ball, Nadel – Faden, Mauer – Loch, Hose
  – Loch, Haus – Fenster, Apfel – Wurm, ...

Material

Lava

Vulkan Lava Vulkan
Vulkan   Vulkan
Vulkan   Vulkan
Vulkan   Vulkan
Vulkan   Vulkan
Vulkan   Lava   Vulkan
Vulkan   Vulkan
Vulkan   Vulkan
Vulkan Lava Lava Lava Lava Vulkan

Ei
EiEiEi
EiEiEiEiEi
EiEiEiEiEiEiEi
EiEiKükenEiEi
EiEiEiEiEiEiEi
EiEiEiEiEi
EiEiEi
Ei

Herz   Herz
HerzHerz   HerzHerz
HerzHerzHerzHerzHerz
HerzHerzHerzHerzHerz
HerzHerzHerzHerz
HerzHerzHerz
HerzHerz
Herz

BaumBaumBaum
BaumBaumBaum
BaumNestBaum
BaumBaumBaum
SSS
TTT
AAA
MMM
MMM

Abecedarium – mit Sprache spielen

Petra Kamps

Klassenstufe   2
Dauer   ca. 45 Minuten

Ziel
Zum kreativen Schreiben anregen

Verlauf

Phasen	Schritte
1	● Einführung im Klassenverband: Den Namen des Klassentiers oder Ähnliches an die Tafel schreiben, dabei die Buchstaben untereinander schreiben. ● Mit den entsprechenden Anfangsbuchstaben Wörter bilden. Aus den Wörtern einen (lustigen) Satz bilden, in dem (nur) diese Wörter vorkommen, oder eine Geschichte erfinden, in der diese Wörter vorkommen. Beispiel: Mond Rudi Indianer Affen Laterne Baum Angst Erdbeere „Wenn der **Mond** nicht scheint, müssen die **Indianer** eine **Laterne** anzünden, damit sie keine **Angst** bekommen." „In **Rudis** Garten wachsen **Erdbeeren** am **Baum** und die **Affen** fressen sie auf."
2	● Einzelarbeit: Jeder Schüler schreibt nun aus seinem Namen ein „Abecedarium" und erfindet aus den Wörtern einen Satz oder eine Geschichte.
3	● Zum Schluss werden einzelne Sätze oder Geschichten vorgetragen.

Der Turnbeutel – eine Geschichte ergänzen

Elfi und Jörg Roßmannek

Klassenstufe   2–3
Dauer   ca. 45–90 Minuten
Vorbereitung/Material   Tafel, evtl. Arbeitsblatt mit dem Anfang der Geschichte

Ziele

● Schlussteil einer Geschichte adressatenbezogen, spannend und lebendig aufschreiben
● Text überarbeiten und korrigieren

Verlauf

Phasen	Schritte
1	● Geschichte vom kleinen tapferen Turnbeutel vorlesen. ● Ideen sammeln, wie die Geschichte weitergehen könnte. ● Wörter an der Tafel sammeln, die beim Schreiben hilfreich sein könnten: Namen der Gegenstände aus dem Klassenraum, Verben und Adjektive, die die Geschichte spannend gestalten könnten. **Beispiele:** Ablage, Anfang, angeben, Angst, Ärger, ängstlich, auf einmal, außerdem, bald, bekommen, bitter bereuen, böse, Buch, Dieb, durcheinander, einsam, erklären, erschrecken, fallen, fort, sich fragen, fremd, Freunde, frieren, freundlich, fühlen, Füller, Fußball, Fußballschuhe, gemeinsam, gewinnen, halten, klein, Lineal, liegen lassen, mächtig, morgen, müssen, mutig, am Nachmittag, plötzlich, schrecklich, Schuhe, spielen, Stuhl, tapfer, tragen, Trainer, treten, trösten, vergessen, verstecken, weinen usw.
2	● Auf einem Blatt oder auf dem Arbeitsblatt mit dem Anfang der Geschichte zunächst alleine oder mit einem Partner eine Geschichte aufschreiben. ● Einem anderen Kind oder einer kleinen Gruppe von Kindern die Geschichte vorlesen. Evtl. den Text überarbeiten. Tipps für die Gestaltung einholen und diese umsetzen. ● Danach ein zur Geschichte passendes Bild malen.
3	● Präsentation der möglichen Schlussteile und der Bilder.

⚠ Tipps

● Je nach Lerngruppe kann ein szenisches Spiel vorangehen.

● Um Zeit zu sparen, können die Ergebnisse zunächst in kleinen Gruppen (4 bis 6 Kindern) präsentiert werden, die wiederum die spannendste/lustigste Geschichte aussuchen, um diese vor der Klasse vorzutragen.

● Als Hilfestellung könnten folgende Fragen an der Tafel notiert werden: Warum ist der Turnbeutel traurig? Wie helfen ihm die Gegenstände? Wie kannst du dem Turnbeutel helfen?

● Möglich ist auch das Erfinden von weiteren Namen für die Gegenstände mit einer Alliteration (mögliche Namen: Stuhl Stefanie, Pult Paul, Ablage Abdul, Buch Burcu, Blume Birgit, Lampe Lara, Uhr Uwe, Kreide Karl, Lineal Lars/Linus).

Material

Der tapfere kleine Turnbeutel

Als eines Abends alle Lichter in der Schule ausgingen, hörte man durch die Flure erst ein leises Wimmern, dann aber geschäftiges Treiben. Es hörte sich so an, als ob jemand die Möbel umstellen und alle Gegenstände auf den Boden werfen würde. Die Sachen im Klassenraum waren lebendig geworden. Das leise Wimmern hatte alle aufgeweckt. Das Regal Renate war sogar verärgert. „Wer stört mich beim Lesen?“, rief sie. Der Tisch Tim näherte sich dem Turnbeutel und fragte: „Was ist mit dir, Kleiner?“ Aber der Turnbeutel hörte nicht auf zu weinen. Erst als die Tafel Tamara zu ihnen kam, beruhigte er sich ein bisschen. Sie sprach ganz ruhig mit ihm und fragte, was los war. Als der Projektor Peter lustige Bilder an die Wand warf, lächelte der kleine Turnbeutel sogar etwas. Er begann zu erzählen …

_____

_____

_____

_____

_____

_____

_____

_____

_____

_____

Die Hexe Eene-Meene-Peene – mit einem Lesetext kreativ umgehen

Gabriele Gien

Klassenstufe   2–4
Dauer   ca. 30–60 Minuten (je nach Auswahl der produktiven Aufträge)
Vorbereitung/Material   Textblatt im Klassensatz kopieren

Ziele
- Artikulatorische Fertigkeiten spielerisch fördern
- Einen Text genau lesen
- Kreativ schreiben
- Eine literarische Vorlage gestalten

Verlauf

Phasen	Schritte
1	• Anschreiben der Überschrift. • Schüler äußern ihre Vermutungen.
2	• Gemeinsames Lesen bis Zeile 8 (Was macht eine Hexe mit so vielen E?). • Sammeln von Ideen über den Fortgang der Geschichte. • Leises Lesen bis Zeile 15 (Jetzt gab es kein einziges E mehr auf der Welt). • Gemeinsames Entziffern der Zeilen: 16–17. • Lautes Reihumlesen bis zum Ende der Geschichte. • Freie Äußerungen der Schüler.

3	• Produktive Aufträge:
	  – Wörter wieder „zurückhexen".
	  – Eigene Sätze nach dem Muster schreiben, die der Partner entziffern muss.
	  – Sätze erfinden, die der Kobold Ooone-Moone-Poone gezaubert hätte.
	  – „Mutige" Kinder begeben sich zu der Hexe und versuchen sie zu überzeugen, die E wieder zurückzugeben (Sprechen und Gespräche führen). ▶▶▶

> – Die Klasse schreibt einen Brief an die Hexe, um ihr zu zeigen,
> was sie angerichtet hat (kreatives Schreiben).
> – Gestalten des E-Werks, das in den Zeilen 19–31 genau be-
> schrieben wird (Kunsterziehung).

[!] Tipps

● In dieser Geschichte bietet sich – vor allem zu Beginn – das laute Vorlesen an, da das Auslassen des Vokals E, einige Wörter fast unaussprech-
lich macht.

● Die rhetorische Übung könnte man auf Kassette aufnehmen und hinter-
her diskutieren, welche Argumente die Hexe zur Rückgabe der E bewegt
haben könnten.

● Das Gestalten des E-Werks könnte man auch als Gruppenarbeit anbieten.
Wenn genügend Zeit vorhanden ist, kann auch plastisch gestaltet werden.

Material

Die Hexe Eene-Meene-Peene

Es gibt reizende Hexen. Leider gehört die Hexe Eene-Meene-Peene nicht dazu.
Sie war eine widerwärtige Person: boshaft, habgierig und eitel. Stundenlang saß
sie vorm Spiegel und sagte, eigentlich sei sie gar keine Hexe, sondern eine Fee.
Eine bildschöne, süße, sanfte, reizende Fee!
Alle lachten sie aus – und das machte die Hexe Eene-Meene-Peene noch böser,
als sie ohnehin schon war. Schlupp, hexte sie sämtliche E in ihren Sack, setzte
sich auf ihren Besen und ritt davon!
Was macht eine Hexe mit so vielen E?
Sie baute sich ein E-Werk mit Fenstern und Erkern, mit Kellern und Kerkern   10
und rechteckigen Wendeltreppen. Neben dem E-Werk ebnete sie zehnmal zehn
Wege, setzte Erdbeeren und Ebereschen, legte zehn Seen an mit Egeln und Se-
geln; und weil sie immer noch eine Menge E im Sack hatte, hexte sie eine Herde
Seeelefanten und fütterte sie mit Seesternen und Schneesternen, bis er leer war,
der Seck. Der Sack.
Jetzt gab es kein einziges E mehr auf der Welt.
Ihr könnt uch nicht vorstlln, wi ntstzlich das war! Kinr konnt kinn vrsthn. All Lut
warn vrzwiflt.
Zum Beispiel: Braut und Bräutigam stehen in der Kirche und wollen heiraten.
(Di Braut ganz in Wiß mit Schlpp und Schlir.) Aber ohne E kann man keine Ehe
schließen, nur eine h. Die Braut wint und hult. Der Bräutigam schrit und ztrt.   20
Der Mesner, der ein unaussprechlicher Msnr ist, sperrt die Kirche zu.
Oder: Tante Adelheid hat ihren Neffen Emil zum Kaffee und zum Fernsehen ein-
geladen. „Libr Nff mil!", sagt sie. „Kaff oder T? Und in paar Ickr Kks dazu?" Der
Neffe Emil dreht am Fernseher. „Lib Tant Adlhid, din Frnshr ist ntzwi. Soll ich

nicht dn Iktrikr bstlln?" Die liebe Tante Adelheid schüttelt den Kopf: „Sit gstrn
ght lidr auch das Tlfon nicht mhr. Schrcklich!"
Oder: Der Bürgermeister muss eine Festrede in der Feuerwehrhalle halten.
Zwölf Feuerwehrlehrlinge haben heute ihren Feuertest bestanden. „Vrhrt Fst-
gmind!", beginnt der Bürgermeister feierlich. „Wir all, jdr inzln von uns, frut
sich mit uch Lhrlingn, dass ihr urn Furtst nun hintr uch habt ..." Die Lehrlinge   30
kichern. Der Bürgermeister bricht seine Rede ab und sperrt das Rathaus zu.
Auch di isnbahn vrkhrt nicht mhr.
Nur in der Schule wollen es ein paar unermüdliche Lehrer noch immer nicht
aufgeben. Der Rechenlehrer Immerfleiß zum Beispiel: „Tho!", ruft er. „Wivil ist
schs und nun und ins?" Theo steht auf: „Ich wiß s nicht, Hrr Rchnlhrr." „Schz-
hn!", ruft Herr Immerfleiß. „Du bist in sl, Tho! Stz dich." In den anderen Schul-
fächern ist es nicht besser: in Dutsch und in rdkund, in Schribn und Lsn – von
nglisch ganz zu schwign. Also wird die Schule geschlossen.
„Soll das wig so witrghn?", fragt der Bürgermeister. „Ght uch diss Lbn nicht auf
di Nrvn?" Da beschließen alle, zum E-Werk zu ziehen und die E von der Hexe   40
Eene-Meene-Peene zurückzuholen.
„Gib uns unsr... widr!", rufen sie. „So in Schwinri! So in Gminhit!"
Die Hexe Eene-Meene-Peene sitzt an ihrem schönsten Erkerfenster und hält
sich die Seiten vor Lachen. „Ihr müsst dutlichr rdn!", schreit sie und kreischt vor
Vergnügen. „Krisch nicht, du schußlichs Wib!", rufen die Leute empört.
„Was bin ich?", kreischt die Hexe Eene-Meene-Peene und sprüht Funken vor
Zorn. Funken sind in einem E-Werk streng verboten, wie jeder weiß. Rrrums!
Gibt es einen Kurzschluss und das ganze Haus mit Fenstern und Erkern, mit
Kellern und Kerkern fliegt in die Luft. Es wirbelt nur von E. Tho fängt sich eins
und ist wieder Theo.   50
Das Brautpaar sinkt sich seeeeelig in die Arme, der Mesner sperrt die Kirche
wieder auf, der Pfarrer segnet die junge Ehe. Alle Kinder, die heute getauft werden, heißen Helene oder Engelbert. Die Hexe Eene-Meene-Peene verschwindet
auf Nimmerwiedersehen, das Leben ist wieder in Ordnung.
Bis eines Tages der Kobold Ooone-Moone-Poone auftaucht und alle O stiehlt. Er
trägt sie frt zu einem fernen rt – und was das für Flgen hat, denkt euch gefälligt
selbst aus.

Mira Lobe

Gedichte aus der Hosentasche – mit Gedichten kreativ umgehen

Gabriele Gien

Klassenstufe 2–4
Dauer ca. 45 Minuten
Vorbereitung/Material Tonpapier, weißes Papier, Flüssigkleber

Ziele
● Gedichte spielerisch produzieren
● Eigene Texte ästhetisch gestalten

Verlauf

Phasen	Schritte
1	● Die Schüler sitzen an Gruppentischen. Sie legen den Inhalt ihrer Hosentaschen auf den Tisch.
2	● Jeder schreibt zu seinem Lieblingsgegenstand einige Assoziationen auf ein weißes Blatt, z. B. Stein = Urlaubserinnerung. ● Innerhalb der Gruppe werden die Ergebnisse vorgelesen. ● Nun soll mit den Gegenständen ein Gedicht geschrieben werden. ● Die Schüler legen die ausgewählten Gegenstände in die Tischmitte, die anderen beiseite. Sie schreiben ein Gedicht, in dem die Gegenstände, es müssen nicht alle sein, vorkommen sollen. ● Schüler mit wenig Schreiberfahrung könnten Schreibhilfen an die Hand bekommen. Innerhalb der Gruppe sollte gemeinsam überlegt und sich gegenseitig geholfen werden. Der Entwurf wird zunächst auf ein weißes Blatt geschrieben, danach laut gelesen und ggf. überarbeitet.
3	● Schreibgestaltung: Die verwendeten Gegenstände werden auf ein Tonpapier geklebt und das Gedicht mit schwarzem Filzstift dazugeschrieben. Die Gegenstände können auch abgemalt werden. ● Die fertigen Gedichte an einer Wand aufhängen und vorlesen.

⚠ Tipp
Man kann auch Naturgegenstände, die die Kinder vorher sammeln, verwenden oder Säckchen mit verschiedenen Gegenständen austeilen.

Duden-Bingo

Nadine Bonsels

Klassenstufe	2–4
Dauer	ca. 45 Minuten
Vorbereitung/Material	Arbeitsblatt mit Bingokasten als Klassensatz (s. Material), unbeschriebene Karten/Zettel für Wörter

Ziele
- Mit dem Duden arbeiten
- Einen themenbezogenen Wortschatz erschließen
- Rechtschreibfähigkeit verbessern

Anmerkung

In die neun Felder des Bingokastens werden in beliebiger Reihenfolge vorgegebene Wörter eingetragen. Dabei gilt pro Feld ein Wort. Zusätzlich werden alle vorgegebenen Wörter auf Karten aufgeschrieben und in einem Behälter gemischt. Sind alle Bingokästen ausgefüllt, beginnt das Spiel. Ein Wort wird gezogen und laut vorgelesen. Jeder Mitspieler, der dieses Wort in seinem Bingokasten hat, streicht das entsprechende Feld durch. Das Spiel wird so lange fortgesetzt, bis einer der Mitspieler eine vollständige Reihe, sei sie vertikal, horizontal oder diagonal, durchgestrichen hat. Dieser ruft dann „Bingo" und ist Bingokönig.

Verlauf

Phasen	Schritte
1	• Die Lehrerin gibt den Schülern ein Themengebiet vor, das mit dem derzeitigen Unterrichtsstoff zusammenhängt. Beispielsweise die Wortfamilie Fahrrad zum Thema Fahrradprüfung. Dazu sollen die Schüler möglichst viele Wörter erarbeiten. Dabei ist die Dudenarbeit sowohl in der Erarbeitung als auch in der Rechtschreibkontrolle notwendig. • Die Wortsuche findet als Gruppenarbeit statt. Die gefundenen Wörter werden einzeln auf Karten festgehalten.
2	• Die Gruppen stellen ihre gefundenen Wörter vor. Dabei soll kein Wort mehrmals vorgestellt werden. ▶▶▶

3	● Aus dieser Wortsammlung werden 15 bis 20 Wörter für das Bingospiel ausgewählt. ● Jeder Schüler erhält einen Bingokasten , wählt aus den 15 bis 20 Wörtern neun Wörter aus, die er in seinen Bingokasten einträgt (ein Wort pro Feld), und das Spiel kann beginnen.

[!] Tipps
- Themenvorschläge zur Wortsuche: Wortfamilien, Wortfelder, Wörter mit „ie", Wörter mit bestimmten Vorsilben, aber auch beispielsweise Märchenfiguren.
- Für Kinder im 1. Schuljahr kann der Bingokasten zu Beginn auf 2 × 2 Felder verkleinert werden.
- Die Rechtschreibkontrolle kann in Partnerarbeit geschehen.
- Das Bingospiel kann auch in Mathematik beim Einmaleinstraining eingesetzt werden.

Material

Wähle neun Wörter aus. Schreibe sie in die Felder. In jedes Feld kommt ein Wort. Wird eines deiner Wörter vorgelesen, streiche es durch. Hast du eine ganze Reihe durchgestrichen, rufe laut „BINGO".

Bingo

Wir sind Sachensucher wie Pippi Langstrumpf

Christine Köppert

Klassenstufe 2–4
Dauer beliebig
Vorbereitung/Material verschiedenste Utensilien, wie z. B. Garnrolle, leeres Cremedöschen, leere Schachtel, Flohgummi, Stück Schnur, Stück Stoff, Wollrest, Büroklammer, Wäscheklammer, Knopf, Holzstab ...

Ziele
● Kreativität, Reaktionsvermögen, Ideenfindung aktivieren
● Sprachliche Wendigkeit, Phantasie und Fähigkeit zur freien szenischen Gestaltung schulen

Verlauf

Phasen	Schritte
1	● Der Textausschnitt aus „Pippi Langstrumpf" wird gemeinsam gelesen. ● Eventuell wird kurz darüber gesprochen, z. B. über Pippis „Logik" hinsichtlich des Büchsenschutzes.
2	● Möglichst viele Utensilien werden auf einem Tisch ausgelegt. Wozu kann man die einzelnen Dinge brauchen? Kann ein Gegenstand vielleicht sogar mehrere Funktionen haben? Lässt er sich mit einem anderen Gegenstand zu einer tollen Erfindung kombinieren? Braucht man ihn beim Essen oder beim Trinken, beim Aufräumen oder für die Hausaufgaben? Leistet er eher nützliche oder unterhaltende Dienste? Welchen passenden Namen soll er erhalten? ● Die Kinder wählen sich Dinge aus und ziehen sich zur Sachensucher-Beratung und -Erprobung in Kleingruppen zurück.
3	● Anschließend wird die Verwendbarkeit der einzelnen Utensilien der Reihe nach vor der Klasse demonstriert und erläutert.

Material

Pippi Langstrumpf (Auszug)

„Was ihr machen wollt, weiß ich nicht", sagte Pippi. „Aber ich selbst werde nicht auf der faulen Haut liegen. Ich bin nämlich ein Sachensucher, und da hat man niemals eine freie Stunde." ...

„Was ist das?", fragte Thomas.

„Jemand, der Sachen findet, wisst ihr. Was soll es anderes sein?", sagte Pippi ... „Die ganze Welt ist voll von Sachen, und es ist wirklich notwendig, dass jemand sie findet. Und das gerade, das tun die Sachensucher."

„Was sind das denn für Sachen?", fragte Annika.

„Ach, alles Mögliche", sagte Pippi. „Goldklumpen und Straußenfedern und tote Ratten und Knallbonbons und kleine, kleine Schraubenmuttern und all so was."

...

Plötzlich stieß Pippi ein lautes Geheul aus.

„Nein, so was hab' ich noch nie gesehen!", schrie sie und hob eine alte rostige Blechbüchse vom Rasen auf. „So ein Fund, so ein Fund! Büchsen kann man nie zu viele haben."

Thomas sah die Büchse etwas misstrauisch an und sagte:

„Wozu kann man die gebrauchen?"

„Oh, die kann man zu vielem gebrauchen", sagte Pippi. „Eine Art ist, Kuchen reinzulegen, dann ist es eine feine ‚Büchse mit Kuchen'. Eine andre Art ist, keinen Kuchen reinzulegen, dann ist es eine ‚Büchse ohne Kuchen', und das ist natürlich nicht ganz so schön, aber das kann man auch gut gebrauchen."

Sie musterte die Büchse, die wirklich sehr rostig war und außerdem ein Loch im Boden hatte.

„Es sieht beinah so aus, als ob das eine ‚Büchse ohne Kuchen' werden wird", sagte sie nachdenklich. „Aber man kann sie auch übern Kopf stülpen und spielen, dass es mitten in der Nacht ist."

Und das tat sie. Mit der Büchse auf dem Kopf wanderte sie durch das Villenviertel wie ein kleiner Blechturm, und sie blieb nicht eher stehen, als bis sie über einen Drahtzaun stolperte und auf den Bauch fiel. Es machte einen furchtbaren Krach, als die Blechbüchse auf die Erde schlug.

„Da könnt ihr sehen", sagte Pippi und nahm die Büchse ab. „Wenn ich die nicht aufgehabt hätte, wäre ich direkt aufs Gesicht geplumpst ..."

„Ja, aber", sagte Annika ...

Aber ehe sie zu Ende sprechen konnte, ertönte ein neues Geheul von Pippi, die triumphierend eine leere Garnrolle hochhielt.

„Das scheint heute mein Glückstag zu sein", sagte sie. „So eine kleine süße Garnrolle, mit der man Seifenblasen machen kann oder die man an einer Schnur um den Hals als Kette tragen kann ..."

Zitiert nach Astrid Lindgren

Das freche Schwein – mit Gedichten produktiv umgehen

Klaus Metzger

Klassenstufe   2–4
Dauer   ca. 30 Minuten
Vorbereitung/Material Arbeitsblatt auf Folie und als Klassensatz kopieren

Ziele
- Ausgelassene Wörter ersetzen, je nach individuellem Textverständnis und Sprachvermögen
- Intensive Auseinandersetzung mit dem Text durch mehrmaliges Lesen
- Aktiven und passiven Wortschatz erweitern
- Innere Bilder in Zeichnungen umsetzen

Anmerkung
Für die weggelassen Wörter „quetscht" (Z. 4), „mollig" (Z. 5), „dreist" (Z. 10), „stabil" (Z. 10), die sich nicht unbedingt im kindlichen Wortschatz finden, können sprachlich einfache, aber trotzdem richtige Lösungen gefunden werden. Die Lücken für „herrscht ... an" (Z. 13) fordern das sprachliche Gespür für eine zweiteilige Satzaussage. Die Redewendung „wühlt die Wut" (Z. 16), ist bei Kindern ungebräuchlich. „Zeitung" (Z. 12) wird weggelassen, weil das Wort im Zusammenhang mit „hält sich wach" einerseits eine ungewöhnliche Lösung konstituiert, andererseits sich die folgenden Verszeilen darauf beziehen – das ist nicht ganz einfach lösbar.

Verlauf

Phasen	Schritte
1	• Zu Beginn nur die beiden ersten Verszeilen zeigen: „Der Maulwurf Tom ist jede Nacht verärgert und sehr aufgebracht." • Zeilen mehrfach lesen lassen, spontane Ausführungen und antizipierende Mutmaßungen der Kinder schließen sich an.
2	• Auf dem Textblatt (s. Material) mit Zeilenlineal zunächst alleine oder mit Partner die Auslassungen im Gedicht füllen. • Danach ein zum Gedicht passendes Bild zeichnen. Hierbei lässt sich gut differenzieren. ▶▶▶

| 3 | ● Bei der Präsentation der möglichen Lösungen und der Zeichnungen ein kleines Element der Rhetorikschulung berücksichtigen: Die Kinder, die ihre Ergebnisse vorlesen und zeigen wollen, tun dies stehend, wenn möglich vor der Klasse. Jedes Kind kann sich so Fragen und Ergänzungen, die sich auf die eigene Arbeit beziehen, besser moderieren.
 ● Ein Lehrervortrag bildet den Abschluss. Die fehlenden Wörter lauten: quetscht, mollig, dreist, stabil, Zeitung, herrscht … an, wühlt die Wut |

[!] Tipps

● Es geht nicht um „die richtige Lösung". Jede Lösung, sofern sie denn kontextgemäß und sinnvoll ist, soll gewürdigt werden.

● Zur Gedichtsammlung „Überall und neben dir" gibt es auch eine Kassette (Hamburg: Polygram 1994), auf der Hans-Joachim Gelberg eine Auswahl vorliest, unter anderem „Das freche Schwein".

● Das Gedicht könnte also sowohl der Sprech- als auch der Medienerziehung dienen. Die Kinder üben den Vortrag des Gedichtes, durchaus auch auswendig. Anschließend nimmt man jedes Kind mit dem Kassettenrekorder auf oder speichert gleich auf dem Computer (vgl. dazu Metzger 2001, S. 83–86). Der Realisierung von Gelberg dient als (kritisch anzuhörendes) Vorbild oder dem Vergleich.

Literatur

METZGER, KLAUS: Handlungsorientierter Umgang mit Medien im Deutschunterricht. Berlin 2001

Material

Das freche Schwein

1   Der Maulwurf Tom ist jede Nacht
verärgert und sehr aufgebracht.
Ein dickes, freches, altes Schwein
_____ sich in seine Hütte rein.

5   Da drin ist's _____, weich und warm.
Tom friert und schlägt deshalb Alarm:
„Dies Haus ist meines! Ich hab's bezahlt!
Und auch noch selber angemalt!"

So jammert Tom, es nützt nicht viel:
10   Das Schwein ist _____ und auch _____.
Tom klettert auf sein spitzes Dach
und hält sich mit der _____ wach.

„Lies vor!" So _____ das Schwein ihn _____.
„Was ist passiert? Nun sag schon, Mann!"
15   Der Maulwurf schluckt, ihm ist nicht gut.
Ganz tief im Bauch, da _____.

Das Leben könnte schöner sein,
18   jedoch nur ohne dieses Schwein.

Monika Seck-Agthe

Hier ist Platz für dein Bild.

Auslautverhärtung bei Substantiven

Ute Spiegel

Klassenstufe 2–4
Dauer ca. 45 Minuten
Vorbereitung/Material Folie mit Text, Wörterbücher, Block, Stift in Grün und Orange

Ziele
- Strategie zum Rechtschreibphänomen „Auslautverhärtung" aufbauen
- Unterschiedliche Denkweisen bewusstmachen
- Individuelle Korrekturstrategie entwickeln
- Sorgfältig korrigieren und genau vergleichen

Anmerkung
Bei den Denkweisen der Kinder ist mit folgenden Vorstellungen zu rechnen:
- Naives, lauttreues Schreiben: Alle Wörter enden entsprechend der Lautung mit T.
- „Übergeneralisierung": Die Kinder schreiben hinten immer D, wenn man T hört. Fehlerhinweis: „Asd, Gesichd, Wursd".
- Bei manchen Kindern erfolgt sogar eine Übertragung auf das grammatische Konjugations-T bei den Verben: „machd, trösted".

Verlauf

Phasen	Schritte
1	• Kurzdiktat des folgenden Textes: „Ein Hund hat einen Ast im Mund. Er macht ein trauriges Gesicht, weil es keine Wurst ist. Sein Freund ist ein Pferd und tröstet den Hund." • Zunächst Eigenkorrektur mit grüner Farbe, damit anschließend von den Kindern deutlicher ein individueller Horizont unterschieden werden kann: Was habe ich beim Korrigieren überlegt? • Partner vergleicht Text mit der Folie und korrigiert mit oranger Farbe. ►►►

2	Fehler als Voraussetzung für Lernen: ● Vergleich mit F 1: Wer hat solche Fehler gemacht? Diese Fehler können durch Anwendung einer Regel (Vergleich von Einzahl und Mehrzahl: In der Mehrzahl kann ich hören, ob am Ende eines Wortes ein D oder ein T klingt.) vermieden werden. Besprechen jedes Wortes mit entsprechender überdeutlicher Betonung. ● Vergleich mit F 2: Was ist hier das Missverständnis? Fehlschreibungen markieren. Kinder, die so geschrieben haben, kennen die Regel, wenden sie aber nicht sicher an. Sie meinen, dass man immer ein d schreibt, nicht nur, wenn man in der Mehrzahl eines hört. ● Vergleich mit F 3: Großschreibung und entsprechende Erklärungsmuster der Schüler hinterfragen.
3	● Stillarbeit: Wörter mit Auslautverhärtung in Einzahl und Mehrzahl aus dem Text herausschreiben lassen. ● Differenzierung: Schnelle Schüler können weitere Wörter aus Wortlisten oder Wörterbüchern heraussuchen und diese an die Tafel schreiben.

Material

Ein Hund hat einen Ast im Mund. Er macht ein trauriges Gesicht, weil es keine Wurst ist. Sein Freund ist ein Pferd und tröstet den Hund.

F 1:
Ein Hunt hat einen Ast im Munt. Er macht ein trauriges Gesicht, weil es keine Wurst ist. Sein Freunt ist ein Pfert und tröstet den Hunt.

F 2:
Ein Hund hat einen Asd im Mund. Er machd ein trauriges Gesichd, weil es keine Wursd ist. Sein Freund ist ein Pferd und trösted den Hund.

F 3:
Ein hund hat einen ast im mund. er macht ein trauriges gesicht, weil es keine wurst ist. sein freund ist ein pferd und tröstet den hund.

Fehler in Texten finden

Ute Spiegel

Klassenstufe   2–4
Dauer   ca. 30–45 Minuten
Vorbereitung/Material   Folie mit Text, Folie und Arbeitsblatt für Schüler, Wörterbücher

Ziele
- Rechtschriftliches Überarbeiten üben
- Sorgfältiges Korrigieren und genaues Vergleichen

Anmerkung
Bei der Präsentation des Textes kommt es auf die Operationalisierung an: Die Kinder sollen konkrete Handlungen überlegen, die bei der Fehlersuche helfen. Allgemeine Hinweise, wie z. B. genau schauen, sorgfältig lesen, helfen meist nicht. Auch die Erkenntnis, dass man für einige Fehlschreibungen keine Strategie hat, ist wichtig. Die Unterscheidung zwischen Machbarem und Wissen hilft den Kindern bei ihrer Weiterentwicklung.

Verlauf

Phasen	Schritte
1	• Begegnung mit dem Fehlertext: „So hat ein Kind eine kurze Geschichte aufgeschrieben. Die Geschichte ist nett, aber hier sind einige Rechtschreibfehler. Lies dir die Geschichte durch und überlege, was das Kind tun muss, damit es möglichst viele Fehler selbst entdecken kann." • Benennen die Kinder die Fehler zunächst nur, kann der Lehrer die unterschiedlichen Fehlerarten durch verschiedene Farben kennzeichnen und anschließend die unterschiedlichen Operationen ansprechen.
2	• Erkenntnis: Wege der Eigenkorrektur – Durch überdeutliches, in Silben abgehacktes Sprechen können Buchstabenauslassungen gefunden werden. Dabei ist es wichtig, synchron zum Sprechen das Wort mit dem Stift abzusuchen. ▶▶▶

	– Jeder Punkt wird gesucht und der anschließende Buchstabe großgeschrieben. Als Zeichen kann das Schlusszeichen eingekringelt und ein nach oben gerichteter Pfeil gesetzt werden.
	– Großschreibung der Substantive nach der Methode, die den Kindern bekannt ist.
	● Zu den restlichen Wörtern (Zoo, gefallen, Giraffe, Schluss) nennen die Schüler ihr Wissen. Schwächeren Schülern sollte klar werden, dass es nicht Ziel sein kann, alle Fehler zu finden. Es ist auch ein Gewinn, einige Fehler selbstständig zu entdecken.
3	● Übung in Stillarbeit: Selbst am Arbeitsblatt Fehler entdecken. Mit Hilfe der Strategien vorgehen. Anzahl der „schweren Fehler" angeben (3). Vorsicht: Keine Fehler hineinschreiben!
4	● Gemeinsames Überprüfen: Wie viele Fehler habe ich gefunden?

Material

Fehlertext

gesern wa ich im zo. da ha es mir ser gut gefaln. ein elfant steckte sein rüssl in den sant. der löwe büllte laut und die gieraffen spieltn mitenader. am schlus war ich auf den spilplatz.

Name: _____

verkerte welt

die hekse anastasia lebt af einer wiese hoch in den begen. sie fäht da im sommr ski und schitten. im witer liegt sie im der sonne odr panscht im see. im früling sucht sie pize – abr da hat sie peh! sie fidet keine!

Nachsilben untersuchen

Ute Spiegel

Klassenstufe	2–4
Dauer	ca. 45 Minuten
Vorbereitung/Material	Wörterbuch oder Wortliste

Ziele
- Wörter zu Silben finden
- Mit dem Wörterbuch nachschlagen

Verlauf

Phasen	Schritte
1	• An der Tafel sind die zweiten Silben von einigen Wörtern angeschrieben: Was könnte das sein? • Mit Trennungsstrich erscheint die Aufgabe leichter. Nachdem die Kinder erkannt haben, dass dies die letzte Silbe von Wörtern ist, sollen sie still für sich dazu passenden Wörter suchen. -ge -de -chen -ken -fen -ben

2	• Sammeln der Wörter an der Tafel:
	  -ge: Auge, (ich) frage, sauge, trage, siege, sorge
	  -de: Friede, Freunde, Hunde, (ich) rede
	  -chen: kochen, lachen, Sachen, machen, Drachen, bisschen
	  -ken: trinken, hinken, Haken, spuken
	  -fen: laufen, kaufen, helfen, hoffen, schaffen
	  -ben: leben, treiben, heben, streben

3	• Als Variation kann ein größerer Wortschatz untersucht werden: „Schreibt aus dem Wörterbuch möglichst viele letzte Silben heraus." Es empfiehlt sich, die Buchstaben aufzuteilen, da sonst alle Kinder bei A beginnen! „Wie könnt ihr sie ordnen?" Zum Beispiel nach dem 1. Mitlaut, nach dem Vokal. Hier wird die Dominanz des E deutlich!

⚠ Tipps

Folgende Grundkenntnisse erleichtern manchem Schüler das Rechtschreiben:

- In der zweiten Silbe gibt es nichts „Besonderes" zu beachten, z. B. stummes H, Umlaut.
- Der zweite Buchstabe ist in den Beispielen immer ein E. Das kommt im Deutschen sehr oft vor.
- Vor dem E der zweiten Silbe steht immer ein Mitlaut.

Sprache untersuchen

Ute Spiegel

Klassenstufe	2–4
Dauer	ca. 45 Minuten
Vorbereitung/Material	Folie mit Gedicht; Wörterbücher; für die Spielform „Memory" Verbformen auf verschiedenfarbigen Karton kopieren und laminieren, Gegenwart und Vergangenheit farblich getrennt; für das Wettspiel die Wendekärtchen ebenfalls zweifarbig kopieren und zusammenkleben

Ziele

- Sicherheit im Umgang mit Verben erkunden
- Aktiven Wortschatz erweitern

Anmerkung

Einige Schüler haben Freude am bewusst (!) falschen Gebrauch nach dem Vorbild des „schlechten Schülers". Sie bilden von allen Verben die schwachen Vergangenheitsformen und schreiben diese auf. Das kann unter Spielbedingungen durchaus toleriert werden. Für Schüler mit nichtdeutscher Muttersprache, die ja in diesem Bereich meist erhebliche Probleme haben, ergibt sich durch das Spiel zwar nicht automatisch der richtige Gebrauch, aber ein Bewusstsein wird geschaffen. Die Kompetenz beim Überarbeiten eigener Texte steigt oft deutlich.

Verlauf

Phasen	Schritte
1	● Lehrervortrag des Gedichts „Ein schlechter Schüler" (s. Material 1). Nach dem Vorlesen der Überschrift assoziieren die Kinder zum Inhalt des Gedichts. Haben sie das ganze Gedicht gehört, werden falsche Wortformen, die sich die Kinder gemerkt haben, an der Tafel gesammelt. ● Das Gedicht wird per Folie an die Wand geworfen. Die restlichen falschen sowie die richtigen Formen werden gesammelt und einander gegenübergestellt.
2	● Im Sitzkreis kann folgende Spielweise eingeführt werden: Die Wendekärtchen werden in der Mitte verteilt. Der Reihe nach liest jedes Kind ein Wort vor und ruft ein anderes Kind auf, das das Verb in der einfachen Vergangenheit nennen soll (er bekommt – er bekam). Wer richtig antwortet, kann das Kärtchen behalten; Unsicherheiten werden thematisiert.
3	● Übung/Spiel: Die Kinder können sich zwischen den Spielformen „Memory" oder einem Wettspiel wählen. Bei dem Wettspiel liegen die Wendekärtchen im Stapel, wer die Form als Erster nennt, darf das Kärtchen behalten.

⊡ Tipps

● Für „Memory" sollten weniger Kärtchen verwendet werden. Je zwei Zeilen aus dem Vordruck dürften ein angemessenes Spielniveau darstellen, in der 2. Klasse reicht manchmal auch eine Zeile.

● Schüler, die sich unterfordert fühlen, können mit Hilfe des Wörterbuches selbst neue Wendekärtchen herstellen.

Material 1

Ein schlechter Schüler

Als ich noch zur Schule gehte,
zählte ich bald zu den Schlauen,
doch ein Zeitwort recht zu biegen,
bringte immer Furcht und Grauen.

Wenn der Lehrer mich ansehte,
sprechte ich gleich falsche Sachen;
für die andern Kinder alle
gebte das meist was zum Lachen.

Ob die Sonne fröhliche scheinte
Oder ob der Regen rinnte:
Wenn der Unterricht beginnte,
sitzt' ich immer in der Tinte.

Ob ich schreibte oder leste,
Unsinn machtete ich immer,
und statt eifrig mich zu bessern,
werdete es nur noch schlimmer.

Als nun ganz und gar nichts helfte,
prophezieh mir unser Lehrer:
wenn die Schule ich verlaßte,
wörde ich ein Straßenkehrer.

Da ich das nicht werden willte,
kommte ich bald auf den Trichter,
stak die Nase in die Bücher,
und so werdete ich Dichter.

Bruno Horst Bull

Material 2

Linke Kartengruppe

er fiel	er erschuf	er schlich	er sah	er saß	es gelang
er fällt	er erschafft	er schleicht	er sieht	er sitzt	es gelingt
er aß	er lieh	er riet	er ritt	er rannte	er trieb
er isst	er leiht	er rät	er reitet	er rennt	er treibt
er bat	er lief	er mochte	er nahm	er las	er wusste
er bittet	er läuft	er mag	er nimmt	er liest	er weiß
er bekam	er floss	er fraß	er gab	er ging	er zog
er bekommt	er fließt	er frisst	er gibt	er geht	er zieht

Rechte Kartengruppe

er flog	sie schien	er schloss	er stand	er traf	er sprang
er fliegt	sie scheint	er schließt	er steht	er trifft	er springt
er fuhr	er rief	er schlief	er schrieb	er schwieg	er trank
er fährt	er ruft	er schläft	er schreibt	er schweigt	er trinkt
er blieb	er litt	er nannte	er pfiff	er lag	er trat
er bleibt	er leidet	er nennt	er pfeift	er liegt	er tritt
er bog sich	er hieß	er kannte	er konnte	er ließ	er wollte
er biegt sich	er heißt	er kennt	er kann	er lässt	er will

© Cornelsen Verlag Scriptor, Berlin – Die Grundschul-Fundgrube für Vertretungsstunden

Rechtschreibphänomene

Brigitte Weindl

Klassenstufe 2–4
Dauer beliebig
Vorbereitung/Material Spielfelder und Karten mehrfach kopieren, Würfel und Spielfiguren, Wörterbuch

Ziele

● Sicherheit in der Schreibung von Wörtern mit Dehnung oder Konsonantenverdopplung erhöhen
● Nachschlagen im Wörterbuch üben

Verlauf

Phasen	Schritte
1	● Die Kinder werden in mehrere Gruppen aufgeteilt. Jedes Kind erhält eine Spielfigur, jede Gruppe einen Würfel, einen Spielplan und die Karten. ● Kommt ein Kind auf eine Verdopplung bzw. Dehnung, nennt es ein passendes Wort. ● Das Wort wird im Wörterbuch auf seine Richtigkeit geprüft. Ist es richtig, bekommt das Kind eine Karte, die der Motivation dient (Schildkröte oder Läufer). ● Kommt ein Kind auf ein Symbol, zieht es eine Ereignis- oder Stolpersteinkarte.
2	● Wer als Erster ins Ziel kommt, hat das Spiel gewonnen.

[!] Tipp
Wenn die Wörter aufgeschrieben werden, erhöht sich der Übungseffekt und es wird weniger gemogelt.

Material

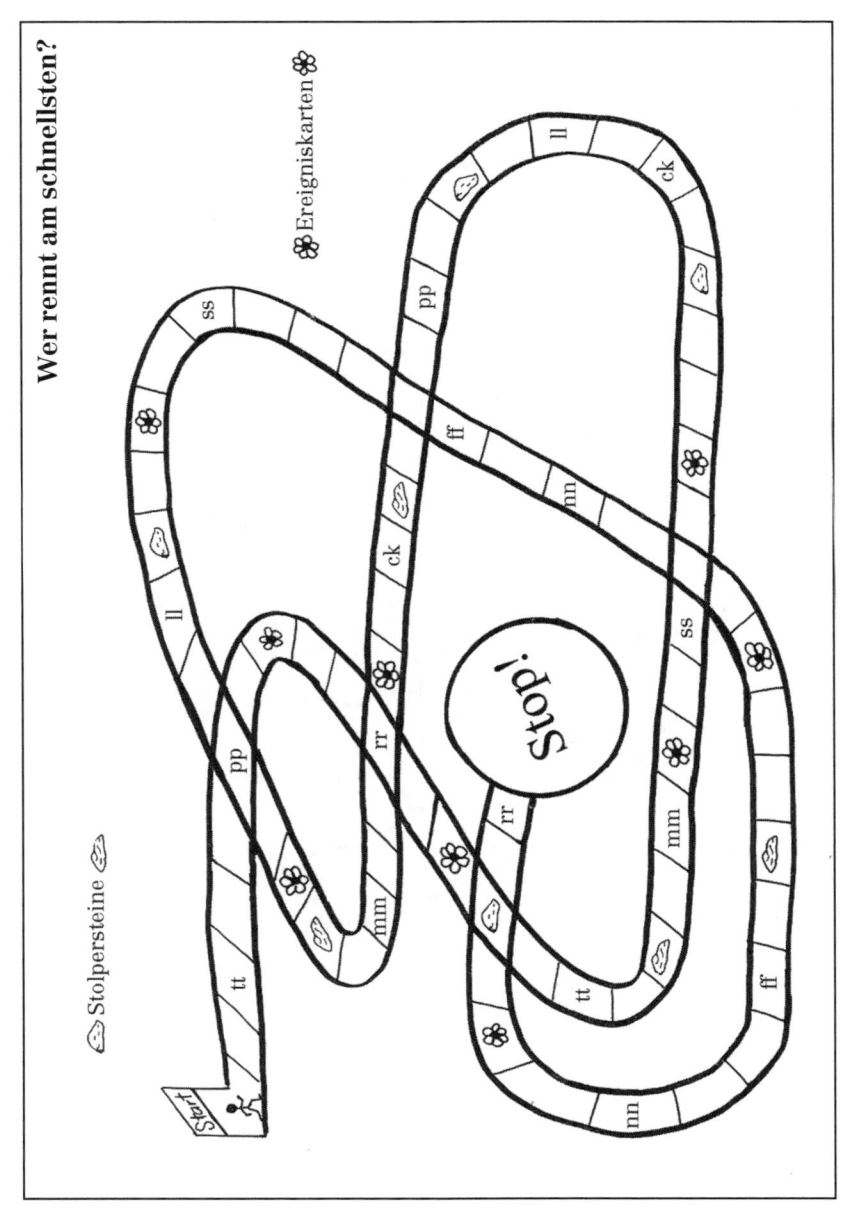

© Cornelsen Verlag Scriptor, Berlin – Die Grundschul-Fundgrube für Vertretungsstunden

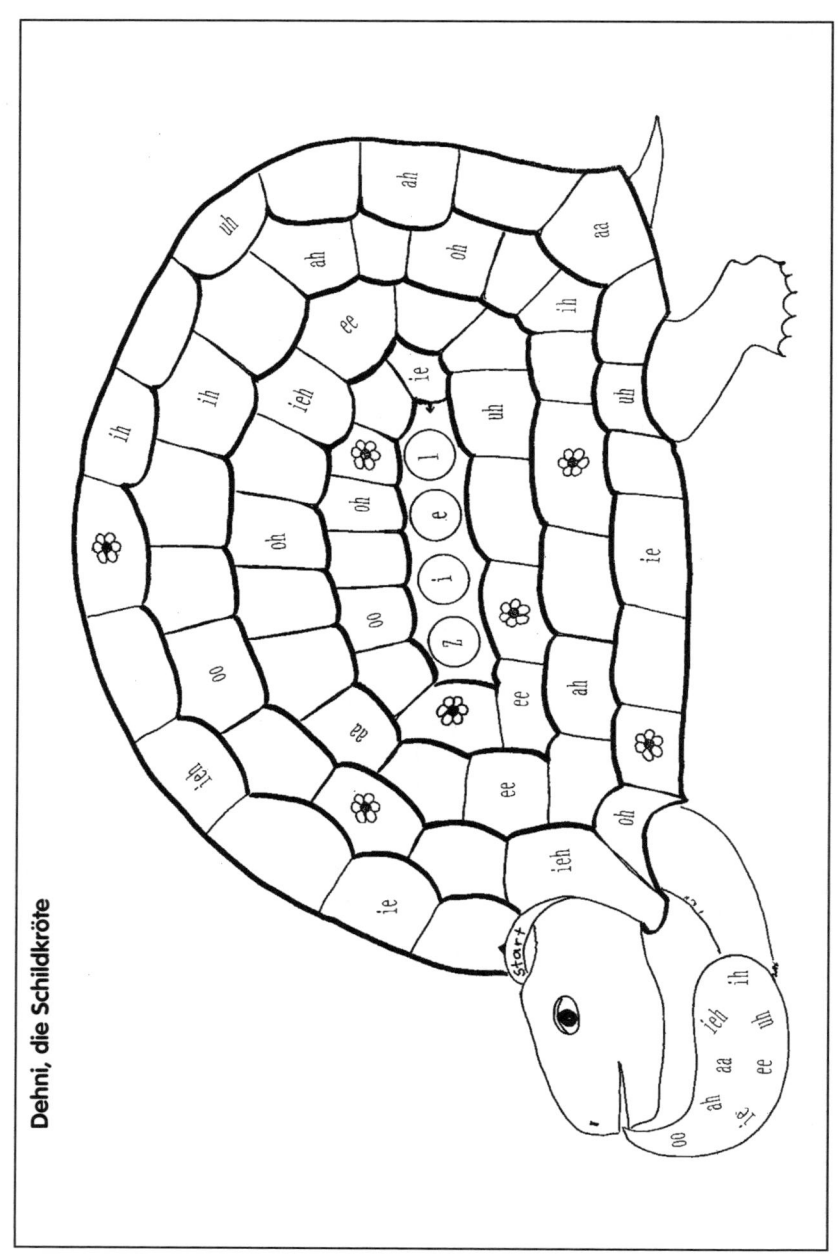

Dehni, die Schildkröte

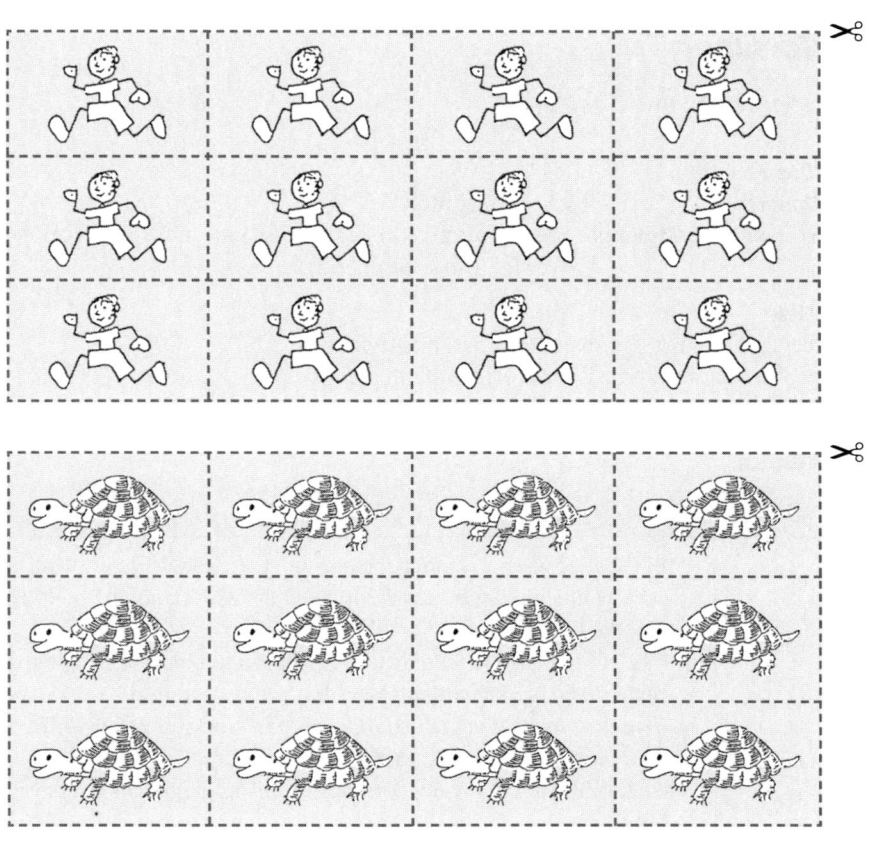

Ereigniskarten   Stolpersteinkarten

Du läufst schnell: 5 Felder vor	Würfle dreimal und ziehe die höchste Zahl weiter	Du hast dir den Fuß verstaucht: 5 Felder zurück	Du bist gestolpert: einmal aussetzen
Rückenwind hilft dir: 3 Felder vor	Verdopple deine Augenzahl	Du hast Staub im Auge: eine Runde warten	Du bist gefallen: ein Kind überholt dich
Springe zum nächsten Buchstabenfeld	Du läufst bergab: 2 Felder vor	Fehlstart: zurück zum Start	Du hast die Orientierung verloren: 3 Felder zurück

(mehrfach kopieren)

© Cornelsen Verlag Scriptor, Berlin – Die Grundschul-Fundgrube für Vertretungsstunden

Vorsilben

Brigitte Weindl

Klassenstufe	2–4
Dauer	ca. 45 Minuten
Vorbereitung/Material	Spielfeld und Karten mit Verben mehrfach kopieren, Würfel, Block oder Heft

Ziele
- Gespür für lexikalisierte Wörter entwickeln
- Aktiven und passiven Wortschatz erweitern
- Erkennen, dass Vorsilben den Sinn von Wörtern verändern

Verlauf

Phasen	Schritte
1	• Die Kinder werden in mehrere Gruppen aufgeteilt. Jedes Kind erhält eine Spielfigur, jede Gruppe einen Würfel, einen Spielplan und die Karten. • Das Kind, das an der Reihe ist, würfelt, zieht eine Verbkarte und verbindet das Verb mit der Vorsilbe, auf der es steht. • Gemeinsam wird entschieden, ob es das Wort gibt, ob es sinnvoll ist. Wenn ja, darf das Kind die Karte behalten. • Ist ein Kind am Schwanz der Raupe angelangt, geht es wieder am Kopf weiter.
2	• Gewonnen hat das Kind, das am meisten Karten gesammelt hat.

⚠ Tipps
- Kinder, die nicht Deutsch als Muttersprache haben, haben oft Entscheidungsschwierigkeiten. Die Gruppen sollten deshalb gemischt sein.
- Für Zweifelsfälle sollte ein Wörterbuch bereitliegen.

Material

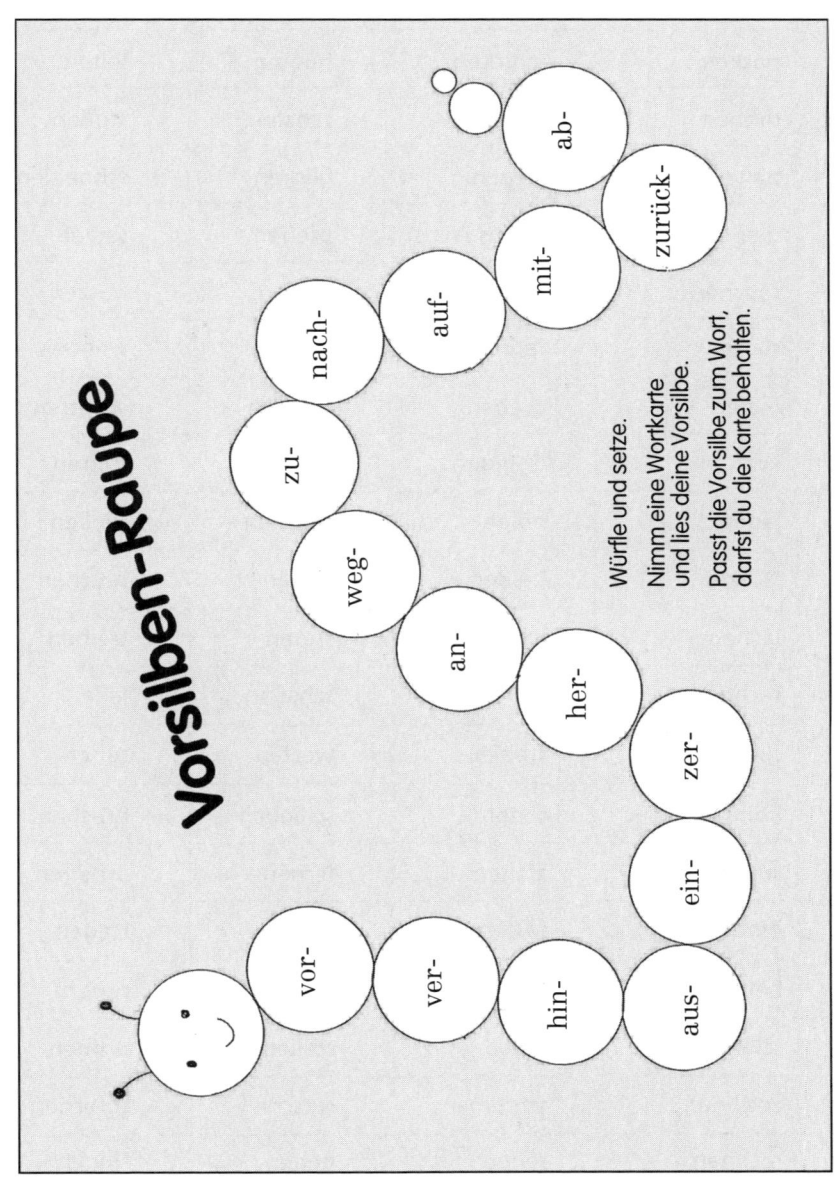

Vorsilben-Raupe

ab-
zurück-
mit-
auf-
nach-
zu-
weg-
an-
her-
zer-
ein-
vor-
ver-
hin-
aus-

Würfle und setze.

Nimm eine Wortkarte und lies deine Vorsilbe.

Passt die Vorsilbe zum Wort, darfst du die Karte behalten.

© Cornelsen Verlag Scriptor, Berlin – Die Grundschul-Fundgrube für Vertretungsstunden

pflanzen	schaffen	merken	biegen
packen	schicken	hüpfen	leiten
drehen	füllen	tanzen	stoßen
bauen	passen	blicken	schneiden
gießen	wechseln	pfeifen	setzen
tauchen	hängen	rühren	putzen
rücken	fahren	stecken	wenden
malen	graben	räumen	schütten
kochen	drängen	wählen	führen
jagen	holen	drücken	fließen
stürzen	beißen	reißen	brechen
lachen	liefern	treten	treiben
rechnen	schlagen	schauen	legen
fliegen	steigen	werfen	reisen
kommen	reiten	schieben	brechen
suchen	ziehen	lernen	arbeiten
binden	fassen	denken	tragen
nehmen	zeigen	rufen	rudern
schließen	fallen	stellen	ordnen
zeichnen	schreiben	rutschen	sprechen
rechnen	rennen	geben	singen

© Cornelsen Verlag Scriptor, Berlin – Die Grundschul-Fundgrube für Vertretungsstunden

Ein Bilderbuch herstellen

Ingrid Nicklaus

Klassenstufe	2–4
Dauer	2 Unterrichtsstunden
Vorbereitung/Material	„Bilderbuchtext" von Guggenmos für alle Kinder kopieren, weiße Linienblätter (DIN A5), Malblätter, Buntstifte

Ziel

Textverstehen vertiefen

Verlauf

Phasen	Schritte
1	● Die Kinder erhalten das Material und die Aufgabe, ein Bilderbuch herzustellen. ● Das Gedicht wird vorgelesen oder gemeinsam gelesen.
2	● Die Kinder schreiben je einen Abschnitt in besonders schöner Schrift auf eines der Linienblätter und zeichnen dazu ein Bild.
3	● Zum Schluss gestalten sie ein Deckblatt mit einem passenden Titel. Die Blätter werden zu einem „Buch" zusammengeheftet.

ⓘ Tipps
● Es können unterschiedliche Papierformate und Gestaltungsmöglichkeiten gewählt werden (zeichnen, malen, collagieren, Reißtechnik …).
● Die fertigen Blätter können auf verschiedene Weise zu einem kleinen Buch zusammengeheftet werden (gelocht und mit einem bunten Faden versehen oder mit einer Spirale gebunden).

Material

Bilderbuchtext

Es gingen drei Kinder durch den Wald.
Die Kinder waren jung, der Wald war alt.
Da haben die drei unter Fichten versteckt
ein steinernes uraltes Haus entdeckt.
Sie klopften an. Kein Mensch rief herein.
Da fassten sie Mut und traten doch ein.
Sie blickten sich in der Stube um.
Da sahen sie stehen, verstaubt und stumm:
eine uralte Uhr, eine uralte Bank,
einen uralten Tisch, einen uralten Schrank.
Der Schrank war wie der Himmel blau
und hatte Schubladen, zwölf genau.
In der ersten lag ein gläserner Ball,
in der zweiten ein Posthorn aus Metall.
In der dritten ein Männlein aus Elfenbein,
in der vierten ein Ring mit grünem Stein.
In der fünften lag ein vertrockneter Strauß,
aus der sechsten sprang eine silbrige Maus.
In der siebten lag ein zerbrochener Krug,
in der achten ein Bild: braune Adler im Flug.
In der neuten lag ein Gewicht aus Blei,
die zehnte war voll von allerlei.
In der elften lag ein Seidentuch,
in der zwölften ruhte ein uraltes Buch.
Auf dem Buch stand geschrieben: Nimm und lies!
Sie schlugen das Buch auf und lasen dies:
Es gingen drei Kinder durch den Wald.
Die Kinder waren jung, der Wald war alt.
Da haben die drei …

Josef Guggenmos

© Cornelsen Verlag Scriptor, Berlin – Die Grundschul-Fundgrube für Vertretungsstunden

Wörter aus Autokennzeichen bilden

Ingrid Nicklaus

Klassenstufe 2–4
Dauer ca. 30–45 Minuten
Vorbereitung/Material Autokennzeichen als Klassensatz kopieren, Wörterbücher

Ziel
Rechtschreibsicherheit vertiefen durch Bilden sinnvoller Wörter aus Autokennzeichen

Verlauf

Phasen	Schritte
1	● Die Kinder erhalten das Arbeitsblatt mit den Kennzeichen (die Kennzeichen sind für die Aufgabe frei erfunden).
2	● Sie erfahren die Aufgabe: – Bilde möglichst viele sinnvolle Wörter durch Einfügen von einem Buchstaben anstelle des Striches oder auch an einer anderen Stelle des Kennzeichens (z. B. ST – LL 211: ST A LL 213, ST – ER 877: A STER 877) – Schreibe die Wörter in dein Heft und kontrolliere mit Hilfe deines Wörterbuches die Rechtschreibung. – Am Ende kannst du selbst noch Kennzeichen erfinden und wie in der ersten Aufgabe Wörter bilden.

⊡ Tipps
● Die Kinder können ihre Ergebnisse miteinander vergleichen und ihre Wörterliste ggf. ergänzen.
● Zur Erweiterung können auch mehrere Buchstaben ergänzt oder Buchstaben vertauscht werden.

Material

Kennzeichen	Mögliche Substantive
AF – FE 703	Waffe
AL – KE 228	Falke
AU – EN 211	Augen
BR – TT 801	Brett
BR – EF 912	Brief
ER – SE 654	Erbse
ER – DE 412	Herde
FA – SA 704	Fasan
FE – ER 902	Feder
FI – EL 911	Fibel
IL – FE 211	Hilfe
IP – PE 203	Wippe
IT – ER 765	Liter
KA – PP 799	Kappe
KA – ER 101	Kater
KE – EL 701	Kegel
KE – LE 900	Kehle
LE – TE 233	Leute
MA – LE 819	Maler
ON – NE 912	Sonne
ON – KE 119	Onkel
OS – TE 791	Osten
SA – HE 111	Sache
SE – DE 191	Seide
SI – LB 192	Silbe
SP – TZ 111	Spatz
ST – LL 211	Stall
ST – ER 877	Stern
ST – CK 110	Stock
ST – UB 320	Stube
VO – GE 111	Vogel
ZE – RA 192	Zebra
ZE – IL 113	Zeile
ZE – GE 642	Ziege
ZU – GE 901	Zunge

Ein Gegenstand erzählt – eine Fantasiegeschichte schreiben

Ingrid Nicklaus

Klassenstufe   2–4
Dauer   1–2 Unterrichtsstunden
Vorbereitung/Material   kleine Gegenstände

Ziel
Eine Geschichte zu einem bestimmten Gegenstand erfinden und aufschreiben

Verlauf

Phasen	Schritte
1	• Die Kinder suchen im Schulhof einen kleinen Gegenstand (Stein, Feder, Glasscherbe, Nagel, Ecke eines Papiers, …). • Sie überlegen, woher der Gegenstand kommen könnte, und fantasieren, was dieser an den einzelnen Stationen seines Weges bis hierher alles erlebt haben könnte.
2	• Sie schreiben die Geschichte auf und zeichnen nach jeder „Station" ein passendes Bild. Dabei beachten sie folgende Hinweise: Woher kommt der Gegenstand? Was erlebte er alles, bis er hier an die Stelle kam, an der du ihn gefunden oder bekommen hast?
3	• Die Kinder stellen ihre Geschichten der Klasse vor.

⚠ Tipps
● Kleine Gegenstände können auch vorbereitet und verteilt werden. Alternative: Gegenstände, die auf den Schrottplätzen liegen und die die Kinder aus der Erinnerung benennen und zuerst aufzeichnen.
● Anstelle von Gegenständen könnten auch alte Pfennigstücke oder Centstücke „erzählen".

Die Grille und die Ameise –
Text durch Reimwörter ergänzen

Ingrid Nicklaus

Klassenstufe 2–4
Dauer ca. 30–45 Minuten
Vorbereitung/Material Lückentext mit Reimwörtern im Klassensatz kopieren, Originaltext (s. Phase 3)

Ziele
● Textverstehen vertiefen durch bewusstes Zuordnen von Reimwörtern
● Freude empfinden am Klang der Reimwörter

Verlauf

Phasen	Schritte
1	● Die Kinder erhalten den Lückentext. ● Der Text sollte vorgelesen werden (die Lücken bleiben ausgespart).
2	● Die Kinder suchen die passenden Reimwörter und ergänzen den Text. ● Sie überprüfen durch lautes Lesen den Klang und Rhythmus und die inhaltliche Übereinstimmung.
3	● Originaltext noch einmal vorlesen. Die Reimwörter lauten: lang, gekommen, Fliegenbein, Nachbarin, Weiterleben, gar, fort, Sommerzeit, fern, Daus, jetzt.

[!] Tipps
● Die Kinder können den Text auf ein besonderes Papier abschreiben und dazu malen.
● Als Differenzierung bietet sich an, alle Reimwörter einzusetzen oder sich selbst passende Reimwörter auszudenken und diese einzusetzen.

Material

Die Grille und die Ameise

Die Grille trällerte und sang

den ganzen lieben Sommer _____

und fand sich plötzlich sehr beklommen,

als der Nordwind war_____ :

Im Haus war nicht ein Bröselein

Regenwurm und _____

Hunger schreiend lief sie hin

zur Ameis', ihrer _____,

mit der Bitte ihr zu geben

etwas Korn zum _____

nur bis nächstes Jahr:

Ich werd' euch zahlen, sprach sie _____ ,

noch vor Verfall, mein Grillenwort,

Hauptstock, Zinsen und so _____.

Die Ameis' aber leiht nicht gern;

Sie krankt ein wenig an Knausrigkeit:

Was triebt Ihr denn zur _____ ?

fragt sie die Borgerin von _____.

Da war ich Tag und Nacht besetzt,

ich sang und hatte viel Applaus.

Gesungen habt Ihr? Ei der _____ ,

wohlan so tanzet _____ !

Jean de La Fontaine

© Cornelsen Verlag Scriptor, Berlin – Die Grundschul-Fundgrube für Vertretungsstunden

Die Ameise und die Grille –
zu einer Fabel schreiben

Dirk Menzel

Klassenstufe 3
Dauer ca. 45 Minuten
Vorbereitung/Material Bilder von Ameise und Grille vergrößern oder auf Folie kopieren, Text für Kinder kopieren

Ziele
● Eine Fabel zu Ende schreiben
● Eigenes moralisches Verständnis zum Ausdruck bringen
● Meinungen austauschen, argumentierend begründen, zum Nachdenken anregen

Anmerkung
Gerechtigkeit ist nach den älteren Studien in diesem Alter ein ausgleichendes, alle gleich behandelndes Verhalten. Danach wäre die Grille selbst schuld und die Ameise sollte nichts abgeben. Neuere Untersuchungen allerdings zeigen, dass auch Kinder in konkreten Situationen, insbesondere wenn diese sie selbst betreffen oder sie sich gut darin hineinversetzen können, durchaus bedürfnisgerecht urteilen. Viele Kinder werden also der Grille Hilfe zukommen lassen, was durchaus zu unterstützen ist.

Verlauf

Phasen	Schritte
1	● Die Kinder äußern sich zu den Bildern von Ameise und Grille, die an die Tafel hängen oder an die Wand projiziert werden. ● Lehrerimpuls: „In der Geschichte, die ihr heute kennen lernt, treffen sich eine Ameise und eine Grille." Überschrift „Die Ameise und die Grille" anschreiben, die Kinder auch hier nochmals vermuten lassen.
2	● Die Kinder erhalten das Textblatt. Gemeinsam wird nur der Auftrag am Ende des Textes gelesen. ● Wenn der Schreibauftrag klar ist, lesen die Kinder die Geschichte allein und schreiben anschließend einen Schluss. ▶▶▶

3	● Anschließend, spätestens ca. 10 Minuten vor Ende der Einheit, teilen sich die Kinder in zwei Gruppen: – Gruppe 1: Kinder, in deren Geschichte die Ameise nichts abgibt. – Gruppe 2: Kinder, in deren Geschichte die Ameise etwas abgibt. ● Gruppe 1 beginnt nun, indem ein Kind seine Fortsetzung der Geschichte vorliest. Gruppe 2 bekommt anschließend den Auftrag, Argumente vorzutragen, warum sie diese Variante ungerecht findet. ● Das letzte Argument von Gruppe 2 ist dann eine Fortsetzung der Geschichte aus ihren Reihen, auf die wiederum Gruppe 1 argumentativ antwortet.

ⓘ Tipps

Sollte der Dialog ins Stocken geraten, können folgende Impulse helfen:
– „Die Grille hat zwar keine Vorräte gesammelt, aber war sie faul?"
– „Während die Ameise hart gearbeitet hat, spielte die Grille nur zum Vergnügen. Ist es da nicht gerecht, wenn sie nun nichts hat?"
– „Wenn jemand nichts hat. Darf man ihn dann verhungern lassen, auch wenn er faul war?"

Material

Die Ameise und die Grille

Die Ameise hatte den ganzen Sommer und den ganzen Herbst damit zugebracht Vorräte für den Winter zu sammeln. Unermüdlich war sie jeden Tag ausgezogen, sammelte alles, was eine Ameise zum Leben braucht, und brachte es in ihre Kammern. Die Grille hatte den ganzen Sommer und den ganzen Herbst damit zugebracht, Musik zu machen. Gern gesehen und gehört war sie überall und bei jedermann: auf den Feldern, wo das Getreide angepflanzt und später geerntet wurde, oder bei den fleißigen Tieren, die ihre Vorräte für den kalten Winter sammelten.

In dem Überfluss, den die warme Jahreszeit und die Zeit der Ernte mit sich bringen, war für sie immer genug abgefallen. Und weil sie die Arbeit mit ihrer Musik oft viel leichter werden ließ, musste sie keinen Hunger leiden.

Doch schlecht bekam ihr dieses Leben jetzt, als der kalte Nordwind kam.

„Keine Fliege gibt es mehr, nicht ein Würmchen zum Verzehr und keine Geschenke, die Taschen sind leer."

Hungernd kam sie zur Ameise, bettelnd um ein wenig Speise, quälte sie mit Wehgeschrei, dass sie etwas Korn ihr leih, nur so viel, wie nötig wäre, bis der Sommer wiederkehre.

„Bei meiner Treu! Eh' der nächste Herbst ist vorbei, zahl' ich alles Stück um Stück dir sogar mit Zins zurück!"

„Nun, Herr Grille! Sehr mühsam füllte ich meine Kammern mit Speise."

Drum fragte als Erstes die Ameise: „Auf welche Weise verbrachtet ihr das ganze Jahr, wie brachtet ihr Frühling, Sommer und Herbst dahin?"

„Schimpft nicht, verehrte Ameise! Viel Freude brachte ich den Tieren auf ganz entzückende Weise. Ich spielte und sang zu aller Freude, mal laut und mal leise."

„So, ihr habt mit Musizieren euch ein angenehmes Jahr gemacht. So könntet ihr den Winter über tanzen. Da wird's euch warm, das wäre doch gelacht!"

Jean de La Fontaine

Doch die Grille lässt nicht locker. Wie die Geschichte letztlich ausgeht, darfst aber du entscheiden! Schreibe einen Schluss, wie du ihn dir wünschst.

Texte entflechten

Ingrid Nicklaus

Klassenstufe   3–4
Dauer   ca. 45 Minuten
Vorbereitung/Material verwürfelten Text als Klassensatz kopieren

Ziel
Das verstehende Lesen durch die Auseinandersetzung mit zwei verwürfelten Texten erweitern.

Verlauf

Phasen	Schritte
1	• Kinder lesen den Text aufmerksam mit dem Hinweis: „Hier stimmt etwas nicht!" Dies kann auch von den Kindern selbst erarbeitet werden. • Sie erkennen , dass es sich um zwei verschiedene Texte handelt, die miteinander verflochten sind.　▶▶▶

2	• Sie entflechten die Texte, wobei sie sich daran orientieren, die Katze zu jeweils dem anderen Tier in der entsprechenden Geschichte in Beziehung zu setzen.
	• Sie schneiden die Textabschnitte aus, sortieren sie den passenden Überschriften zu und kleben sie ins Heft.
3	• Sie malen zu jedem Text ein passenden Bild.

⊞ Tipp

Als Arbeitshilfe können die Kinder die Abschnitte, die zu einem Text gehören, in einer bestimmten Farbe unterstreichen, bevor sie sie ausschneiden.

Material

Wer hängt der Katze die Schelle an? *(Äsop)*
Der Fuchs und die Katze *(Brüder Grimm)*

Einst war große Not unter den Mäusen; denn die Katze war schlau, und es schien, als habe sie allen den Tod geschworen.

- ✂

Es trug sich zu, dass die Katze in einem Walde dem Herrn Fuchs begegnete.

- -

Da kamen die Mäuse zusammen und hielten einen Rat.

- -

Und weil sie dachte: Er ist gescheit und wohl erfahren und gilt viel in der Welt, so sprach sie ihm freundlich zu.

- -

„Guten Tag, lieber Herr Fuchs, wie geht's, wie steht's? Wie schlagt ihr euch durch in dieser teuren Zeit?"

- -

Der Fuchs, allen Hochmuts voll, betrachtete die Katze vom Kopf bis zu den Füßen und wusste lange nicht, ob er eine Antwort geben solle.

- -

„Was fangen wir an?", sprach die Älteste unter ihnen, „unsere Zahl wird täglich kleiner. Bald werden wir von der Erde verschwunden sein."

- -

Endlich sprach er: „Oh, du armseliger Bartputzer, du buntscheckiger Narr, du Hungerleider und Mäusejäger, was kommt dir in den Sinn? Du unterstehst dich zu fragen, wie mir's gehe? Was hast du gelernt? Wie viel Künste verstehst du?"

- -

„Nichts leichter als das", sprach ein kleines Spitznäschen, „ich wüsste wohl zu helfen."

- -

„Ich verstehe nur eine einzige", antwortete bescheiden die Katze.

--- ✂

„Was ist das für eine Kunst?", fragte der Fuchs

„Wenn die Hunde hinter mir her sind, so kann ich auf einen Baum springen und mich retten."

„Wir hängen der Katze eine Schelle an, dann mag sie kommen!"

„Ist das alles?", sagte der Fuchs.

„Ich bin der Herr über hundert Künste und habe überdies noch einen Sack voller Listen. Du jammerst mich! Komm mit mir, ich will dich lehren, wie man den Hunden entgeht!"

„Wir haben alle feine Ohren, und ehe sie uns erblickt, haben wir uns schnell verkrochen."

„Jawohl!", riefen alle Mäuse, setzten sich auf die Hinterfüße und blickten keck und mutig umher.

„Nun gut", sprach die Alte zu der Kleinen, „du hast so schön geraten, so magst du der Katze die Schelle anhängen."

Indem kam ein Jäger mit vier Hunden daher.

„Ich?", sprach die junge Maus, „nein, das kann ich doch nicht wagen!"

Die Katze sprang behend auf einen Baum und setzte sich in den Wipfel, wo Äste und Laubwerk sie völlig verbargen.

„Bindet den Sack auf, Herr Fuchs, bindet den Sack auf!", rief ihm die Katze zu.

„Und ich auch nicht, ich auch nicht!", riefen die anderen. Schnell lief die ganze Versammlung auseinander.

Aber die Hunde hatten ihn schon gepackt und hielten ihn fest.

„Ei, Herr Fuchs", rief die Katze, „ihr bleibt mit euren hundert Künsten stecken."

Die Katze aber geht noch ohne Schelle herum bis auf den heutigen Tag.

„Hättet ihr hinaufklettern können wie ich, so wär's nicht um euer Leben geschehen!"

Thema „Wetter" – Purzelwörter aufschreiben

Angelika Mahlke

Klassenstufe 3–4
Dauer ca. 30–45 Minuten
Vorbereitung/Material Folie mit Beispielen; Arbeitsblatt als Klassensatz kopieren, evtl. an der gestrichelten Linie teilen

Ziele
● Buchstaben der Purzelwörter in die richtige Reihenfolge bringen
● Wörter inhaltlich klären
● Wörter fehlerfrei schreiben

Verlauf

Phasen	Schritte
1	● Kurzes Gespräch über das Tageswetter führen.
2	● Beispielwörter (Material 1) präsentieren; Zusammenhang zwischen Purzelwörtern und Buchstabenboxen verdeutlichen. ● Beispiele gemeinsam bearbeiten, den unteren Teil anfangs abdecken.
3	● Arbeitsblatt (Material 2) verteilen und in Einzel- oder Partnerarbeit bearbeiten lassen. ● Lösungen vorher nach hinten klappen, falls nicht bereits abgetrennt. Wenn die Lösungen abgetrennt wurden, kann man diese als Hilfe ungeordnet an der Tafel anbieten. ● Rechtschreibung vergleichen (Lösungen), Wörter inhaltlich klären und evtl. mit Artikel ins Heft schreiben lassen.

[!] Tipps
● Weitere Wetterwörter an der Tafel oder im Heft sammeln.
● Wetterwörter im Wörterbuch nachschlagen.
● Kinder eigene Wetterwörter selbst „verpurzeln" und von Mitschülern enträtseln lassen.
● Analog zu anderen Themen arbeiten, z. B. Ostern, Weihnachten, Märchen, Zirkus, Weltraum, Dinosaurier, Schule, ...

Material 1

Beispiele: Auf A4 hochkopieren und als Folie einsetzen!

EKLOWRETTIWEG
Gewitterwolke
AEIGLSTT
Glatteis
EEEEWTTRHX
Wetterhexe

Material 2

Wetterwörter gesucht

Hier sind Nomen (Namenwörter) versteckt,
die irgendwie mit dem Thema WETTER zu tun haben:

1 NIEHCSNENNOS	2 NEGEREKLOW
3 MSRCUHTNSEE	4 PERATEMTUR
5 EEIGTTWR	6 AEEFINPSZ
7 WOCHLKRUENB	8 THCIREBRETTEW
9 ERTHETEROMM	10 ZEMERSOMHIT
11 EEOTTWFRRSCH	12 EFTANFEHZI

Lösungen: 1 – Sonnenschein, 2 – Regenwolke, 3 – Schneesturm, 4 – Temperatur,
5 – Gewitter, 6 – Eiszapfen, 7 – Wolkenbruch, 8 – Wetterbericht, 9 – Thermometer,
10 – Sommerhitze, 11 – Wetterfrosch, 12 – Affenhitze

© Cornelsen Verlag Scriptor, Berlin – Die Grundschul-Fundgrube für Vertretungsstunden

Geheimsprachen – Zeichensysteme vergleichen

Angelika Mahlke

Klassenstufe 3–4
Dauer ca. 30–45 Minuten
Vorbereitung/Material Folie mit Textprobe; Arbeitsblatt als Klassensatz kopieren

Ziele
● Geheimschrift mit einer Entschlüsselungstabelle dekodieren
● Symbole als Alternative zu unserem Buchstabensystem erkennen

Verlauf

Phasen	Schritte
1	● Analog zur Situation auf dem Arbeitsblatt (Material 2) eine kurze Geschichte erzählen.
2	● Textprobe (Material 1) präsentieren und Vorschläge zur Entschlüsselung sammeln.
3	● Je nach Vorerfahrungen und Leistungsvermögen der Kinder: – Alternative 1: Entschlüsselungstabelle (Material 2) verteilen und Kinder die Textprobe gemeinsam dekodieren lassen. Anschließend den Gesamttext in Einzel- oder Partnerarbeit bearbeiten lassen. – Alternative 2: Den Gesamttext sofort verteilen und die Geheimbotschaft von den Kindern selbstständig entschlüsseln lassen. Evtl. Lösungstext als Kontrolle/Hilfe auslegen.

⊡ Tipp
Kinder eigene Geheimschriften mit Hilfe der Tabelle für Geheimschriften (Material 3) entwickeln und Geheimbotschaften austauschen lassen.

Material 1

Lösung: Achtung! Gefahr!
Gespenst

Material 2

Achtung:
Spürnasen gefragt!

Hier kannst du zeigen, ob du ein guter Detektiv bist:

Hausmeister Krause hat einen geheimnisvollen Brief in seinem Büro gefunden. Er wurde unter der Tür hindurchgeschoben.
Auf dem schnellsten Wege bringt Herr Krause den Brief zum Rektor der Schule. Aber der kann auch nicht entziffern, was da geschrieben steht.
Kannst du helfen?

Entschlüsselungstabelle

Buchstaben									
✌	✍	☝	☞	☜	☞	✑	✋	✋	☺
A	B	C	D	E	F	G	H	I	J
☺	☹	☠	☡	⌂	⚑	✈	☼	♦	❈
K	L	M	N	O	P	Q	R	S	T
✝	✜	✢	✳	✿	☾		⓪	⑤	⑥
U	V	W	X	Y	Z		Ä	Ö	Ü
Zeichen									
✒	✏	✎	📖	📫	💻				
.	!	?	-	,	:				

Lösung: ACHTUNG! GEFAHR!
IM KELLER DER SCHULE SITZT
EIN GRAUSIGES GESPENST.
ES FRISST LEHRER UND
BESONDERS GERNE REKTOREN.
ES LÄSST SICH NUR DAVON
ABBRINGEN, WENN DIE KINDER
HEUTE KEINE HAUSAUFGABEN
MACHEN MÜSSEN.

Material 3

Tabelle für Geheimschriften

Buchstaben									
A	B	C	D	E	F	G	H	I	J
K	L	M	N	O	P	Q	R	S	T
U	V	W	X	Y	Z		Ä	Ö	Ü
Zeichen									
.	!	?	-	,	:				

Geheime Botschaften

Carmen Berend

Klassenstufe 3–4
Dauer ca. 60 Minuten
Vorbereitung/Material Material 1 als Folie und als Arbeitsblatt kopieren, Material 2 als Arbeitsblatt kopieren; beide Materialien enthalten jeweils zwei Aufträge und müssen durchtrennt werden.

Ziele

- Gesetzmäßigkeiten finden und beachten
- Freude am spielerischen Umgang mit Texten haben

Anmerkung

Es gibt sehr viele Möglichkeiten, einen Text zu verschlüsseln. Die hier verwendete „Plus-Methode" gehört zu den einfachen. Die „Plus-1-Methode" besteht darin, dass für jeden Buchstaben der Buchstabe gesetzt wird, der ihm im Alphabet als nächster folgt. Entsprechend gibt es eine Plus-2, Plus-3 ... bis Plus 25-Methode. Zum Codieren und Decodieren sind zwei Alphabetstreifen oder wegen der zyklischen Anordnung noch besser die Caesar-Scheibe mit zwei Alphabetringen nützlich. Die Scheibe hat ihren Namen von Julius Caesar, der die Plus-Methode vor 2000 Jahren erfunden haben soll (s. Literatur).

Bei der Streifendarstellung benötigt man zwei Streifen mit je einer Buchstabenfolge von A bis Z. Wenn man den oberen als Originäralphabet festlegt und ihn um zwei nach rechts verschiebt, so besteht die Codierung darin, dass jedem Buchstaben des oberen Streifens der Buchstabe zugeordnet wird, der ihm an zweitnächster Stelle folgt (Plus-2-Methode). Den beiden letzten Buchstaben des Alphabets werden somit die beiden ersten Buchstaben zugeordnet. Es gilt, dieses zyklische System zu problematisieren.

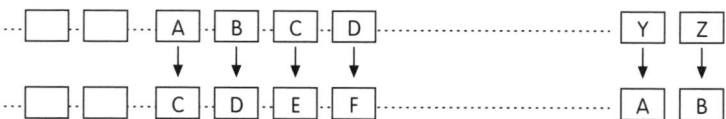

Ein Anhaltspunkt für die Entschlüsselung eines Textes ist das Wissen um Gesetzmäßigkeiten beim Aufbau von Wörtern, Wortarten und Sätzen. Zum Beispiel kommt das E häufig vor und ist daher leichter zu erkennen. Das Decodieren ist allerdings recht schwer, wenn man den Code oder das Codierungsverfahren nicht kennt. Aus diesem Grund werden in der Einstiegsphase der Originaltext und große Anteile des verschlüsselten Textes gegenübergestellt. Den Kindern fällt die Aufgabe zu, das Prinzip der Zuordnung zu erkennen und im weiteren Verlauf anzuwenden. Um die Schwierigkeit zu reduzieren, wird zu Beginn die Plus-1-Methode gewählt. Die Ausweitung auf andere Methoden sollte auf jeden Fall Gegenstand des Unterrichtsgesprächs sein.

Das Codieren von Information ist ein bedeutsames Thema der heutigen Zeit. So können elektronisch gesendete und weltweit und in Kürze vermittelte Nachrichten einem bestimmten Personenkreis zugänglich gemacht werden. Auch unter diesem Aspekt kommt diesem Thema Bedeutung zu.

Verlauf

Phasen	Schritte
1	● An der Tafel das Thema „Geheime Botschaften" angeben. Die Folie am Projektor zeigen und das Arbeitsblatt 1 verteilen. Die Kinder sollen in Partnerarbeit den Satz vervollständigen. ● Mögliche Erkenntnisschritte: Zu A gehört immer B, zu L gehört M, dann ist beim letzten Wort bei E F und bei R S zuzuordnen. Diese Beispiele können auf die Gesetzmäßigkeit, dass immer der nächste Buchstabe des Alphabets gesucht ist, aufmerksam machen.
2	● Die Lösung an der Tafel oder am OH-Projektor mit der Folie herleiten. Das Prinzip der Plus-1-Methode an mehreren Buchstaben aufzeigen, die Verschlüsselung und die Rückübersetzung an weiteren Buchstaben problematisieren. ● Am OH-Projektor ein Verfahren zur Verschlüsselung, das Streifenmodell (s. Material 1), vorstellen. ● Den Begriff „Plus-1-Methode" herleiten, auf weitere Methoden (Plus-2, Plus-3, …) oder auch noch andere Verschlüsselungsmethoden eingehen und mittels der Streifen aufzeigen. ● Auftrag geben, in Partnerarbeit einen kurzen Text zu schreiben (Arbeitsblatt 2, Teil A), mit Hilfe des Streifens zu verschlüsseln, den codierten Text zu übertragen (Arbeitsblatt 2, Teil B), mit einem Paar auszutauschen und den fremden Text zu entschlüsseln. ▶▶▶

3	● Die Kinder bearbeiten Teil B vom Arbeitsblatt 2.
4	● Abschlussgespräch über Einsatzmöglichkeiten verschlüsselter Texte, über Bedingungen und über andere Ideen des Verschlüsselns führen.

[!] Tipps

● Auf das zweite Arbeitsblatt kann auch verzichtet werden, wenn die Kinder im Heft den eigenen Text verschlüsseln und den codierten Text dann auf einem losen Blatt weitergeben. Das Raster erleichtert eine übersichtliche Zuordnung, bedeutet aber auch eine Einengung.

● Das Thema kann noch beliebig weiter ausgedehnt werden und bietet sich daher gut für eine Unterrichtsreihe oder Sequenz von Vertretungsstunden an.

● Zur weiteren Information sei auf das Materialheft von SELTER/SUNDERMANN verwiesen, das weiterführende Arbeitsangebote für die Hand der Kinder bereithält.

Literatur

SUNDERMANN-SELTER, BEATE/SELTER, CHRISTOPH: Geheimschriften (Material). In: Die Grundschulzeitschrift, Heft 163. Seelze 2003

Material 1

Folie/Arbeitsblatt 1

A L L E R A N F A N G I S T S C H W E R

B M M F S B O G B O H

Streifenmodell (für OH-Projektor und Schüler)

A B C D E F G H I J K L M N O P Q R S T U V W X Y Z

A B C D E F G H I J K L M N O P Q R S T U V W X Y Z

© Cornelsen Verlag Scriptor, Berlin – Die Grundschul-Fundgrube für Vertretungsstunden

Material 2

Arbeitsblatt 2

Teil A (Raster zur Erstellung und Verschlüsselung eines Textes)

Original

Geheimtext

Original

Geheimtext

Teil B (Raster zur Aufnahme und Entschlüsselung des Geheimtextes)

Geheimtext

entschlüsselter Text

Geheimtext

entschlüsselter Text

© Cornelsen Verlag Scriptor, Berlin – Die Grundschul-Fundgrube für Vertretungsstunden

Reihumgeschichte

Christina Robert/Heiko Rauenschwender

Klassenstufe 3–4
Dauer abhängig von der Anzahl der Kinder
Vorbereitung/Material kleines Stofftier (z. B. Schwein)

Ziele
- Fantasie und Spontaneität fördern
- Einander erzählen und zuhören können
- Einen längeren Erzählzusammenhang aufbauen

Verlauf

Phasen	Schritte
1	<ul><li>Einen Stuhlkreis bilden.</li><li>Ziel bekannt geben, zusammen eine Fantasiegeschichte zu erfinden.</li></ul>
2	<ul><li>Die Lehrerin nimmt das Stofftier in die Hand, zeigt es und erzählt den Anfang einer Geschichte, z. B. „Es war einmal ein kleines Schweinchen, das zusammen mit seinen Eltern auf einem Bauernhof lebte. Dieses Schweinchen aber war kein normales Schwein, wie wir es kennen."</li><li>Das Stofftier wird nun an das nächste Kind weitergegeben.</li><li>Jeder spinnt so die Geschichte ein kleines Stückchen weiter. Dabei sollte ein Erzählzusammenhang gewahrt werden.</li></ul>
3	<ul><li>Das letzte Kind oder die Lehrerin führt die Geschichte zu Ende.</li><li>Auflösen des Stuhlkreises.</li></ul>

! Tipps
- Es können auch andere Stofftiere eingesetzt werden. Die meisten Kinder lieben Tiere und erfinden gerne Tiergeschichten.
- Auch andere Gegenstände können im Mittelpunkt der Geschichte stehen, z. B. Muschel, Flaschenpost, Luftballon, Schatztruhe, Plastikfigur, ...
- Es wird dadurch differenziert, dass die Kinder die Möglichkeit haben, unterschiedlich viel zu erzählen. Sollte jemandem nichts zur Geschichte einfallen, darf das Stofftier auch kommentarlos weitergereicht werden.

8 – ein Gedicht übersetzen

Christina Robert/Heiko Rauenschwender

Klassenstufe   4
Dauer   ca. 45 Minuten
Vorbereitung/Material   Tafel, OH-Projektor, Gedicht als Klassensatz kopieren

Ziele
● Mit Sprache spielen
● Den „Bauplan" der Montage (ein Zahlzeichen ersetzt im Wort eine Buchstabengruppe) erkennen und umsetzen

Verlauf

Phasen	Schritte
1	● Einführung zur Verdeutlichung des Gestaltungsprinzips: Beispiele: Kla**vier** – Sch**null**er – **Zwei**g – Pr**acht** „In jedem Wort versteckt sich eine Zahl!" ● Buchstabengruppe … vier – … null – Zwei – … acht isolieren und markieren lassen. ● Buchstabengruppe durch Zahlzeichen ersetzen lassen: Kla4 – Sch0er – 2g – Pr8
2	● Gedicht vorstellen, verteilen, laut lesen (mit einem Partner oder innerhalb einer Tischgruppe). ● Gedicht in der Normsprache aufschreiben.
3	● Schnelle Schüler können versuchen, selbst noch weitere Wörter zu finden, die sich entsprechend verändern lassen.

Material

8

8 W8soldaten bew8en	Die W8eln aber d8en:
8 W8eln in Sch8eln.	„Wir öffnen mit Sp8eln
Sie l8en:	die Sch8eln!
„Auf der W8 um Mittern8	Denn der Verd8,
werden Feuer entf8	dass man uns hinm8,
und die W8eln geschl8et.	ist angebr8."
Wir haben lange genug geschm8et!"	Und sie entflogen s8,
	abends um 8.

Nach „Achterbahnträume" von Hans Manz

Wer wird Millionär – ein Quiz

Susanne Hoffmann

Klassenstufe 4
Dauer 1–2 Unterrichtsstunden
Vorbereitung/Material drei Joker (Spielkartengröße mit der Beschriftung 50:50, Publikum, Telefon); eine Quizkarte auf Folie zur Demonstration aufzeichnen; OH-Projektor, evtl. weitere Quizkärtchen (können aber auch in Partnerarbeit hergestellt werden)

Ziele
● Mit Sprache kreativ umgehen (Erstellen und Vorlesen von Texten)
● Internet und Nachschlagewerke nutzen

Verlauf

Phasen	Schritte
1	● Zu Beginn der Stunde erklärt die Lehrerin den Kindern das Unterrichtsvorhaben, eine Quizshow durchzuführen. Den meisten ist die Sendung „Wer wird Millionär?" bekannt. Anhand einer vorbereiteten Karte wiederholen die Kinder das Prinzip: eine Frage, vier mögliche Antworten. ▶▶▶

2	● Mündlich sucht die Klasse eigene Fragen mit verschiedenen Antworten. In Partnerarbeit formulieren die Kinder eigene Quizfragen mit den jeweiligen Antwortmöglichkeiten und schreiben sie auf. Wichtig: Die richtige Antwort wird unterstrichen.
3	● Wie bei der Quizsendung „Wer wird Millionär" ist ein Kind „Kandidat", ein weiteres „Moderator". ● Der Quizmaster stellt dem Kandidaten eine Frage und liest vier mögliche Antworten (A, B, C, D) vor; nur eine davon ist richtig. Der Befragte antwortet mit einem Buchstaben. Ist die Lösung richtig, kommt die nächste Frage. Stimmt sie nicht, wird ein neuer Kandidat ausgewählt.

4	● Wie im Fernsehen stehen dem Kandidaten drei Joker zur Verfügung, sollte er die Antwort einmal nicht kennen.
	  – Telefon-Joker: Als Experte wird vom Kandidaten ein Kind der Klasse ausgewählt, das dem Kandidaten hilft, die gestellte Frage zu beantworten.
	  – Publikums-Joker: Als Publikum fungiert die Klasse. Durch Handheben stimmen die Kinder über die richtige Antwort ab.
	  – Fifty-Fifty-Joker: Der Moderator lässt beim erneuten Vorlesen zwei der falschen Antworten weg.

☐ Tipps

● Sehr gut geeignet für das Erstellen der Quizkarten sind linierte Karteikarten im Format C6. Hat die Klasse einen Internetanschluss und sind die Schüler mit der Benutzung vertraut, kann dieses Medium gut miteinbezogen werden.

● Am schönsten ist es, wenn die zwei Unterrichtsstunden an verschiedenen Tagen sind. So können als Hausaufgabe von den Kindern weitere Kärtchen erstellt werden.

Material

Welcher Baum ist kein Nadelbaum?

A   Fichte
B   Tanne
C   Kiefer
D   Birke

Wie viele Sinne haben wir?

A   einen
B   drei
C   fünf
D   sieben

Wohin gehört die Briefmarke?

A   auf den Umschlag oben rechts
B   auf den Umschlag oben links
C   auf den Umschlag unten rechts
D   auf den Umschlag unten links

Wie viele Stunden hat ein Tag?

A   18
B   24
C   32
D   64

Telefon-Joker

50:50

Publikums-Joker

© Cornelsen Verlag Scriptor, Berlin – Die Grundschul-Fundgrube für Vertretungsstunden

Meine Schildkröte wird bunt – Rechenspiel

Christina Robert/Heiko Rauenschwender

Klassenstufe 1
Dauer ca. 10–15 Minuten
Vorbereitung/Material Arbeitsblatt als Klassensatz kopieren, Spielwürfel, Farbstifte

Ziele
- Mit den Zahlen von 1 bis 6 spielerisch umgehen
- Zu einer gewürfelten Augenzahl das entsprechende Ziffernfeld suchen und ausmalen
- Mit einem Partner oder in einer Gruppe spielen

Verlauf

Phasen	Schritte
1	● Die Lehrerin stellt das Arbeitsblatt „Schildkröte" vor.
2	● Spielregeln erklären: In Partner- oder Gruppenarbeit spielt jeder Teilnehmer mit einem eigenen Blatt. Es wird abwechselnd gewürfelt und ausgemalt. Falls kein entsprechendes Feld mehr frei ist, wird ausgesetzt. Wer als Erster seine Schildkröte komplett farbig hat, ist Sieger.
3	● Die Spielrunden können beliebig oft wiederholt werden.

⊡ Tipps
- Das Spiel kann auch im Rahmen der freien Arbeit eingesetzt werden.
- Auf eine ausreichende Anzahl von Arbeitsblättern ist zu achten.
- Die Spielzusammensetzung ist frei wählbar (allein, zu zweit, in einer Gruppe).
- Die Bildvorlage kann, entsprechend modifiziert, auch den Zahlenraum von 1 bis 12 abdecken. Es werden dann zwei Würfel pro Teilnehmer benötigt. Zusätzlich wird so das Addieren einstelliger Zahlen trainiert.

Material

Würfele und male aus.

© Cornelsen Verlag Scriptor, Berlin – Die Grundschul-Fundgrube für Vertretungsstunden

Zahlen-Memory

Lisa Harrer

Klassenstufe 1–2
Dauer ca. 45 Minuten
Vorbereitung/Material Quadrate (5 × 5 cm oder 6 × 6 cm) auf weißem Karton, Schere, Farbstifte

Ziele

● Spielerischen Umgang mit Zahlen trainieren
● Konkrete Abbildung einer abstrakten Zahl zuordnen

Verlauf

Phasen	Schritte
1	● Die Kinder bilden 5er-Gruppen.
2	● Sie schneiden Quadrate aus. Für ein Memory, mit dem der Zahlenraum bis 10 geübt werden soll, müssen pro Gruppe 20 Quadrate ausgeschnitten werden.
3	● Auf eine Karte wird eine Zahl, auf eine andere werden Gegenstände in gleicher Anzahl gezeichnet (1 = 1 Hut; 2 = 2 Hunde; 3 = 3 Bälle usw.).
4	● Das Memory wird in den jeweiligen Gruppen gespielt.

ⓘ Tipps

● Noch lieber als mit vorgefertigtem arbeiten Kinder mit selbst hergestelltem Material.
● Besonders gut geeignet ist das Zahlen-Memory für den Zahlenraum bis 10.
● Bei Erstklässlern könnten die Kartenpaare ähnlich gestaltet sein, beispielsweise mit der gleichen Farbe, um die Zuordnung der Bilder zu den abstrakten Zahlen zu erleichtern.
● Die Anzahl der Kartenpaare kann variiert werden; je mehr Paare, desto schwieriger.
● Zahlen-Memorys können auch in höheren Klassen hergestellt werden. Der Schwierigkeitsgrad kann beispielsweise dadurch erhöht werden, dass ganze Rechenaufgaben als Motive verwendet werden.

Inhalte zu einer Operation suchen

Ute Spiegel

Klassenstufe   1–2
Dauer   ca. 30–45 Minuten
Vorbereitung/Material   Folie mit Bild: 1 Kind auf dem Spielplatz, 2 Kinder kommen von einer Seite, 3 von der anderen Seite dazu. In der 2. Klasse: Spielgeld, Waren aus dem Kaufladen, Steckwürfel, Spielgeld

Ziele
● Spielerisch mit Sachaufgaben umgehen
● Zutrauen in eigene Kompetenz erhöhen
● Handlungen, die zu einer mathematischen Operation passen, suchen und umsetzen

Verlauf

Phasen	Schritte
1	● Als Einstieg zeigt die Lehrerin die Folie mit der Situation: „Spielplatz". Wenn man die Folie nach und nach aufdeckt, wird das „Dazukommen" verdeutlicht.
2	● Die Kinder versprachlichen die Situation, benennen die Anzahl der Kinder und erstellen die Operation, die an der Tafel festgehalten wird: 1 + 2 + 3 = … Auch das Ergebnis kann sofort genannt werden. ● Aufgabe: „Überlegt euch in der Gruppe (6er-Gruppen) ein kleines Spiel, das genau zu dieser Rechnung passt. Übt ganz leise, denn die anderen Kinder sollen euer Spiel anschließend erraten!" ● Vorspielen der Gruppen: Hierbei soll genau auf die Versprachlichung des Hinzukommens geachtet werden.
3	● Umkehrung: „Jetzt sollt ihr euch noch einmal ein Spiel ausdenken, aber mit einer neuen Rechnung." Die anderen Gruppen sollen dann die Rechnung finden. In der 1. Klasse kann das Spiel mit Schauspielern im Zahlenraum unter 10 beibehalten werden. Hier stellt die Änderung der Operation (minus bzw. längere Operationen) die Herausforderung dar. In der 2. Klasse ▶▶▶

kann dem erweiterten Zahlenraum durch entsprechendes Material Rechnung getragen werden: Steckwürfel, Stifte der Schüler, Spielgeld u. Ä.

● Nach der Besprechung in der Gruppe wird wieder vorgespielt, diesmal mit der Aufgabenstellung, die Rechnung zu finden.

⚠ Tipp

Als Einstieg eignet sich auch eine kleine Geschichte: „Auf der Wiese krabbelt Charly Schlau, die Ameise, eilig umher. Er sucht nach einem Leckerbissen. Endlich hat er einen dicken, fetten, toten Wurm gefunden. Er ruft zwei Freunde: „Helft mir, den Wurm zum Bau zu schleppen!" Gemeinsam plagen sie sich ab, aber sie schaffen es nur die halbe Strecke. Dann sind sie vollkommen erledigt und benötigen eine Pause. Jetzt rufen sie noch einmal um Hilfe. Sie haben Glück: Gleich drei Ameisen eilen herbei. Gemeinsam schaffen sie es ganz leicht, den Wurm zum Ameisenhaufen zu tragen. Wie viele Ameisen haben am Schluss getragen?"

Material

Gerade und ungerade Zahlen

Thomas Starke

Klassenstufe   1–2
Dauer   10 Minuten oder ca. eine Unterrichtsstunde
Vorbereitung/Material   10 DIN-A4-Blätter mit zwei unterschiedlichen Symbolen auf der Vorder- und Rückseite, evtl. Bierdeckel oder Notizklotzzettel und Arbeitsblätter

Ziele
- Verständnis für die Bedeutung von geraden und ungeraden Zahlen erweitern
- Mathematischen Zaubertrick entdecken und erlernen
- Argumentieren

Verlauf

Phasen	Schritte
1	● Zehn Kinder treten vor die Klasse und erhalten jeweils je ein identisches DIN-A4-Blatt mit zwei unterschiedlichen Symbolen auf der Vorder- und Rückseite (z. B. ⊠ und ⅌<). ● Nun darf sich jedes Kind entscheiden, mit welcher sichtbaren Seite es sich das Blatt vor den Bauch halten möchte. ● Die Lehrerin kündigt an, dass sie kurz den Raum verlassen wird. Zuvor ruft sie aber ein weiteres Kind hinzu und bittet dieses, beliebig oft immer zwei Blätter gleichzeitig umzudrehen, sodass das jeweils andere Symbol sichtbar wird. ● Abschließend soll sich das neue Kind vor ein Kind seiner Wahl stellen, sodass dessen Symbol verdeckt ist. Die dann herbeigerufene Lehrerin kann nun sofort sagen, welches Symbol auf dem verdeckten Blatt zu sehen ist. Dieser „Trick" kann beliebig oft wiederholt werden.
2	● Die Kinder erhalten die Aufgabe, den Trick zu erklären. Herleiten lässt sich der Trick durch die Existenz von geraden und ungeraden Zahlen. Die Zahl 10 (Anzahl der Blätter) kann nur in zwei gerade (0 + 10 / 2 + 8 / 4 + 6) oder zwei ungerade natürliche Zahlen (1 + 9 / 3 + 7 / 5 + 5) zerlegt werden, wobei die 0 definitionsgemäß eine gerade Zahl ist. Vor dem Umdrehen ist beispielsweise die Anzahl der ⊠ und der ⅌< gerade. ▶▶▶

Wenn nun immer zwei Blätter gleichzeitig umgedreht werden, ändert sich an der Tatsache, dass es eine gerade Anzahl ✉ und ✂ gibt, nichts. Wenn man weiß, dass die Anzahl der Symbole gerade sein muss, kann man sofort erkennen, welches Symbol sich auf dem verdeckten Teller befindet, damit diese Aussage wieder stimmt.

Beispiel:

Ausgangssituation, sichtbare Symbole:

✉ ✉ ✂ ✉ ✂ ✉ ✂ ✂ ✂ ✂

Situation nach dem mehrfachen Umdrehen:

✂ ✉ ✉ ✉ ✉ ✉ ✉ ✉ ✉ ?

Anstelle des ? muss eine ✂ sein, damit die Anzahl der ✉ gerade ist.

⚠ Tipps

● Wenn die Kinder den Trick durchschauen sollen, sind folgende Impulse hilfreich:
  – Der Trick hat etwas mit geraden und ungeraden Zahlen zu tun.
  – Achtet beim Umdrehen einmal nur auf die Anzahl des Symbols ✂.
● Im Anschluss an die Erarbeitung, deren Ziel selbstverständlich nicht die Entdeckung durch alle Kinder ist, macht es ihnen viel Spaß, selbst in die Rolle des Vorführenden zu schlüpfen.
● Mit Hilfe von Notizklotzzetteln oder leeren Bierdeckeln und einem Arbeitsblatt mit Symbolvorlagen können die Kinder sich den Trick als Tischlegespiel selbst herstellen. Gute Zeichner können sich auch selbst Symbole ausdenken und diese dann auf ihre Zettel oder Bierdeckel malen.

Material

Entdeckerpäckchen – Addition und Subtraktion üben

Lilo Verboom

Klassenstufe   1–3
Dauer   ca. 40 Minuten
Vorbereitung/Material   Arbeitsblatt als Folie und als Klassensatz, leere Blätter als Klassensatz

Ziele
- Addition und Subtraktion beziehungshaltig üben
- Aufgabenbeziehungen erkennen und schriftlich beschreiben
- Operative Päckchen bilden
- Eigene operative Päckchen erfinden

Anmerkung
Bei einem beziehungshaltigen oder operativen Päckchen werden die einzelnen Zahlen in den Aufgaben regelmäßig verändert. Dadurch verändern sich auch die Ergebnisse regelmäßig. Kindern, denen es schwer fällt, ihre Entdeckungen schriftlich darzustellen, kann das Arbeitsblatt als Formulierungshilfe angeboten werden. Durch die Formulierungsvorgaben kann bewusst Sprachförderung im Mathematikunterricht betrieben werden.

Verlauf

Phasen	Schritte
1	• Ein beziehungshaltiges Päckchen, das 3 bis 4 Aufgaben umfasst, an die Tafel schreiben. Ausrechnen und erklären lassen, inwiefern es sich um ein „besonderes" Rechenpäckchen handelt. Beispiel: $24 - 9 = \_\_$ $\quad$ $26 - 8 = \_\_$ $\quad\quad$ $28 - 7 = \_\_$ $\quad$ $30 - 6 = \_\_$ • Überschrift „Entdeckerpäckchen" an die Tafel schreiben und Päckchen fortsetzen lassen. • Ein weiteres Päckchen an die Tafel schreiben und ausrechnen lassen. Mündliche Beschreibung der Kinder in der Art des Arbeitsblattes an der Tafel festhalten.
2	• Auf dem Arbeitsblatt: beziehungshaltiges Päckchen „erfinden" und schriftlich beschreiben lassen. ▶▶▶ S. 100

Material

> **Entdeckerpäckchen:**
>
> ___ ◯ ___ = ___
>
> ___ ◯ ___ = ___
>
> ___ ◯ ___ = ___
>
> ___ ◯ ___ = ___

-- ✂

1. Die Zahlen vor dem ◯-Zeichen _____

_____

2. Die Zahlen hinter dem ◯-Zeichen _____

_____

3. Die Ergebnisse _____

_____

Diese Wörter können dir helfen: werden um ____ größer
werden um ____ kleiner
sind immer gleich
verändern sich nicht
bleiben gleich

© Cornelsen Verlag Scriptor, Berlin – Die Grundschul-Fundgrube für Vertretungsstunden

	Beispiele: 20 + 4 = ___ 20 – 10 = ___
	            21 + 5 = ___ 22 – 12 = ___
	            22 + 6 = ___ 24 – 14 = ___
	● Arbeitsblatt durchschneiden. Die erste Aufgabe des Päckchens auf einem leeren Blatt notieren. Aufgabe und Beschreibung dem Partner geben.

3	● Im Anschluss an die erste Aufgabe 3 bis 4 weitere Aufgaben nach der Beschreibung des Partners bilden. Mit dem Entdeckerpäckchen des Partners vergleichen. Sind beide Päckchen gleich? ● Evtl. nochmaliger Tausch mit einem anderen Kind.

[!] Tipp

Folgende Alternative ist nach dem Ausfüllen und Durchschneiden des Arbeitsblattes möglich: Päckchen und Beschreibungen von mehreren Kindern einsammeln, mischen und von einer anderen Gruppe wieder richtig zuordnen lassen.

Zeichne nach! – visuelle Fähigkeiten und Gedächtnis schulen

Klaus Metzger

Klassenstufe   1–4
Dauer   ca. 45 Minuten
Vorbereitung/Material Figuren auf Folie und Papier, OH-Projektor, Papier und Bleistift

Ziele
● Raum-Lage-Beziehungen aktiv wahrnehmen
● Gedächtnis trainieren
● Räumliche Sachverhalte verbalisieren

Anmerkung

Untersuchungen haben gezeigt, dass Kinder mit Defiziten im visuellen Wahrnehmungsbereich im Vergleich zur Gesamtgruppe zunehmend signifikant schwächere Leistungen in Mathematik zeigen. Es kann in diesem Zusammenhang nicht darum gehen, visuelle Fähigkeiten grundlegend zu erfassen, sondern um punktuelle Schulung, um Vermittlung von Freude an nützlichen Übungen.

Verlauf

Phasen	Schritte
1	• Die komplexe Figur 1 (s. Material) wird per OH-Projektor gezeigt. • Ausreichend Zeit zur Rezeption geben. Gemeinsames Gespräch darüber, wie die Teile der Figur angeordnet sind. • Figur abdecken und nachzeichnen lassen. • Gemeinsame Kontrolle am OH-Projektor.
2	• Nacheinander die Figuren 2, 3 und 4 … zeigen. • Auftrag: Nach einer festgelegten Zeit (1 bis 2 Minuten, akustisches Signal) die jeweilige Figur nachzeichnen lassen. • Jedes Kind kontrolliert mit Hilfe des OH-Projektors auf seinem Blatt. • Sich die Schwierigkeiten bewusst machen, sich darüber austauschen.

[!] Tipps

• Weitere komplexe Figuren lassen sich ganz einfach am PC herstellen, etwa mit den Autoformen in MS WORD. Auch Kinder können (und wollen!) das – ein möglicher Auftrag im Rahmen der Wochenplanarbeit.

• Manche Kinder haben erhebliche Schwierigkeiten bei der aktiven Wahrnehmung oder der Speicherung. Im Sinne der Differenzierung ist es günstig, die komplexen Figuren auch auf Papier vorbereitet zu haben, damit diese Kinder die Figuren zuerst nachzeichnen, dann abzeichnen und schließlich versuchen, sie aus dem Gedächtnis zu zeichnen. Das Vermitteln von Erfolgserlebnissen ist gerade für diese Kinder wichtig.

Literatur

KAUFMANN, SABINE: Defizitäre visuelle Fähigkeiten: Risikofaktoren beim Rechnenlernen? In: Grundschule, Heft 4, Braunschweig 2003, S. 14–16.

Material

Figur 1

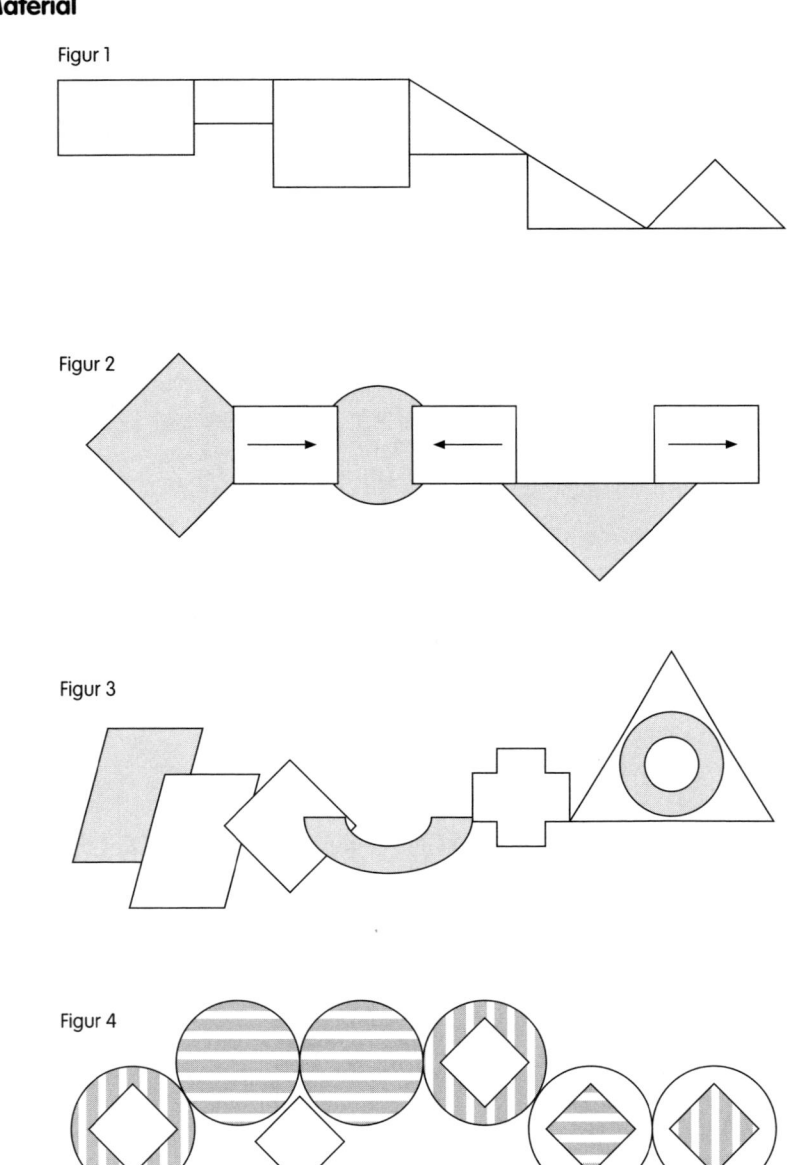

Figur 2

Figur 3

Figur 4

© Cornelsen Verlag Scriptor, Berlin – Die Grundschul-Fundgrube für Vertretungsstunden

Mittelpunkt – visuelle Fähigkeiten und Kombinatorik schulen

Klaus Metzger

Klassenstufe	1–4
Dauer	beliebig
Vorbereitung/Material	Spielpläne auf Papier oder Folie, wasserlösliche Stifte, OH-Projektor

Ziele
- Vorausschauendes Kombinieren
- Eine Spielstrategie entwickeln
- Raum-Lage-Beziehungen aktiv wahrnehmen
- Regeln beachten

Anmerkung

Spielregeln einzuhalten fällt Kindern nicht immer leicht, vor allem dann nicht, wenn es nach einer Niederlage „riecht". Bei „Mittelpunkt" sind die Regeln einfach und transparent. Das Spiel fördert die Kombinationsfähigkeit und das Entwickeln einer eigenen, zielführenden Strategie, die jedoch alle möglichen Strategien des Gegenübers mitbedenken muss, um erfolgreich sein zu können.

Verlauf

Phasen	Schritte
1	• Gemeinsames Durchsprechen der Regeln (s. Material), eventuell ein Probespiel auf Folie durchführen.
2	• Spielen in wechselnden Partnergruppen.

⚠ Tipps
- Kopiert man den Spielplan auf Folie, kann auf der nicht kopierten Seite mit wasserlöslichen Stiften gearbeitet werden. Die Folien sind dann immer wieder verwendbar.
- Die Schüler können die Spielpläne auch rasch skizzieren; damit spart man sich die Kopien.
- Das Spielfeld kann beliebig erweitert oder verkleinert werden. Zu achten ist jedoch darauf, dass an allen vier Seiten mittig ein Kästchen mehr gezeichnet wird.

• Spielt man mehrere Durchgänge, kann man eine Gesamtpunktzahl ermitteln, um den Gewinner zu bestimmen.

Material

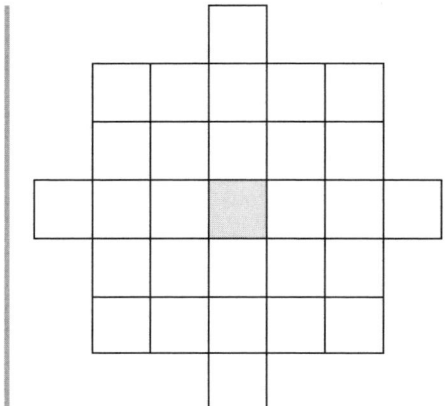

Spielregeln

Spieler 1 schreibt ein X in ein beliebiges freies Feld. Dann ist Spieler 2 mit dem Zeichen 0 an der Reihe. Wenn alle Kästchen belegt sind, wird gezählt.
Für einen durchgehenden Block aus drei eigenen Zeichen erhält man einen Punkt, für vier Zeichen zwei Punkte, für fünf durchgehende Zeichen drei Punkte. Es zählen alle geraden und schrägen Blöcke.
Gewinner ist, wer die meisten Punkte hat.

Quadrat – visuelle Fähigkeiten und Kombinatorik schulen

Klaus Metzger

Klassenstufe	1–4
Dauer	beliebig
Vorbereitung/Material	Spielpläne auf Papier oder Folie, wasserlösliche Stifte, OH-Projektor

Ziele
• Vorausschauendes Kombinieren
• Eine Spielstrategie entwickeln
• Raum-Lage-Beziehungen aktiv wahrnehmen
• Regeln beachten

Verlauf

Phasen	Schritte
1	● Gemeinsames Durchsprechen der Regeln (s. Material), eventuell ein Probespiel auf Folie durchführen.
2	● Spielen in wechselnden Partnergruppen.

⚠ Tipps

● Vgl. Beitrag „Mittelpunkt", S. 103.

● Will man den Wettbewerbscharakter hervorheben, kann „Quadrat" auch als Turnier gespielt werden (Sieger gegen Sieger usw., die Verlierer spielen eine „Trostrunde").

Material

Spielregeln

Abwechselnd werden zwei freie Kreise mit einer geraden Linie verbunden. Diagonal verlaufende Linien gelten nicht. Wer es schafft, mit einem Strich ein Quadrat aus vier Kreisen zu schließen, bekommt den Bonus: Er markiert den Kasten in seiner Farbe und darf noch einen Strich ziehen.

Sieger ist, wer am Ende die meisten Quadrate in seiner Farbe markiert hat.

Produktive, operative Rechenübungen

Thomas Bongartz

Klassenstufe   1–4
Dauer   ca. 30 Minuten
Vorbereitung/Material   Tafel, leere Karten

Ziele
● Additions- und Subtraktionsübungen rechnen
● Entdeckend lernen
● Strukturelle Zusammenhänge erkennen

Verlauf

Phasen	Schritte
1	● Tafelbild erstellen:
2	● Der Bungalow besteht aus Keller, rechtes und linkes Erdgeschoss und Speicher. ● Im rechten Erdgeschoss des ersten Bungalows wohnt die Zahl x, im linken Erdgeschoss die Zahl y. x ist kleiner als y. Im Speicher die Summe, im Keller die Differenz. ● Der Speicher wandert in das linke Erdgeschoss des zweiten Bungalows, der Keller in das rechte Erdgeschoss des zweiten Bungalows. Die Bungalows können dann nach gleicher Regel gefüllt werden.
3	● Die Kinder zeichnen Bungalows und berechnen sie mit verschiedenen Startzahlen. Beispiel:

Phase 3 Beispiel:

160			240			320			480	
120	40		160	80		240	80		320	160
80			80			160			160	

(!) Tipps
- Vergleicht man die Zahlen im ersten und dritten Haus und im zweiten und vierten Haus, erkennt man Verdopplungen.
- Die Anzahl der Bungalows kann man erweitern.
- Differenzieren lässt sich durch die beliebige Auswahl der Startzahlen.

Ziel
Verschiedene Grundrechenarten flexibel anwenden und kombinieren

Verlauf

Phasen	Schritte
1	• Ziffernketten an die Tafel schreiben (z. B. $12345 = 18$).
2	• Die Schüler sollen die fehlenden Rechenzeichen eintragen (hier: $12 - 3 + 4 + 5 = 18$). Dieser Vorgang kann mehrmals wiederholt werden.
3	• Im Anschluss können die Schüler solche Rätsel selber auf Karten schreiben und die Lösung auf der Rückseite vermerken.

Ziele
- Die verschiedenen Grundrechenarten flexibel nutzen
- Den Zahlbegriff als dynamisches Gefüge kennen lernen

Verlauf

Phasen	Schritte
1	• Tafelbild: $80 = \underline{\quad} + \underline{\quad} + \underline{\quad} + \underline{\quad}$ • Zu dem Ergebnis schreiben die Schüler die Rechenschritte auf. • In weiteren Aufgaben, zu denen das Ergebnis an die Tafel geschrieben wird, sollten die Grundrechenarten kombiniert werden.

(!) Tipp
Punkt- vor Strichrechnung beachten.

Muss ein Kreis immer ein Kreis bleiben? – mit Kreissegmenten kreativ umgehen

Johanna Leuchter/Anne Marie Fortmeier

Klassenstufe   1–4
Dauer   je nach Jahrgang ca. 45–90 Minuten
Vorbereitung/Material Origami(Faltpapier)-Kreise; Schulhefte oder leere DIN-A5-Bögen, Kleber, Schere

Ziele
● Muster gleich großer Formen auf Kreissegmenten üben
● Ästhetisches Empfinden üben
● Feinmotorisches Arbeiten üben (Klasse 1)

Verlauf

Phasen	Schritte
1	● Zieltransparenz: Den Kindern werden die schönen farbigen Kreise aus Papier gezeigt.
2	● Aufgabe: – „Suche dir zwei Kreise in unterschiedlichen Farben aus." – „Teile jeden Kreis durch Falten und Schneiden in gleich große Teile und bilde Muster." – „Falte und schneide sorgfältig." – „Klebe einen Kreis aus zwei Farben auf. Versuche mit den übrigen Teilen ein anderes Muster zu bilden." ● Regel: Die Schneidekanten der Teile müssen immer ganz aneinander liegen. ● Beobachtungsauftrag: Überlege, während du arbeitest, wie man die Kreise und Muster ordnen kann!
3	● In der Abschlussphase können die Schülerarbeiten nach unterschiedlichen Gesichtspunkten geordnet werden: – Die Anzahl der Kreissegmente führt aus mathematischer Sicht in Richtung Bruchrechnung: Halbe, Viertel, Achtel, … – Das Augenmerk kann auch auf die „Menge" gerichtet werden. Die Anzahl der Kreissegmente bleibt gleich, egal ob sie ▶▶▶

in Kreise oder Schlangenlinien geordnet werden. Hier ergibt sich immer wieder die Möglichkeit des Umlegens und Nachzählens.
– Die Muster und Kreise können auch nach der Farbkombination geordnet werden. Dabei ergibt sich eine Fragestellung aus der Kombinatorik: „Wie viele Farbkombinationen gibt es, wenn Origami-Kreise in zwei, drei, vier, fünf, ... Farben zur Wahl standen?" Hier wird auch die Frage wichtig, ob zwei Kreise in gleicher Farbe ausgewählt werden durften.
Beispiel:

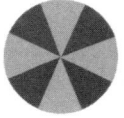  

ⓘ Tipps

- Je nach Klassenstufe können die Muster unter verschiedenen Aspekten verglichen werden:
  1. Klasse: Der Schwerpunkt liegt auf der gleichen Anzahl von Kreissegmenten.
  2. Klasse: Der Schwerpunkt liegt auf der Beschreibung der Muster und der Anordnung von Kreissegmenten.
  3. Klasse: Der Schwerpunkt liegt auf der Kombinatorik: „Wie viele Kombinationsmöglichkeiten habe ich, wenn ein Kreis aus zwei unterschiedlichen Farben geklebt werden soll? Mir stehen zwei-, drei-, ... -farbige Kreise zur Verfügung."
  4. Klasse: Der Schwerpunkt liegt auf der Bruchrechnung: „In wie viele Teile wurde der Kreis zerlegt? In wie viele kannst du ihn zerlegen?" Hier geht es darum, mathematische Begrifflichkeiten zu benennen (Anzahl der Bruchteile).
- Weiterführende Fragestellungen: „Kannst du das gelegte Muster abzeichnen und einfärben?"

Rot gegen Blau – Trainingsspiel zum schnellen Rechnen

Kathrin Cottmann

Klassenstufe   1–4
Dauer   ca. 15–30 Minuten
Vorbereitung/Material Spielkartensatz (2 × 15 DIN-A7-Karten); auf jeder Karte wird eine Zahl von 1 bis 15 notiert, auf dem ersten Satz in Rot, auf dem zweiten Satz in Blau. Die Vorlage „Zug" zweimal kopieren, einmal rot und einmal blau anmalen.

Ziel
Schnelles Rechnen der Grundrechenarten üben

Verlauf

Phasen	Schritte
1	● Zu Beginn werden die Spielregeln erklärt: „Wir spielen ein Mathespiel, in dem ihr schnell rechnen müsst. Es gibt zwei Mannschaften. Aber es bleibt geheim, wer zu welcher Mannschaft gehört."
	● Die Spielkarten werden gezeigt: „Es gibt so viele Karten wie ihr Kinder seid. Die Hälfte der Karten ist mit roten, die andere Hälfte mit blauen Zahlen versehen. Jeder von euch zieht nun eine Karte, aber ihr dürft diese Karte keinem anderen Kind zeigen. Merkt euch eure Zahl und die Farbe gut und legt die Karte verdeckt vor euch auf den Tisch. Die Kinder, die eine rote Zahl bekommen haben, gehören zur roten Mannschaft (der rote Zug wird gezeigt). Die Kinder, die eine blaue Zahl bekommen haben, gehören zur blauen Mannschaft (der blaue Zug wird gezeigt)."
	● Die beiden Züge werden am Tafelrand untereinander auf gleicher Höhe befestigt.
2	● Jedes Kind zieht eine Karte. Damit sind die Mannschaften eingeteilt.
	● Die Lehrerin erklärt den Ablauf des Spiels: „Ich stelle euch nun Aufgaben. Ihr versucht, sie schnell auszurechnen. Dann ▶▶▶

nenne ich eine Zahl und die beiden Kinder, die diese Zahl gezogen haben, dürfen antworten. Das Kind, das als Erstes die richtige Antwort genannt hat, darf seine Karte zeigen und seine Mannschaft – entweder die rote oder die blaue – bekommt einen Punkt. Dazu setze ich den Zug der Mannschaft an der Tafel ein Stück nach vorne. Die Mannschaft, deren Zug zum Schluss am weitesten gefahren ist, hat gewonnen."

● Die Anzahl der gestellten Aufgaben sollte mindestens der halben Klassenstärke entsprechen, damit jedes Kind theoretisch einmal antworten kann (s. Material 1).

ⓘ Tipps

● Sinnvoll ist es, einige Zahlen mehrfach zu nennen, damit alle Kinder das gesamte Spiel hindurch mitrechnen.

● Da es sich um eine Übung des schnellen Rechnens handelt, eignen sich insbesondere für das erstmalige Spielen „einfache" Aufgaben.

● Die Wahl der Aufgaben hängt natürlich von der jeweiligen Klasse ab, es müssen nicht ausschließlich Aufgaben mit glatten Zehnern, Hunderten, Tausendern gewählt werden.

● Es ist sinnvoll, die Karten zu laminieren, um sie möglichst häufig einsetzen zu können.

● Vor Beginn des Spiels müssen nicht benötigte Karten aussortiert werden (notwendige Anzahl der Karten = Klassenstärke). Darauf achten, dass jede Zahl jeweils einmal in Rot und einmal in Blau vorhanden ist.

● Falls die Schüleranzahl ungerade ist, kann ein Kind die Spielstände mit Hilfe der Züge notieren.

● Das Spiel kann in jeder Klassenstufe eingesetzt werden; lediglich der Schwierigkeitsgrad der Aufgaben ändert sich.

● Schwache Rechner werden bei diesem Spiel nicht bloßgestellt, da es sich um ein Mannschaftsspiel handelt.

Material 1

1. Klassenstufe	2. Klassenstufe	3. Klassenstufe	4. Klassenstufe
„Partneraufgaben":	Verdoppeln/	Verdoppeln/	Verdoppeln/
5 + ? = 10	Halbieren:	Halbieren:	Halbieren:
6 + ? = 10	Das Doppelte von 20	Das Doppelte von	Das Doppelte von
3 + ? = 10	Das Doppelte von 30	200	2000
...	Das Doppelte von 50	Das Doppelte von	Das Doppelte von
	Die Hälfte von 100	300	3000
Verdoppeln/	Die Hälfte von 80	Das Doppelte von	Das Doppelte von
Halbieren:	Die Hälfte von 50	500	500 000
Das Doppelte von 5	Die Hälfte von 30	Die Hälfte von 1000	Die Hälfte von
Das Doppelte von 10	...	Die Hälfte von 800	100 000
Das Doppelte von 4		Die Hälfte von 500	Die Hälfte von 8000
...	Einmaleins:	Die Hälfte von 300	Die Hälfte von 5000
Die Hälfte von 10	4 × 5	...	Die Hälfte von 3000
Die Hälfte von 20	5 × 6		...
Die Hälfte von 8	3 × 4	Einmaleins:	
Die Hälfte von 6	6 × 6	s. 2. Sj.	Einmaleins:
...	7 × 7		40 × 5
	8 × 8	Division:	40 × 50
Additions-/Subtrak-	9 × 9	25 : 5	5 × 60
tionsaufgaben ohne	...	30 : 6	50 × 60
und mit Zehnerüber-		24 : 4	60 × 6
schreitung:	Additions-/Subtrak-	32 : 8	...
4 + 3	tionsaufgaben:	...	
12 + 5	50 + 50		Division:
10 − 4	70 + 30	Additions-/Subtrak-	250 : 5
16 − 3	60 + 40	tionsaufgaben:	300 : 60
5 + 6	75 + 25	500 + 500	2400 : 4
9 + 4	...	700 + 300	32000 : 8
12 − 4	25 + 5	600 + 400	...
...	63 + 7	750 + 250	
	84 + 6	...	Additions-/Subtrak-
	...	250 + 50	tionsaufgaben:
	30 − 7	630 + 70	5000 + 5000
	40 − 6	840 + 60	7000 + 3000
	50 − 10	...	60 000 + 40 000
	60 − 11	300 − 70	75 000 + 25 000
	70 − 12	400 − 60	...
	...	500 − 100	2500 + 500
		600 − 110	63 000 + 7000
		700 − 120	84 000 + 600
		...	...
			3000 − 700
			4000 − 600
			50 000 − 10 000
			600 000 − 110 000
			700 000 − 120 000
			...

© Cornelsen Verlag Scriptor, Berlin – Die Grundschul-Fundgrube für Vertretungsstunden

Material 2

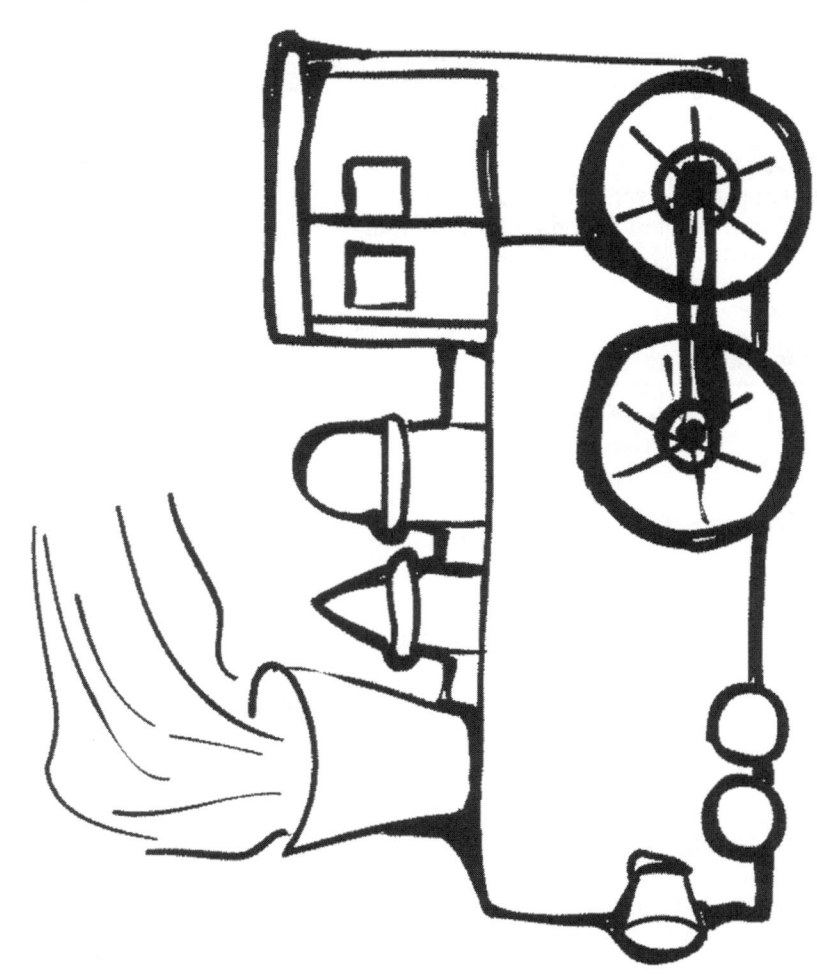

© Cornelsen Verlag Scriptor, Berlin – Die Grundschul-Fundgrube für Vertretungsstunden

Das magische Ei – Legespiel

Judith Nikolei

Klassenstufe   1–4
Dauer   ca. 40 Minuten
Vorbereitung/Material   „magisches Ei" auf Pappe und Vorlagen als Klassensatz kopieren, Scheren

Ziele
● Mit geometrischen Formen spielen
● Figuren erfinden und Figuren nachlegen
● Visuelle Wahrnehmung trainieren

Verlauf

Phasen	Schritte
1	● Kurze Hinführung: „Was entsteht aus einem Ei?" ● Das Ei aus Pappe wird den Kindern präsentiert. Nachdem die Vorlage verteilt wurde, schneiden die Kinder das magische Ei auseinander. ● Bei Bedarf werden die verschiedenen Formen geklärt. ● Die Kinder legen aus den ausgeschnittenen Formen Vögel oder Hühner. ● Vorstellen einiger Ergebnisse.
2	● Kinder erhalten das Arbeitsblatt und legen die dargestellten Vögel mit ihren Formen nach.

⚠ Tipps
● Durchführung ist in Einzel- und in Partnerarbeit möglich.
● Kopie der Vorlage des magischen Eis möglichst in zwei Farben, damit Kinder beim Hantieren nicht die Formen des Tischnachbarn mitbenutzen.
● Variation möglich durch Benutzen aller Formen bzw. nur eines Teils der Formen.

Material

Das magische Ei

Vorlagen

© Cornelsen Verlag Scriptor, Berlin – Die Grundschul-Fundgrube für Vertretungsstunden

Zahlenquiz – sich im Zahlenraum orientieren

Karin Anders/Andrea Oerter

Klassenstufe   1–4
Dauer   beliebig
Vorbereitung/Material   Tafel oder Protokollblatt

Ziele
- Sich im jahrgangsbezogenen Zahlenraum orientieren
- Zahlbeziehungen verbalisieren und protokollieren
- Logisches und schlussfolgerndes Denken trainieren

Anmerkung
Ziel des Spiels ist es, durch geeignete Fragen eine Zahl x herauszubekommen, die sich ein Kind aus der Klasse ausgedacht hat. Dieses Kind ist der Quizmaster und hat die Aufgabe, die Fragen aus der Klasse zu seiner gedachten Zahl mit ja oder nein zu beantworten.

Die gedachte Zahl x wird verdeckt von dem Kind an der Tafel notiert. Auf die aufgeklappte Tafel wird das Protokoll entsprechend der Kopiervorlage skizziert.

Das Spiel wird eröffnet durch einen mathematischen Tipp des Quizmasters in Form eines ritualisierten Satzanfangs: „Die Zahl, die ich mir ausgedacht habe ...“ (z. B. „... liegt zwischen 0 und 20“ oder „... ist eine gerade Zahl“ etc.).

Die Aufgabe der übrigen Kinder ist es nun, durch gezielte Fragen, die mit ja oder nein beantwortet werden können, die Zahl x zu finden. Die Qualität der gestellten Fragen richtet sich nach dem Kenntnisstand der Kinder über Zahlbeziehungen und Zahleigenschaften. Geschickte Fragen zeichnen sich durch eine zunehmende Annäherung an diese Zahl aus.

Beispielfragen:
„Ist die Zahl größer als 100, 1000, 10 000, ...?“
„Liegt die Zahl zwischen 100 und 200?“
„Ist es eine Zehner-, Hunderter-, Tausender-, Zehntausenderzahl?“
„Ist es eine drei-, vier-, fünfstellige Zahl?“
„Ist die Zahl durch 5 teilbar (ein Vielfaches von ...)?“
„Ist es eine gerade Zahl (... eine ungerade Zahl)?“
„Ist es eine Spiegelzahl (Palindrom)?“
„Ist die Einer-, Zehner-, Hunderterstelle gerade (ungerade, größer 5, kleiner 5 etc.)?“

Die Kinder, deren Fragen mit „ja" beantwortet werden, dürfen so lange weitere Fragen stellen, bis eine mit „nein" beantwortet wird. Das Kind, das die gesuchte Zahl nennt, ist neuer Quizmaster. Vorrangig ist der Quizmaster für die Richtigkeit seiner Antwort zuständig. Bei falschen Antworten sollte die Lehrerin korrigierend eingreifen, um Irritationen vorzubeugen.

Darüber hinaus ist es Aufgabe der Lehrerin, die Fragen der Kinder unter der entsprechenden Rubrik (ja oder nein) an die Tafel zu schreiben. Das Protokoll wird je nach Kenntnisstand der Kinder zunehmend formaler und kann von schriftsprachlichen Wörtern (z. B. liegt zwischen 100 und 200) bis zu mathematischen Symbolen (z. B. $100 < x > 200$) reichen.

Verlauf

Phasen	Schritte
1	● Protokoll an die Tafel zeichnen (vgl. Material 1).
2	● Spielverlauf erklären. ● Quizmaster bestimmen und die Zahl x verdeckt notieren. ● Fragerunde mit Protokoll bis die Zahl x gefunden ist. ● Fragebeispiele anführen.
3	● Neue Runde spielen.

[!] Tipps

● Die Lehrerin hat moderierende Funktion, indem sie auf aussagenlogische Zusammenhänge bzw. Schlussfolgerungen, die sich aus dem Protokoll ergeben, hinweist. Beispiel: „Ist die Zahl größer als 10?" Antwort: „Nein." „Daraus folgt: Die Zahl ist kleiner als 10." Oder: „Ist an der Zehnerstelle eine gerade Zahl? Antwort: „Ja." „Daraus folgt: Es können die Ziffern 2, 4, 6, 8, 0 in der Zehnerstelle vorkommen."

● Die Gesprächsform kann variiert werden: Der Quizmaster nimmt Fragende dran, die fragenden Kinder nehmen sich gegenseitig dran, die Lehrerin ruft die fragenden Kinder auf.

● Die Anzahl der mit „ja" beantworteten Fragen eines Kindes kann begrenzt werden, sodass z. B. nach fünf mit „ja" beantworteten Fragen das fragende Kind wechselt.

● Die Protokollführung kann variiert werden, indem anstelle der Lehrerin ein Kind das Protokoll an der Tafel führt. Auch können alle Kinder auf dem Protokollbogen individuell protokollieren (vgl. Material).

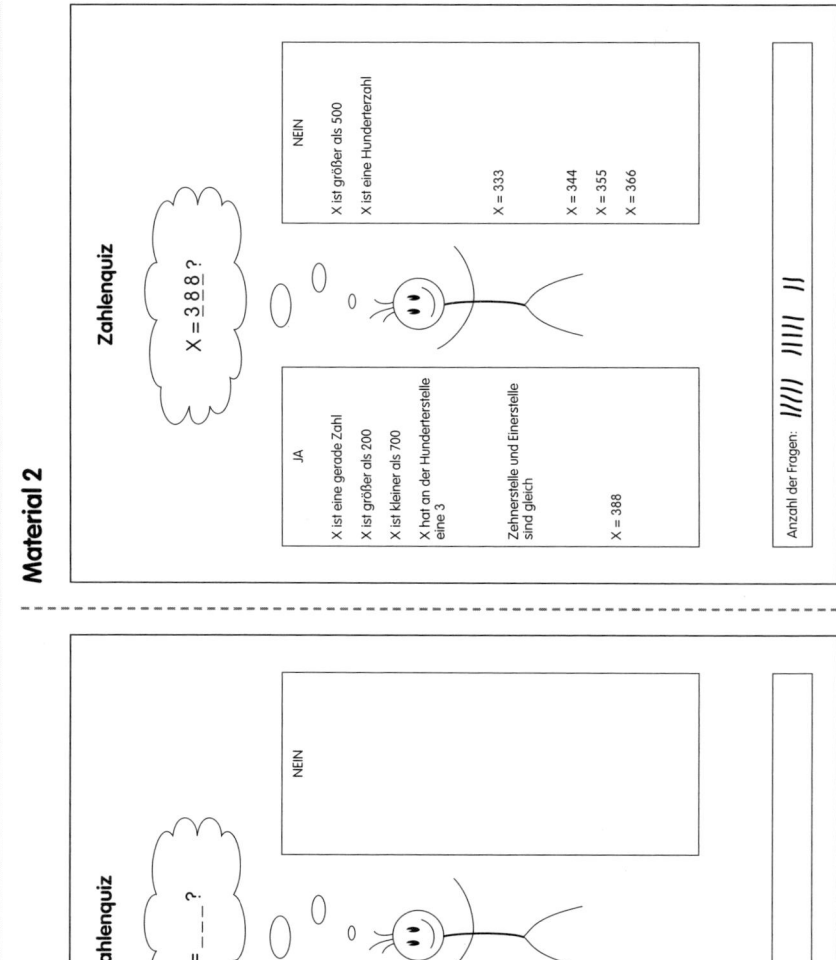

Material 2

Zahlenquiz

X = 3 8 8 ?

JA

X ist eine gerade Zahl
X ist größer als 200
X ist kleiner als 700
X hat an der Hunderterstelle eine 3

Zehnerstelle und Einerstelle sind gleich

X = 388

NEIN

X ist größer als 500
X ist eine Hunderterzahl

X = 333

X = 344
X = 355
X = 366

Anzahl der Fragen: ///// ///// //

Material 1

Zahlenquiz

X = _ _ _ ?

JA

NEIN

Anzahl der Fragen:

© Cornelsen Verlag Scriptor, Berlin – Die Grundschul-Fundgrube für Vertretungsstunden

- Als Visualisierungshilfen für die zahlenraumbezogenen Aussagen bieten sich der Rechenstrich (leerer Zahlenstrahl), der Zahlenstrahl, die Hundertertafel, das Tausenderbuch an. Für die stellenwertbezogenen Aussagen eignen sich die Stellentafel und Ziffernkärtchen.
- Das Spiel kann in Gruppen oder mit der ganzen Klasse gespielt werden.
- Nach grundlegenden Spielerfahrungen kann versucht werden, die Fragen zu optimieren, um die Anzahl der Fragen insgesamt zu reduzieren (Strichliste über die Anzahl der Fragen führen).
- Vertiefende Aspekte ergeben sich aus einem Gespräch über die Qualität der Fragen und die individuellen Protokolle.

Zombie – spielerisches Kopfrechnen

Christina Robert/Heiko Rauenschwender

Klassenstufe   1–4
Dauer   beliebig

Ziel
Erlernte Rechenarten im Kopf üben und anwenden

Verlauf

Phasen	Schritte
1	• Vier Kinder legen sich mit geschlossenen Augen auf vier verschiedene Tische. • Ein Kind oder die Lehrerin nennt eine Rechenaufgabe. Die Ergebnisse dürfen von den vier Kindern in die Klasse gerufen werden. • Wer die Aufgabe am schnellsten und richtig gelöst hat, darf die Augen öffnen. Beim zweiten Mal darf das Kind sich hinsetzen, beim dritten Mal aufstehen und sich ein anderes Kind aussuchen, das sich wieder mit geschlossenen Augen hinlegt ... • Die drei Schritte „Augen öffnen – hinsetzen – aufstehen" stehen für das Erwachen eines „Zombies".

⚠ **Tipps**
- Es können alle vier Grundrechenarten verwendet werden.
- Je nach Jahrgangsstufe sind auch die Zahlenräume unterschiedlich.

Abtreffen – Kombination von Rechenverfahren mit Würfeln

Petra Kamps

Klassenstufe   2 (nach Einführung des Einmaleins)
Dauer   beliebig
Vorbereitung/Material pro Spielgruppe mindestens ein Würfel

Ziel
Durch Kombinieren der vier Grundrechenarten Zielzahlen erreichen

Verlauf

Phasen	Schritte
1	Einführung im Klassenverband: ● An die Tafel werden die Zielzahlen 5, 12, 24 geschrieben. ● Ein Kind würfelt dreimal. ● Mit den erwürfelten Zahlen, die an der Tafel notiert werden, muss nun eine der Zielzahlen erreicht werden. Beispiel: 1, 3 und 2 werden erwürfelt. Der Term $(3 + 2) \times 1 = 5$, die Zielzahl 5 wäre also erreicht. Beispiel:
2	● Nach der Einführung kann das Spiel in Gruppen gespielt werden, z. B. „Mädchen gegen Jungen" oder „Tafel gegen Wand".
3	● Im Anschluss können die Kinder in 2er- oder 4er-Gruppen auf kopierten Blättern oder mit selbst gezeichneten Spielfeldern spielen. ● Die Gruppen wechseln sich beim Würfeln ab. Jede Gruppe darf jeweils dreimal würfeln, um drei Zahlen zum Erreichen der Zielzahl zur Verfügung zu haben. Die drei Augenzahlen werden an der Tafel notiert. Nun muss die Gruppe mit Hilfe der Rechenverfahren versuchen, die erste Zielzahl zu erreichen. ● Wenn eine Zielzahl erreicht wurde, wird sie durchgestrichen, ist die andere Gruppe dran. ▶▶▶

4	• Gewinner ist, wer zuerst alle Zielzahlen durchstreichen konnte. • Anschließend können die Kinder in 2er- oder 4er-Gruppen auf kopierten Blättern oder mit selbst gezeichneten Spielfeldern spielen. Man kann selbstverständlich auch andere Zielzahlen aussuchen.

Käsekästchen

Petra Kamps

Klassenstufe   2
Dauer   ca. 45 Minuten
Vorbereitung/Material   Papier oder Hefte mit Rechenkästchen

Ziele
• Strategien entwickeln
• Vorausschauend denken

Verlauf

Phasen	Schritte
1	• Ein beliebig großes Quadrat oder Rechteck wird in ein Karoraster an die Tafel gezeichnet. Für den Anfang reichen 6 × 6 Kästchen. • Nachdem die Klasse in zwei Gruppen geteilt wurde, darf jede Partei einen Strich in der Länge eines Kästchens machen. • Ziel ist es, durch das Setzen von Strichen ein Kästchen zu schließen. Wird ein Kästchen durch den Strich geschlossen, so darf diese Partei ihr Zeichen hineinsetzen, z. B. Kreis oder Kreuz. • Konnte eine Gruppe ein Kästchen durch einen Strich schließen, darf bzw. muss sie noch einen Strich ziehen. Dadurch können u. U. viele Kästchen in einem Zug gewonnen werden. • Gewinner ist, wer zum Schluss die meisten Kästchen für sich erobern konnte.
2	• Nach der Einführung spielen die Kinder in ihren eigenen Heften.

Material

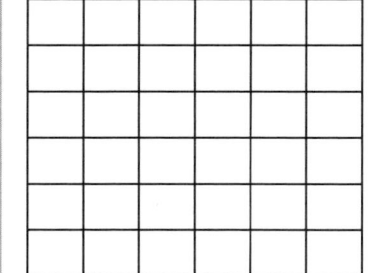

Wolligoggels – Zehnerzahlen zerlegen

Kathrin Cottmann

Klassenstufe   2
Dauer   ca. 20–40 Minuten
Vorbereitung/Material Arbeitsblatt 1 als Folie und Klassensatz kopieren, Arbeitsblatt 2 als Klassensatz kopieren, OH-Projektor

Ziel
Zerlegung von Zehnerzahlen üben

Anmerkung
Die Zahlen in einem Wolligoggel sind folgendermaßen zusammengesetzt: $x + y = z$, wobei z eine Zehnerzahl sein muss, z. B. $23 + 17 = 40$.

Auf dem Arbeitsblatt 1 sind sowohl „echte" als auch „falsche" Wolligoggels eingetragen, damit die Kinder die Regel selbst entdecken können.

Beispiele für „falsche" Wolligoggels:
$82 + 24 = 96$ → Das Ergebnis ist keine Zehnerzahl
$44 + 17 = 60$ → Die Aufgabe ist nicht richtig ausgerechnet.
$58 + 32 = 80$ → Das Ergebnis ist zwar eine Zehnerzahl, aber die Aufgabe ist nicht richtig ausgerechnet.

Verlauf

Phasen	Schritte
1	• Zu Beginn werden zwei „echte" Wolligoggels auf der Folie gezeigt, z. B. 23 + 17 = 40 und 34 + 36 = 70. Die übrigen Wolligoggels werden abgedeckt. • Die Kinder versuchen, die Regel eines Wolligoggels herauszufinden (zwei Zahlen werden addiert, die dritte Zahl ist das Ergebnis der Summe). An dieser Stelle müssen die Kinder noch nicht entdeckt haben, dass die Summe eine Zehnerzahl sein muss.
2	• Nachdem die Kinder die Regel erkannt haben, wird ein „falscher" Wolligoggel aufgedeckt, z. B. 82 + 24 = 96. • Die Kinder werden aufgefordert, den Unterschied der Aufgaben zu finden. Nun sollten sie entdecken, dass die Summe immer eine Zehnerzahl sein muss.
3	• Die restlichen Wolligoggels der Folie werden aufgedeckt. • Die Kinder finden dann die echten und falschen Wolligoggels heraus.
4	• Danach arbeiten die Kinder mit dem Arbeitsblatt 1 und markieren die echten Wolligoggels. • Auf dem Arbeitsblatt 2 tragen die Kinder selbst ausgedachte Wolligoggels ein. • Die von den Kindern zusammengestellten Arbeitsblätter können untereinander ausgetauscht werden.
5	• Zum Abschluss kurze Reflexion, welche Wolligoggels leicht und welche schwer zu finden waren.

[!] Tipp

Die Arbeit mit den Wolligoggels bietet gute Möglichkeiten zu differenzieren. Jedes Kind kann auf seinem eigenen Niveau arbeiten. So sind Erfolgserlebnisse garantiert.

Material

Arbeitsblatt 1

Wie viele echte Wolligoggels findest du? _____

Male sie bunt an!

- ✂

Arbeitsblatt 2

Denke dir selbst echte und falsche Wolligoggels aus!

© Cornelsen Verlag Scriptor, Berlin – Die Grundschul-Fundgrube für Vertretungsstunden

Knobeln mit Ziffern – Einmaleinsaufgaben üben

Lilo Verboom

Klassenstufe 2–3
Dauer ca. 40 Minuten
Vorbereitung/Material Tafel, evtl. Ziffernkärtchen, Arbeitsblatt als Klassensatz kopieren

Ziel
Kleines Einmaleins automatisieren

Anmerkung
Aus vier Ziffern soll eine Einmaleinsaufgabe mit Ergebnis gebildet werden, z. B. ② ③ ⑦ ⑨ → ③ × ⑨ = ② ⑦. Mit Ziffernkarten können die Kinder die Aufgaben durch Ausprobieren lösen.

Verlauf

Phasen	Schritte
1	● Vier Ziffern an die Tafel schreiben oder am OH-Projektor zeigen und daraus eine Malaufgabe bilden lassen, zwei bis drei weitere Aufgaben anbieten. ● Kinder selbst einige Aufgaben bilden und nennen lassen.
2	● Mit einem Partner oder alleine zehn Malaufgaben mit Ergebnissen auf die Kontrollhälfte des Arbeitsblattes sowie die jeweiligen Ziffern in die Leerformathälfte eintragen. Falls vorhanden, wäre es gut, die Aufgaben möglichst mit Ziffernkarten zu legen, damit innerhalb einer Aufgabe keine Ziffern doppelt verwendet werden.
3	● Ausgefülltes Arbeitsblatt unter den Mitschülern austauschen und im Heft lösen. ● Zum Schluss werden die Aufgaben mit Hilfe der Kontrollhälfte überprüft.

⚙ Tipps
● Natürlich können auch Geteiltaufgaben aus vier Ziffern gebildet werden.
● Anspruchsvoller sind Aufgaben nach dem Muster: ② ③ ⑤ ⑥ ⑦ → ③ × ⑥ + ⑦ = ② ⑤. Hierbei kann als Hilfe eine der Zahlen vorgegeben werden, also z. B.: ○ × ○ + ⑤ = ○○ oder: ○ × ⑥ + ○ = ○○

Material

Knobeln mit Ziffern

Leerformathälfte

○ ○ ○ ○   ○ ○ ○ ○

○ ○ ○ ○   ○ ○ ○ ○

○ ○ ○ ○   ○ ○ ○ ○

○ ○ ○ ○   ○ ○ ○ ○

○ ○ ○ ○   ○ ○ ○ ○

Kontrollhälfte

○ • ○ = ○ ○   ○ • ○ = ○ ○

○ • ○ = ○ ○   ○ • ○ = ○ ○

○ • ○ = ○ ○   ○ • ○ = ○ ○

○ • ○ = ○ ○   ○ • ○ = ○ ○

○ • ○ = ○ ○   ○ • ○ = ○ ○

© Cornelsen Verlag Scriptor, Berlin – Die Grundschul-Fundgrube für Vertretungsstunden

Pentominos – Wie viele verschiedene Fünflinge gibt es?

Carmen Berend

Klassenstufe	2–3
Dauer	ca. 60 Minuten
Vorbereitung/Material	alle Materialien sind mit Hilfe des Quadratrasters per Fotokopie herzustellen:

- Demonstrationsmodelle
- pro Gruppe fünf einzelne Quadrate aus kartoniertem Papier
- Arbeitsblatt mit Quadratraster zum Aufzeichnen und Ausschneiden der Fünflinge als doppelten Klassensatz

pro Gruppe eine Schere, Klebepunkte oder Magnete

Ziele

- Kreativität fördern
- Geometrisches Denken schulen
- Im Team zusammenarbeiten

Anmerkung

Das aufwändige Verfahren (Anordnen der Quadrate, Zeichnen, Ausschneiden) begünstigt durch das Operieren mit den einzelnen Quadraten ein systematisches oder strukturorientiertes Vorgehen. Zudem eröffnen sich unterschiedliche Arbeitsschritte, die sich gut in einem Team bewältigen lassen.

Im Vordergrund steht nicht, dass alle Fünflinge gefunden werden, sondern stehen die Prozesse: das Überprüfen auf Identität und das Suchen nach einem System. Unter diesem Gesichtspunkt sollte der Zeitpunkt für das Beenden der Arbeitsphase getroffen werden.

Verlauf

Phasen	Schritte
1	• Im Kreis den Kindern den ausgeschnittenen Zwilling, die beiden Drillinge und die ersten Beispiele für Vierlinge demonstrieren. Die Figuren dabei drehen und wenden, um die Unerheblichkeit der Lage zu zeigen. ▶▶▶

	● Die Kinder bilden nun mit den ausgeschnittenen Kartonquadraten weitere Vierlinge. Sie legen sie auf das Quadratraster, zeichnen sie auf und schneiden sie aus. ● Diskutieren, ob alle unterschiedlich sind oder es noch weitere gibt. ● Arbeitsauftrag formulieren und an der Tafel festhalten: „Findet alle Fünflinge. Achtet darauf, dass sie unterschiedlich sind." „Zeichnet und schneidet sie aus." „Überlegt euch, wie ihr gut im Team zusammenarbeiten könnt."
2	● Die Kinder sollen zu dritt alle Fünflinge finden, zeichnen und ausschneiden.
3	● Jede Gruppe einen Fünfling an die Tafel heften lassen, das Vorgehen und die „Produkte" untersuchen lassen (wie seid ihr vorgegangen? Welche Fragen haben sich gestellt? Sind alle verschieden? Gibt es noch mehr? Wie könnte man sie finden?).

⊡ Tipp

Zur Herstellung der Kartonquadrate empfiehlt es sich, jeweils Fünferstreifen mit einer Schneidemaschine zu zerschneiden und den Rest von den Kindern erledigen zu lassen.

Literatur

RADATZ, HENDRIK/RICKMEYER, KNUT: Handbuch für den Geometrieunterricht an Grundschulen. Hannover 1991

Material

Demonstrationsmodelle, die aus dem Quadratraster ausgeschnitten werden:

Zwilling   Vierlinge

Drillinge

Arbeitsblatt – Quadratraster

Streichholzspiele

Petra Lemmen

Klassenstufe   2–3
Dauer   ca. 45 Minuten
Vorbereitung/Material Arbeitsblätter und Streichholzschachtel in halber
                          bzw. ganzer Klassensatzstärke, OH-Projektor

Ziele
● Räumliches Vorstellungsvermögen fördern
● Problemlöseverhalten schulen

Verlauf

Phasen	Schritte
1	● Zunächst werden die geometrischen Grundformen Quadrat, Rechteck und Dreieck wiederholend besprochen.
2	● Die erste Legefigur wird den Kindern auf einem Blatt gezeigt, das in den Sitzkreis gelegt wird. Diese Figur soll nun auf dem OH-Projektor gezeigt und mit Streichhölzern nachgelegt werden.
	● Die Kinder erhalten den Auftrag, die Figur entsprechend der Vorgabe zu verändern. Nun wird die Lösung aufgezeichnet. Dabei sollte jeder einzelne Stab erkennbar sein.
3	● Jetzt dürfen die Kinder entweder alleine oder mit einem Partner die anderen Rätsel lösen. Dazu bekommt jedes Kind bzw. jedes Paar ein Arbeitsblatt.
	● Am Ende dürfen die Kinder ihre Lösung auf dem OH-Projektor oder an der Tafel demonstrieren.

ⓘ Tipps
● Achten Sie darauf, dass Sie den Kindern die Streichholzschachtel ohne Hülle geben. Denn es gibt immer wieder einige Schülerinnen und Schüler, die anfangen zu zündeln.
● Bei der Zeichnung sollte darauf geachtet werden, dass die einzelnen Hölzer im fertigen Bild noch erkennbar sind. Ansonsten ist nachher schwer nachvollziehbar, wie die Hölzer gelegt wurden.

Material

Lege mit Streichhölzern nach, dann verändere die Figur. Zeichne die Lösung.

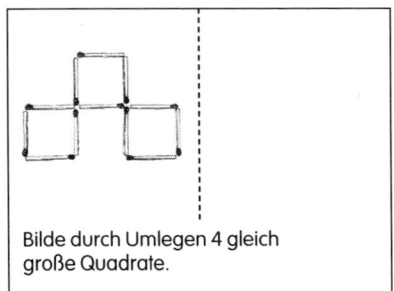

Bilde durch Umlegen 4 gleich
große Quadrate.

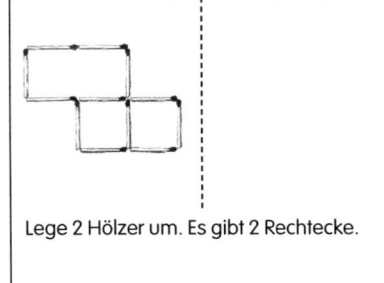

Lege 2 Hölzer um. Es gibt 2 Rechtecke.

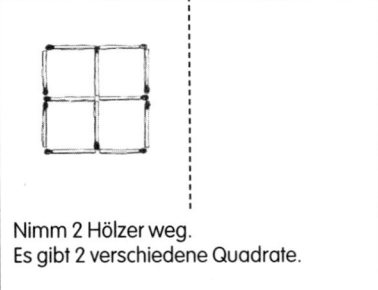

Nimm 2 Hölzer weg.
Es gibt 2 verschiedene Quadrate.

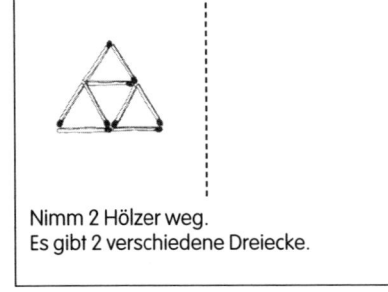

Nimm 2 Hölzer weg.
Es gibt 2 verschiedene Dreiecke.

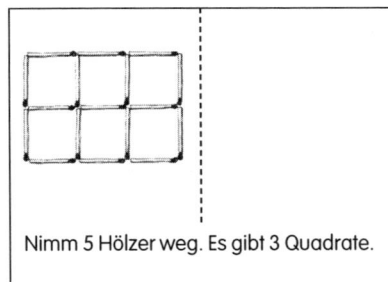

Nimm 5 Hölzer weg. Es gibt 3 Quadrate.

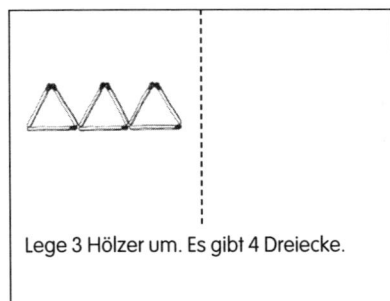

Lege 3 Hölzer um. Es gibt 4 Dreiecke.

© Cornelsen Verlag Scriptor, Berlin – Die Grundschul-Fundgrube für Vertretungsstunden

Material – Lösungen

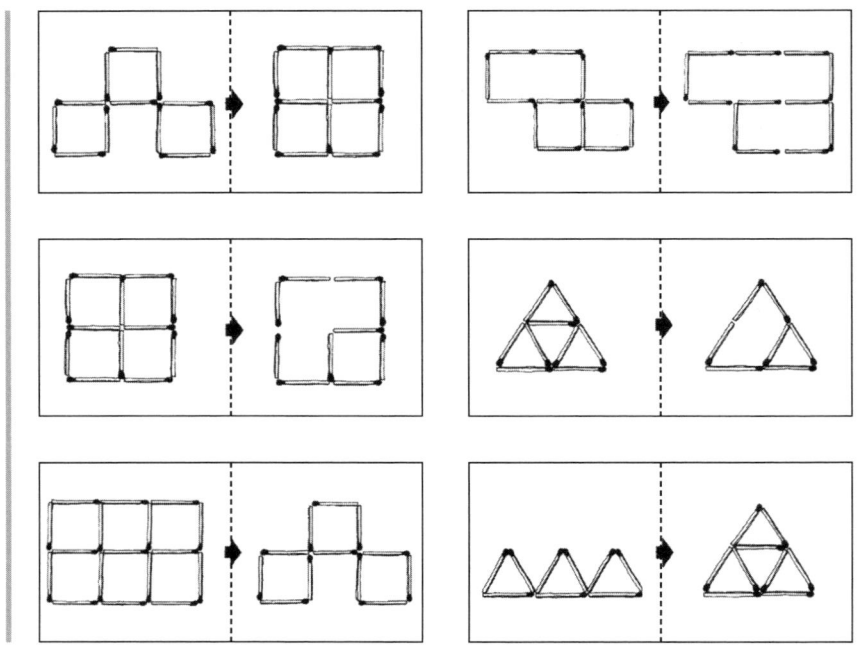

Kopfrechenspiel – Einmaleins trainieren

Nadine Bonsels

Klassenstufe   2–4
Dauer   ca. 30 Minuten
Vorbereitung/Material   Arbeitsblatt mit Leerfeldern, Kontrollblätter

Ziele
● Einmaleinskarten herstellen
● Kopfrechnen spielerisch trainieren

Anmerkung
Für das Spiel benötigt man maximal 250 Einmaleinskarten, auf deren Vorderseiten die Einmaleinsaufgaben und auf deren Rückseiten die Ergebnis-

se stehen. Die Klasse wird in zwei Gruppen aufgeteilt, in Rechner und Aufgabensteller. Dabei ist zu beachten, dass die Gruppe der Aufgabensteller größer als die der Rechner ist. Die Einmaleinskarten werden auf die Aufgabensteller gleichmäßig verteilt. Dann stellen sie sich nebeneinander auf. Auf ein Zeichen hin suchen sich die Rechner einen Aufgabensteller und lassen sich die erste Aufgabe zeigen. Der Rechner muss zügig das Ergebnis nennen. Der Aufgabensteller kontrolliert das Ergebnis anhand der Rückseite, auf der ja die Lösung steht. Ist das Ergebnis richtig, bekommt der Rechner die Karte. Nun kann der Rechner zum nächsten freien Aufgabensteller gehen. Das Spiel endet auf ein abgesprochenes Zeichen hin.

Ziel des Kopfrechenspieles ist es, in kürzester Zeit möglichst viele Karten zu erlangen. Der Rechner darf nie vom gleichen Aufgabensteller zwei Aufgaben hintereinander bekommen.

Verlauf

Phasen	Schritte
1	● Jedes Kind bekommt ein Arbeitsblatt mit zehn Leerkarten, auf die eine Einmaleinsaufgabe ohne Ergebnis eingetragen wird. ● Die Karten werden ausgeschnitten und auf den Rückseiten die richtigen Ergebnisse eingetragen. Wichtig ist hierbei eine abschließende Kontrolle. Eine Möglichkeit ist das beigelegte Kontrollblatt für die Hand der Kinder.
2	● Der Lehrer sammelt alle Karten ein und teilt die Klasse in Aufgabensteller und Rechner ein. ● Die Aufgabensteller stellen sich nebeneinander auf und erhalten ihre Karten.
3	● Am Ende des Spieles werden die Karten der Rechner gezählt und der „Rechenkönig" bestimmt. ● Vor einer neuen Spielrunde sollte eine Reflexion stattfinden, in der besprochen wird, was beim Spiel gut geklappt hat und worauf in der nächsten Runde mehr geachtet werden sollte.

ⓘ Tipps

● Damit gewährleistet ist, dass auch die schwierigeren Einmaleinsaufgaben, wie 7×8, von den Kindern aufgeschrieben werden, können die Einmaleinsreihen pro Tisch vorgegeben werden oder das Arbeitsblatt mit den Leerkarten schon Aufgaben oder Ergebnisse enthalten, die die Kinder richtig vervollständigen müssen.

● Das Kopfrechenspiel ist auch für Additions- und Subtraktionsaufgaben oder Längenangaben geeignet.

Material

Kontrollblatt

	1	2	3	4	5	6	7	8	9	10
1	1	2	3	4	5	6	7	8	9	10
2	2	4	6	8	10	12	14	16	18	20
3	3	6	9	12	15	18	21	24	27	30
4	4	8	12	16	20	24	28	32	36	40
5	5	10	15	20	25	30	35	40	45	50
6	6	12	18	24	30	36	42	48	54	60
7	7	14	21	28	35	42	49	56	63	70
8	8	16	24	32	40	48	56	64	72	80
9	9	18	27	36	45	54	63	72	81	90
10	10	20	30	40	50	60	70	80	90	100

Kopfrechnen – spielerisch mit Zahlen umgehen

Petra Lorenz

Klassenstufe   2–4
Dauer   ca. 15–45 Minuten
Vorbereitung/Material für jedes Kind ein weißes Blatt oder ein kleines geknicktes Pappschild zum Aufstellen

Ziel
Kopfrechnen üben

Verlauf

Phasen	Schritte
1	● Jedes Kind sucht sich, je nach Jahrgang, eine Zahl zwischen 1 und 50 oder 1 und 100 aus und schreibt sie verdeckt auf.
2	● Die Kinder beschreiben ihre Zahlen, die Mitschüler erraten diese. – Meine Zahl ist größer als .../kleiner als ... – Meine Zahl ist einstellig/zweistellig. – Meine Zahl besteht aus zwei gleichen/unterschiedlichen Ziffern. – Meine Zahl ist eine Zahl der Dreierreihe ... – Meine Zahl ist die Summe/Differenz aus ... – Meine Zahl erhält man, wenn man ... und ... malnimmt. – Meine Zahl erhält man, wenn man ... durch ... teilt.
3	● Die Kinder stellen ihre Zahlenkarten nun sichtbar auf und erfüllen Arbeitsaufträge, die von der Lehrerin genannt werden. – Alle Kinder mit geraden/ungeraden Zahlen stehen auf. – Welches ist die größte/kleinste Zahl? Wie groß ist die Differenz? – Welche Zahlen sind größer/kleiner als ...? – Welche der Zahlen sind Primzahlen? – Welche Zahlen sind Zahlen aus der Fünferreihe? – Alle Mädchen/Jungen sortieren ihre Zahlen der Größe nach. – Alle Kinder sortieren ihre Zahlen der Größe nach. – Addiere alle Zahlen einer Tischgruppe. – Subtrahiere die kleinste von der größten Zahl einer Tischgruppe. – Wer kann die meisten Zahlen von der größten Klassenzahl subtrahieren? – Multipliziere alle einstelligen Zahlen. – Welche Zahlen kann man ohne Rest dividieren?
4	● Die Kinder erfinden eigene Aufgaben, welche die Mitschüler lösen müssen. Diese Aufgaben sollten schriftlich erstellt werden.

⚠ Tipp
Schwache Rechner können auch schriftliche Rechenverfahren verwenden.

Sachrechnen – Aufgaben sinnvoll gestellt?

Brigitte Weindl

Klassenstufe   2–4
Dauer   ca. 45 Minuten
Vorbereitung/Material Karten auf Kopierkarton kopieren und ausschneiden

Ziel
Antworten von Sachaufgaben auf ihren Realitätsgehalt hin überprüfen

Anmerkung
Manche Kinder haben Schwierigkeiten, Ergebnisse ihrer Sachaufgaben nur
vom errechneten Ergebnis her als falsch zu bestimmen. Das Spiel soll für
wirklichkeitsgemäße, sinnvolle Antworten sensibilisieren.

Verlauf

Phasen	Schritte
1	● Karten liegen verdeckt. ● Ein Kind nimmt eine Karte, liest laut und überlegt laut (!), ob die Antwort richtig sein könnte. – Es bilden sich zwei Kartenstapel (mögliche/unmögliche Antworten) – Die möglichen Antworten ergeben, richtig geordnet, das Lösungswort „SPITZE GELEGT".

⊡ Tipp
Die Karten sind beliebig erweiterbar. Das wäre als weiterführender Auftrag
für die Kinder sinnvoll.

Material

Für den Schulweg benötigt Philip 234 Minuten. **B**	Julia bezahlt beim Metzger 2315 €. **C**
Für ihr Duschbad braucht Martina 462 Liter. **H**	Die Schüler haben im Jahr 260 Tage frei. **A**
Markus springt 40,30 Meter weit. **D**	Roland ist 26 cm größer als Paul. **S**
Paul ist 36 m größer als Verena. **F**	Familie Kurz ist am Sonntag 287 Kilometer gewandert. **H**
Für ein Vollbad benötigt Birgit 140 Liter Wasser. **I**	Julian ist mit seinen Eltern 12 Kilometer gewandert. **P**
Bei Bäcker Dix kostet eine Semmel 2 ct mehr als bei Bäcker Ferber. **T**	In Deutschland leben 3478 Menschen. **J**
Rufus springt 4,20 Meter weit. **Z**	Frau Hanke bezahlt für ihr Sofa 6 Monate lang eine Rate von 19 375 €. **K**
Für den Schulweg benötigt Marisa 7 Minuten. **E**	Familie Gruber fährt am Sonntag 49 km mit dem Rad. **G**
Herr Ruf zahlt für seine Küche monatlich eine Rate von 650 €. **E**	Das Hochhaus hat 18 Stockwerke. **L**
Der Fluss ist 499 Kilometer lang. **E**	Für sein altes Fahrrad bekommt Svantje noch 47 €. **G**
Gunter trinkt täglich 3 Liter Mineralwasser. **T**	Gunter trinkt täglich 52 Liter Milch. **M**
Die zehn Buntstifte kosten zusammen 657 €. **N**	Der Turm ist 3 Kilometer und 200 Meter hoch. **O**
Die zwei Schweine wiegen zusammen 89 Tonnen. **R**	In den Flaschen im Limokasten sind noch 111 Liter. **C**
Für die Bibi-Blocksberg-CD zahlt Tina 56 €. **H**	Das neue Taschenbuch kostet 34 ct. **K**

© Cornelsen Verlag Scriptor, Berlin – Die Grundschul-Fundgrube für Vertretungsstunden

Rechenmaschine – Multiplikation üben

Thomas Bongartz

Klassenstufe	2–4
Dauer	ca. 30 Minuten
Vorbereitung/Material	Tafel

Ziele
- Multiplikationsübungen durchführen
- Kleines Einmaleins trainieren

Verlauf

Phasen	Schritte
1	• Tafelbild erstellen: E ⬌ A • Die Rechenmaschine besteht aus Eingang, Maschine und Ausgang. Hinein geht eine zweistellige Zahl, z. B. 34. Heraus kommt das Produkt der einzelnen Ziffern (hier 12).
2	• Die Schüler schreiben selber solche Rechenmaschinen auf. Beispiele: 88 ⬌ 64 ⬌ 24 ⬌ 8 oder 66 ⬌ 36 ⬌ 18 ⬌ 8
3	• Folgende Impulse können von dem Lehrer gesetzt werden: „Wer findet Maschinenketten, die möglichst lang sind? Wie lang sind die längsten?" „Wer findet mehrere mit gleicher (End-)Ausgangszahl?"

⚠ Tipp

Man kann ein Baumdiagramm zeichnen, um möglichst lange Produktreihen zu visualisieren.

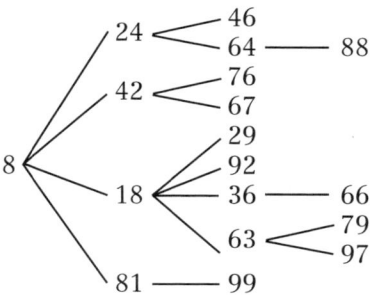

Mathematische Kunstwerke – mit geometrischen Grundformen experimentieren

Ute Birnstengel-Höft/Anne Feldhaus

Klassenstufe 2–4
Dauer ca. 45 Minuten
Vorbereitung/Material Faltpapier 10 × 10 cm, DIN-A4-Bögen, Schere, Klebstoff

Ziele
- Erfahrungen zu geometrischen Grundformen sammeln und erweitern
- Kreativität fördern
- Argumentationsfähigkeit ausbauen

Anmerkung
Durch Falten und Schneiden wird ein Blatt Faltpapier 10 × 10 cm in ein Dreieck, Rechteck oder Quadrat zerteilt. Aus allen entstandenen Teilen soll ein „mathematisches Kunstwerk" gestaltet werden.

Die Wahl der geometrischen Grundform wird den Kindern ebenso freigestellt wie die Anzahl der Teile, die sie durch Falten und Schneiden aus dem Papier herstellen. Erfahrungsgemäß entstehen vielfältige Arbeiten und es ist immer wieder erstaunlich, was aus einem 10 × 10 cm-Papier entstehen kann. Es ist darauf zu achten, dass die Kinder alle Teile bei der Gestaltung verwenden.

Verlauf

Phasen	Schritte
1	• Die Lehrerin erarbeitet mit den Kindern, wie durch Falten und Schneiden aus einem 10 × 10 cm-Papier die geometrischen Grundformen Rechteck, Dreieck oder Quadrat hergestellt werden können. • Es wird erklärt, dass die entstandenen geometrischen Grundformen durch sukzessives Falten und Schneiden immer kleiner werden und sich somit die Anzahl der Teile erhöht. • Es wird besprochen, wie aus den entstandenen Formen ein Kunstwerk entstehen kann. • Der Arbeitsauftrag wird erteilt und das Material bereitgestellt.
2	• In der Arbeitsphase entscheiden sich die Kinder für eine Grundform, falten und zerschneiden das Papier und erstellen ein „Kunstwerk".
3	• Bei einer abschließenden Präsentation stellen die Kinder ihre Arbeiten vor und äußern sich zu den entstandenen Kunstwerken. • Sie beschreiben ihre Vorgehensweise und evtl. aufgetretene Schwierigkeiten. • Die Kinder verbalisieren entdeckte Zusammenhänge zwischen den verschiedenen geometrischen Grundformen.

⊡ Tipps

• Es ist darauf Wert zu legen, dass die Kinder alle Teile verwenden und diese nicht übereinander kleben.
• Falls größeres Faltpapier als 10 × 10 cm eingesetzt wird, müssen die Kunstwerke auf DIN-A3-Papier geklebt werden.
• Erfahrungsgemäß macht es den Kindern Freude, einen Titel für ihr Kunstwerk zu finden.
• Für ein 1. Schuljahr kann der Arbeitsauftrag folgendermaßen reduziert werden: Erstelle aus einem Faltpapier 10 × 10 cm vier bzw. acht Dreiecke und gestalte daraus ein Bild.
Beispiel „Fische"

Zeichenübungen I

Rudolf Keßler

Klassenstufe	2–4
Dauer	ca. 45 Minuten
Vorbereitung/Material	pro Schüler 1 Lineal, 1 Bleistift, Buntstifte, Arbeitsblatt, Scheren, Karton

Ziele
- Fertigkeiten im Umgang mit Lineal und Bleistift erwerben
- Strecken zeichnen

Anmerkung

Sauberes Zeichnen will gelernt sein. Es hat keinen Sinn, den Kindern ein Geodreieck und einen Bleistift in die Hand zu geben und sie aufzufordern, Strecken zu zeichnen, d. h. je zwei Punkte miteinander zu verbinden. Hier hat Imitationslernen seine Berechtigung.

Punkte werden als Kreuzchen (x) dargestellt. Das hat den Vorteil, dass man auch dann noch sehen kann, wo der Punkt exakt liegt, wenn man durch ihn schon eine Gerade gezeichnet hat:

Beispiel 1

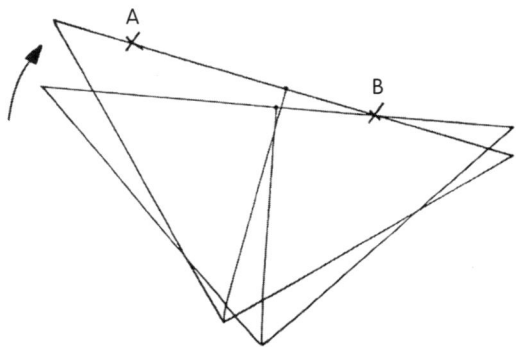

Zwei Punkte A und B verbindet man, indem man als Rechtshänder den Bleistift bei B einpikst, das Geodreieck (oder das Lineal) an den Bleistift schiebt und dann das Geodreieck so lange dreht, bis die lange Seite knapp unter dem Punkt A liegt. Den Punkt B braucht man nicht mehr im Auge zu behalten, da er durch den Bleistift „gehalten" wird. Mit allen Fingern der linken Hand hält man das Geodreieck fest, hebt den Stift von B weg und zeichnet in „einem Rutsch" – den Stift hält man dabei schräg – die Gerade durch A und B.

Verlauf

Phasen	Schritte
1	● Das Arbeitsblatt mit zwei sich schneidenden Geraden und einer Zentimetereinteilung wird verteilt. ● Die Aufgabe lautet: „Verbinde den Punkt 1 der ersten Geraden mit dem Punkt 12 der zweiten, den Punkt 2 auf der ersten Geraden mit Punkt 11 auf der zweiten usw."
2	● Mit etwas Fantasie entstehen „Fische", die gefärbt werden können. Ist alles ausgemalt und bezeichnet, werden die „Fische" ausgeschnitten und auf einen Karton aufgeklebt. ● Als Produkt ergibt sich ein bunter Fischschwarm, der dekorativ seinen Platz als Gemeinschaftsarbeit im Klassenraum oder im Flur finden kann.

Der Künstler Naum Gabo (1890–1977) hat Skulpturen geschaffen, indem er Fäden zwischen unterschiedlich gelochten Rahmen spannte. Die Zeichenübungen sind seinen Skulpturen nachempfunden.

Material

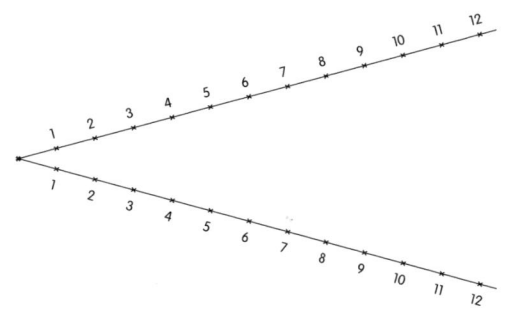

Zeichenübungen II

Rudolf Keßler

Klassenstufe	2–4
Dauer	ca. 45 Minuten
Vorbereitung/Material	pro Schüler ein Lineal, ein Bleistift, Buntstifte, Arbeitsblatt

Ziele
- Fertigkeiten im Umgang mit Lineal und Bleistift erwerben
- Strecken zeichnen

Anmerkung
Wie gezeichnet wird, ist schon in dem Beitrag „Zeichenübungen I" beschrieben.

Verlauf

Phasen	Schritte
1	• Den Kindern wird eine Kopie eines Kreises zur Verfügung gestellt, auf dem 16 Einteilungen in gleichen Abständen eingezeichnet sind. Nach der bekannten Methode verbinde man 1 mit 5, 2 mit 6, 3 mit 7 usw. Man kann alle Verbindungsmöglichkeiten aufzählen oder aber sich auf wenige Zahlenpaare beschränken. Man beachte jedoch, dass 12 mit 16, 13 mit 1 und 14 mit 2 usw. verbunden werden muss. Das Prinzip der zyklischen Fortsetzung sollte durch die Uhr bekannt sein.

$$1 \rightarrow 5$$
$$2 \rightarrow 6$$
$$3 \rightarrow 7$$
USW.

▶▶▶

2	● Es entsteht ein schöner Stern. Eine schnelle Kontrolle ist möglich, denn von jedem Punkt gehen zwei Strecken aus. Das Gebilde lässt sich farblich gestalten. „Schön" ist es, wenn drehsymmetrische oder achsensymmetrische Gebilde entstehen.
3	● Die ausgemalten Kreisscheiben können ausgeschnitten und zu einer Folge von Zahnrädern aufgeklebt werden.

[!] Tipps

● Als Variation kann der Radius verkleinert oder vergrößert werden.
● Man kann die Kinder auch andere Zahlen verbinden lassen, z. B. 1 mit 6, 1 mit 7, 1 mit 8 usw.

Material

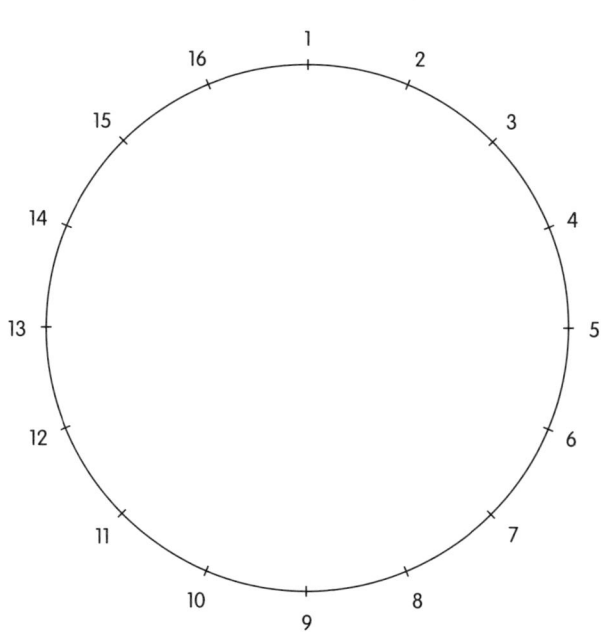

Zahlenfolgen und Zahlenreihen

Rudolf Keßler

Klassenstufe   2–4
Dauer   ca. 45 Minuten
Vorbereitung/Material   6 × 6-Quadrat für jeden Schüler kopieren

Ziele
● Gesetzmäßigkeiten erkennen
● Addition, Subtraktion und Ergänzungen üben

Verlauf

Phasen	Schritte
1	● Gegeben sei ein 6 × 6-Quadrat und die symbolische Anweisung, wie die Zahlen von 1 bis 36 aufzuschreiben sind: Die erste Zahl ist dorthin zu schreiben, die durch den Punkt markiert ist, also erste Reihe, erstes Feld von links gesehen. Die Reihe wird vervollständigt. In der zweiten Reihe setzt man die Zahlenfolge von rechts nach links fort. Und so weiter:
2	● Wir suchen Gesetzmäßigkeiten/Regelmäßigkeiten/Erstaunliches. a)

		1	2	3	4	5	6	
Reihe 1		1	2	3	4	5	6	Summe: 21
Reihe 2		12	11	10	9	8	7	Summe: 57
Summe		13	13	13	13	13	13	

▶▶▶

b)

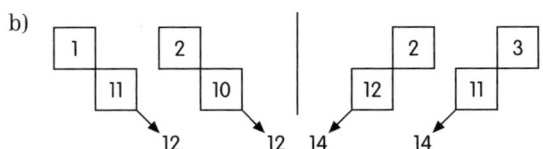

c)

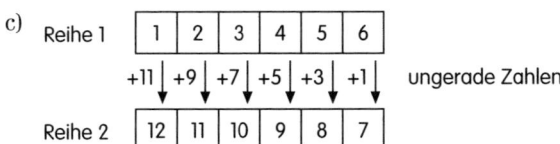

- Bei den Reihen zwei und drei findet man gleiche Ergebnisse, weitere Kombinationen sind möglich:

Reihe 2	12	11	10	9	8	7	Summe: 57
Reihe 3	13	14	15	16	17	18	Summe: 93

Summe   25 25 25 25 25 25

Addiert man reihenweise, ergibt sich die Zahlenfolge,

$$
\begin{array}{l}
21 \\
57 \\
93 \\
129 \\
165 \\
201
\end{array}
\begin{array}{l}
\!\!\!\!\searrow +36 \\
\!\!\!\!\searrow +36 \\
\!\!\!\!\searrow +36 \\
\!\!\!\!\searrow +36 \\
\!\!\!\!\searrow +36
\end{array}
$$

wobei der Unterschied von Reihe zu Reihe stets 36 ist.

- Addiert man spaltenweise, ist die Summe je 111. Die Gesamtsumme aller Zahlen von 1 bis 36 lässt sich also reihen- oder spaltenweise leicht berechnen.

- Betrachtet man die erste Spalte, so ergibt sich eine alternierende Folge:

$$
\begin{array}{l}
1 \\
12 \\
13 \\
24 \\
25 \\
36
\end{array}
\begin{array}{l}
\!\!\!\!\searrow +11 \\
\!\!\!\!\searrow +1 \\
\!\!\!\!\searrow +11 \\
\!\!\!\!\searrow +1 \\
\!\!\!\!\searrow +11
\end{array}
$$

● Auch in den Diagonalen findet man schöne Regelmäßigkeiten:

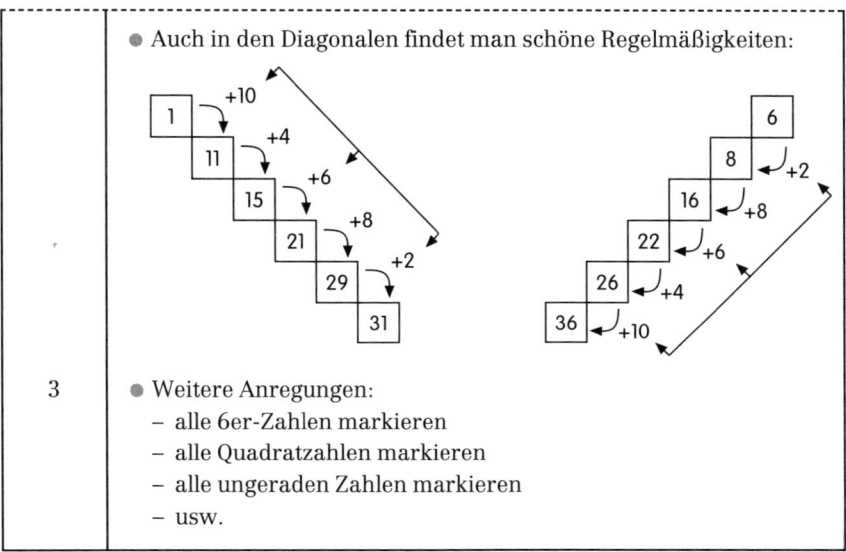

3

● Weitere Anregungen:
- alle 6er-Zahlen markieren
- alle Quadratzahlen markieren
- alle ungeraden Zahlen markieren
- usw.

⚠ Tipps

Folgende Variationen können mit dem 6 × 6-Quadrat gemacht werden:

● Variation 1: Fülle die Tabelle (s. Material) nach folgender Vorschrift aus.

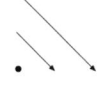

Lösung

16	22	27	31	34	36
11	17	23	28	32	35
7	12	18	24	29	33
4	8	13	19	25	30
2	5	9	14	20	26
1	3	6	10	15	21

● Variation 2: Fülle die Tabelle nach dieser Vorschrift aus.

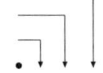

Lösung

26	27	28	29	30	31
17	18	19	20	21	32
10	11	12	13	22	33
5	6	7	14	23	34
2	3	8	15	24	35
1	4	9	16	25	36

- Variation 3: 10er-Felder betrachten.
- Variation 4: Anordnungen suchen lassen, die so gestaltet sind, dass man nach wenigen Zahlen weiß, wie die Tabelle vollständig eindeutig auszufüllen ist.

Literatur

KESSLER, RUDOLF: Folgen und Reihen im Mathematikunterricht der Grundschule – Entdeckendes Lernen an der anders gestalteten Hundertertafel. In: Beiträge zum Mathematikunterricht. Hildesheim 1997, S. 275–278

Material

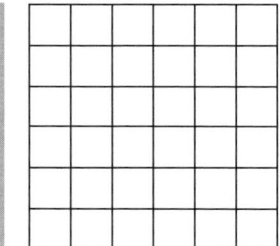

Rechenterme für die Zahlen von 1 bis 100 finden

Thomas Starke

Klassenstufe	2–4
Dauer	ca. 45 Minuten
Vorbereitung/Material	Folie mit ausgefülltem Rechenquadrat oder Arbeitsblatt mit leeren Rechenquadraten

Ziele

- Kopfrechnen üben
- Zahlenterme für die Zahlen von 1 bis 100 entdecken
- Sich in einem Zahlenfeld orientieren
- Argumentieren

Verlauf 1

Phasen	Schritte
1	• An der Tafel oder am OH-Projektor sehen die Kinder ein Rechenquadrat der Größe 9 × 9. Hier kommen die Zahlen 1 bis 9 jeweils neunmal vor und sind auf dem Feld zufällig verteilt. • Jetzt wird eine beliebige Zielzahl zwischen 1 und 100 vorgegeben. • Die Aufgabe besteht nun darin, jeweils drei Zahlen, die nebeneinander (waagerecht oder diagonal) oder untereinander in dem Quadrat stehen, durch zwei Grundrechenarten (Addition, Subtraktion, Multiplikation oder Division) so zu verknüpfen, dass die vorgegebene Zielzahl zwischen 1 und 100 herauskommt.
2	• Die Suche nach den Termen kann als Kopfrechenspiel im Klassenverband, als Einzel-, Partner- oder Gruppenarbeit durchgeführt werden. Die Kinder können zu den Ergebniszahlen von 1 bis 100 und teilweise auch darüber hinaus Terme finden.

Verlauf 2

Phasen	Schritte
1	• Die Kinder erhalten einzeln, als Partner oder in Gruppen ein leeres 9 × 9-Quadrat. • Die erste Aufgabe besteht jetzt darin, 81 Zahlen (9 mal die Zahlen von eins bis neun) so in das vorgegebene Quadrat zu schreiben, dass sie gut verteilt sind und jede Zahl in einer Zeile nicht häufiger als zweimal vorkommt.
2	• Anschließend können die Aufgaben wie in Verlauf 1 bearbeitet werden.

⊡ Tipps

Die Schwierigkeit kann durch folgende Zusatzregeln variiert werden:
• Die durch das Quadrat vorgegebene Reihenfolge der drei gewählten Zahlen darf verändert oder nicht verändert werden.
• In jedem Term dürfen die gewählten Rechenoperationen wiederholt oder nicht wiederholt werden.
• Um die Orientierung zu vereinfachen, kann das Zahlenfeld zu Beginn auch verkleinert werden, etwa auf die Größe 5 × 5.

● Als Variante können auch drei Zahlen zu einem Rechenterm zusammengefasst werden, die nicht in einer Linie, sondern im Winkel nebeneinander stehen, bzw. solche, die sich jeweils nur an einer Ecke berühren.

● Es können mehr als drei Zahlen im Term zugelassen werden, dann lassen sich auch deutlich höhere Ergebnisse als 100 erzielen.

Material

1	4	5	3	7	8	9	5	6
9	2	7	6	5	3	2	4	8
9	3	6	1	4	2	8	1	4
7	8	1	3	5	2	9	6	8
8	5	7	6	9	3	5	4	7
4	8	1	3	2	5	1	9	2
7	1	4	5	9	6	3	7	9
3	8	4	2	7	1	6	2	8
6	2	7	1	3	5	6	4	9

Beispiel 1 (Zielzahl 19):
Im Quadrat stehen die Zahlen 3, 6 und 1 nebeneinander. Die Zielzahl lautet 19. Dann ergibt der Term $3 \times 6 + 1 = 19$ das gewünschte Ergebnis.

Beispiel 2 (Zielzahl 10):
Im Quadrat stehen die Zahlen 8, 4 und 8 untereinander. Die Zielzahl lautet 10. Dann ergibt der Term $8 : 4 + 8 = 10$ das gewünschte Ergebnis.

Beispiel 3 (Zielzahl 28):
Im Quadrat stehen die Zahlen 2, 5 und 4 diagonal untereinander. Die Zielzahl lautet 28. Dann ergibt der Term $(2 + 5) \times 4 = 28$ das gewünschte Ergebnis.

Zielscheibe – im Zahlenraum bis 100 rechnen

Ute Birnstengel-Höft/Anne Feldhaus

Klassenstufe	2–4
Dauer	ca. 45 Minuten
Vorbereitung/Material	Tafel, Papier bzw. Heft

Ziele
- Rechenfertigkeiten steigern
- Verständnis und Flexibilität im Umgang mit Zahlen und Rechenoperationen fördern

Anmerkung

Mit den vier außerhalb des Kreises notierten Zahlen sollen Aufgaben gebildet werden. Die vier vorgegebenen Zahlen dürfen für jeden Rechenterm höchstens einmal benutzt werden, die Verwendung der Rechenoperationen (+, –, ×, :) ist freigestellt. Ziel ist es, Aufgaben zu finden, sodass alle Ergebnisse innerhalb des Kreises (Zielscheibe) getroffen werden.

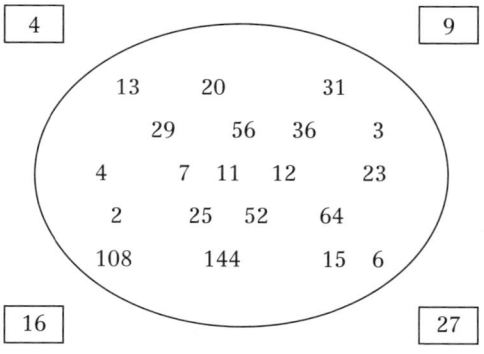

Zu dem aufgeführten Beispiel sind folgende Aufgaben möglich:

$4 + 9 = 13$	$4 + 16 = 20$	$4 + 27 = 31$	$4 + 9 + 16 = 29$
$4 + 9 + 16 + 27 = 56$	$4 \times 9 = 36$	$27 : 9 = 3$	$16 : 4 = 4$
$16 - 9 = 7$	$27 - 16 = 11$	$16 - 4 = 12$	$27 - 4 = 23$
$27 - 16 - 9 = 2$	$9 + 16 = 25$	$9 + 16 + 27 = 52$	$4 \times 16 = 64$
$4 \times 27 = 108$	$9 \times 16 = 144$	$27 + 4 - 16 = 15$	$27 + 4 - 16 - 9 = 6$

Die anschließend von den Kindern erstellten „Zielscheiben" bieten auf Grund der von ihnen gewählten Zahlen, der verwendeten Rechenoperationen und der Anzahl der Ergebnisse vielfältige Differenzierungsaspekte.

Verlauf

Phasen	Schritte
1	● Die Lehrerin schreibt eine „Zielscheibe" (s. o.) an die Tafel. ● Das Vorgehen wird anhand einer Beispielaufgabe erklärt (16 − 4 = 12). Das Ergebnis (12) wird durchgestrichen. ● Die Kinder suchen Aufgaben zu den Ergebnissen in der Zielscheibe. ● Der Arbeitsauftrag wird erteilt.
2	● Arbeitsphase: Die Kinder erstellen in Einzel- oder Partnerarbeit Zielscheiben für ihre Mitschüler. Die verwendeten Aufgaben notieren sie auf einem separaten Blatt.
3	● Kinder oder Schülerpaare, die eine Zielscheibe fertig gestellt haben, tauschen diese untereinander aus. Die Kinder können sich bei der Bearbeitung gegenseitig kontrollieren und die gefundenen Aufgaben zu den vorgegebenen Ergebnissen notieren.
4	● In einem abschließenden Gespräch können die Kinder ihr Vorgehen bei der Erstellung und Lösung der Zielscheiben erläutern und begründen.

⊡ Tipps

● Bei der Erstellung von Zielscheiben durch die Lehrerin ist darauf zu achten, dass sowohl einfache als auch schwierige Aufgaben berücksichtigt werden.
● Erfahrungsgemäß versuchen leistungsstarke Kinder möglichst schwierige Aufgaben zu finden.
● Die von den Kindern erstellten Zielscheiben können ggf. für „10-Minuten-Rechenübungen" im weiteren Unterricht eingesetzt werden.
● Beschränkt man sich auf die Rechenoperationen „plus" und „minus", kann die Aufgabenstellung bereits im 1. Schuljahr eingesetzt werden.

Weitere Unterrichtsbeispiele:
Einfache „Zielscheibe"

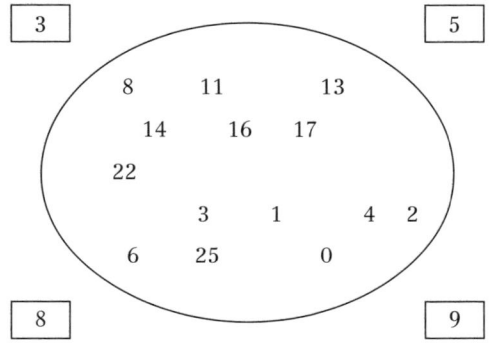

$3 + 5 = 8$
$3 + 8 = 11$
$5 + 8 = 13$
$5 + 9 = 14$
$3 + 5 + 8 = 16$
$3 + 5 + 9 = 17$
$5 + 8 + 9 = 22$
$8 - 5 = 3$
$9 - 8 = 1$
$9 - 5 = 4$
$5 - 3 = 2$
$9 - 3 = 6$
$3 + 5 + 8 + 9 = 25$
$8 - 5 - 3 = 0$

Anspruchsvolle „Zielscheibe"

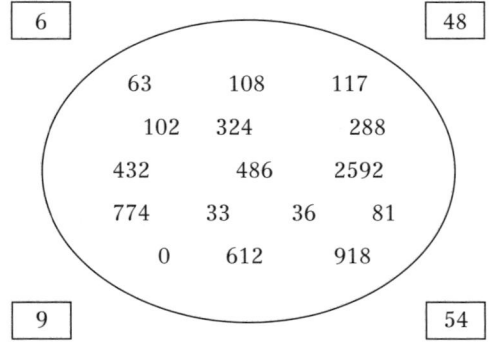

$6 + 48 + 9 = 63$
$6 + 48 + 54 = 108$
$6 + 48 + 54 + 9 = 117$
$48 + 54 = 102$
$6 \times 54 = 324$
$6 \times 48 = 288$
$9 \times 48 = 432$
$9 \times 54 = 486$
$48 \times 54 = 2592$
$(9 \times 54) + (6 \times 48) = 774$
$48 - 6 - 9 = 33$
$54 : 9 \times 6 = 36$
$54 : 6 \times 9 = 81$
$54 - 48 - 6 = 0$
$(48 + 54) \times 6 = 612$
$(48 + 54) \times 9 = 918$

Bei so anspruchsvollen „Zielscheiben" empfiehlt es sich, die Kinder zunächst in Einzel- oder Partnerarbeit mögliche Aufgaben suchen zu lassen.

Kleinstes Ergebnis –
im Zahlenraum bis 100 rechnen

Ute Birnstengel-Höft/Anne Feldhaus

Klassenstufe   2–4
Dauer   ca. 30–45 Minuten
Vorbereitung/Material Tafel, Papier oder Heft

Ziele
- Rechenfertigkeiten steigern
- Verständnis und Flexibilität im Umgang mit Zahlen und Rechenoperationen fördern

Anmerkung
Es werden sechs Zahlen willkürlich ausgewählt. Jede Zahl muss einmal benutzt werden. Es wird mit dem Ergebnis weitergerechnet. Alle Rechenoperationen (+, –, ×, :) sind erlaubt. Beispiel: 2, 5, 6, 10, 13, 20

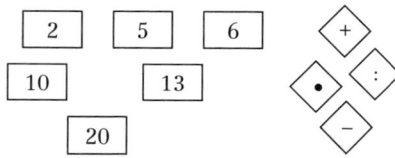

Bei den hier gewählten Zahlen sind folgende Rechenschritte möglich:
$20 - 13 = 7, 7 + 10 = 17, 17 - 6 = 11, 11 + 5 = 16, 16 \times 2 = 32$

Ziel ist es, die Rechenschritte so zu wählen, dass das letzte Ergebnis möglichst klein ist. Im vorliegenden Beispiel kann die Null erreicht werden (z. B. $20 - 13 = 7, 7 - 6 = 1, 1 \times 5 = 5, 5 \times 2 = 10, 10 - 10 = 0$). Häufig gibt es mehrere Möglichkeiten, das kleinste Ergebnis zu ermitteln.

Verlauf

Phasen	Schritte
1	• Die Lehrerin notiert sechs Zahlen an der Tafel (s. o.) • Sie erklärt das Vorgehen an diesem Beispiel ($20 - 13 = 7$, $7 + 10 = 17$ usw.) • Gemeinsam werden einige Aufgabenserien gerechnet. • Der Arbeitsauftrag wird erteilt. ▶▶▶

2	● Arbeitsphase: In Einzel- oder Partnerarbeit suchen die Kinder Aufgabenserien, bei denen das letzte Ergebnis möglichst klein ist. ● Finden einige Kinder oder Schülerpaare sehr schnell das kleinste Ergebnis, erhalten sie die Möglichkeit, die Aufgabenstellung mit sechs selbst gewählten Zahlen auszuprobieren.
3	● In einem abschließenden Gespräch können die Kinder ihre gefundenen Aufgabenserien vorstellen und ihr Vorgehen erläutern und ggf. begründen. ● Darüber hinaus können auch die Aufgabenserien der selbst gewählten Ausgangszahlen präsentiert werden.

Weitere Unterrichtsbeispiele

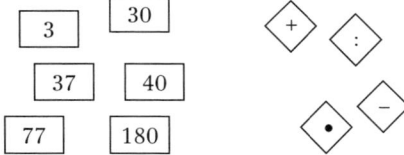

Bei diesem Beispiel kann man die Null auf folgende Weise erreichen:
$180 : 30 = 6,\ 6 + 77 = 83,\ 83 + 37 = 120,\ 120 : 3 = 40,\ 40 - 40 = 0$

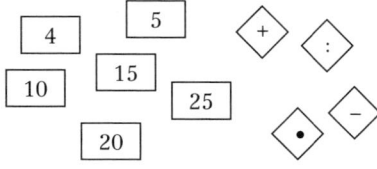

Bei diesem Beispiel kann man die Null auf folgende Weise erreichen:
$4 \times 5 = 20,\ 20 - 15 = 5,\ 5 + 25 = 30,\ 30 - 20 = 10,\ 10 - 10 = 0$

Eine weitere schöne Aufgabe ist, genau „1000" zu treffen:
$4 \times 5 = 20,\ 20 + 10 = 30,\ 30 : 15 = 2,\ 2 \times 25 = 50,\ 50 \times 20 = 1000$

☐ **Tipps**
● Bei Einführung des Aufgabenformates sollten die Ausgangszahlen zunächst nicht zu groß gewählt werden, damit alle Kinder mitarbeiten können.
● Die Aufgabenstellung kann variiert werden, indem man vorschreibt, dass jede Rechenoperation mindestens einmal verwendet werden muss.

In diesem Fall ist es spannend, als letztes Ergebnis nicht nur die kleinste, sondern auch die größte Zahl zu suchen.

● Darüber hinaus können auch bestimmte Zielzahlen (z. B. 50) vorgegeben werden, die errechnet werden müssen.

● Beschränkt man sich auf die Rechenoperationen „plus" und „minus", kann die Aufgabenstellung bereits im 1. Schuljahr eingesetzt werden.

Summenkreuze – geschickt rechnen

Christoph Bürger

Klassenstufe   2–4
Dauer   ca. 45 Minuten
Vorbereitung/Material Arbeitsblatt 1 und ggf. Arbeitsblatt 2 als Klassensatz kopieren

Ziele

● Kopfrechnen üben (mündliches Addieren)
● Erkennen und Nutzen von Strategien beim geschickten Rechnen (u. a. Kommutativität und Assoziativität der Addition, Gesetz von der Konstanz der Summe)

Anmerkung

Bei den Summenkreuzen handelt es sich um ein Übungsformat, bei dem die Kinder ein Gefühl für Zahlen und Operationen entwickeln können. Dabei sollen die Kinder die Ziffern 1 bis 5 so einsetzen, dass senkrecht und waagerecht die gleiche Summe herauskommt.

Da die Zahlen 1 bis 5 aus drei ungeraden und zwei geraden Zahlen bestehen, kann nur eine ungerade Zahl in der Mitte stehen. Bei ausschließlicher Verwendung der Zahlen von 1 bis 5 gibt es durch Drehen und Vertauschen gegenüberliegender Zahlen jeweils acht verschiedene Möglichkeiten mit den Mittelzahlen 1, 3 und 5, sodass insgesamt 24 verschiedene Lösungen existieren.

Summe: 8

	2	
4	1	3
	5	

Summe: 9

	1	
4	3	2
	5	

Summe: 10

	1	
2	5	3
	4	

Die Summe ist abhängig von der Mittelzahl – > Mittelzahl + restliche Zahlen = 2.

Beispiel: Mittelzahl 5

$$5 + (1 + 2 + 3 + 4) : 2 = 5 + 10 : 2 = 5 + 5 = 10$$

Dies kann man auf die Summenkreuze mit 9 Zahlenfeldern übertragen (s. Material 3). Auch hier können nur ungerade Zahlen in der Mitte stehen. Ebenso sind die Summen von den jeweiligen Mittelzahlen der Kreuze abhängig.

Mittelzahl 1 → Summe 23, Mittelzahl 3 → Summe 24, Mittelzahl 5 → Summe 25, Mittelzahl 7 → Summe 26, Mittelzahl 9 → Summe 27

Verlauf

Phasen	Schritte
1	● Das Summenkreuz wird den Kindern an der Tafel präsentiert. Summe:___ ● Die Kinder erhalten den Auftrag, die Zahlen von 1 bis 5 so einzusetzen, dass die Summen der Zahlen aus den überkreuzenden Zahlenbändern immer gleich ist und jede Zahl nur einmal verwendet werden darf.
2	● Zusammen mit der Lehrerin wird eine Möglichkeit an der Tafel entwickelt. ● Die Summe wird dabei unter dem Summenkreuz notiert. ● Die Kinder erhalten den Arbeitsauftrag, weitere Zahlenkreuze zu finden, nach Auffälligkeiten Ausschau zu halten und diese ggf. zu begründen.
3	● Das Arbeitsblatt 1 und ggf. der Legeplan 1 werden ausgeteilt, die sie auch in Partnerarbeit bearbeiten können. Der Legeplan hilft den Kindern, sich die Lösungen aktiv zu erschließen. ● Zur Differenzierung kann das Arbeitsblatt 2 mit dem dazugehörigen Legeplan verteilt werden. ▶▶▶

4	● Ergebnisse vom Arbeitsblatt 1 werden an der Tafel festgehalten.
	● Die Kinder reflektieren über ihre Vorgehensweisen und benennen Auffälligkeiten, die sie ihrem Lernstand entsprechend begründen. Auffälligkeiten:
	– Nur ungerade Zahlen stehen in der Mitte (1, 3, 5).
	– Summe ist immer 8, 9 oder 10 (abhängig von der Mittelzahl).
	– Summen gegenüberliegender Zahlen in einem Summenkreuz sind immer gleich.
	– Durch Drehen und Vertauschen erhalte ich neue Summenkreuze mit der gleichen Mittelzahl (hierfür ist vor allem der Einsatz eines Legeplans sinnvoll).

[!] Tipps

● Das Arbeitsblatt 2 kann auch in einer Folgestunde eingesetzt werden. Die Kinder haben so die Möglichkeit, ihre Erkenntnisse von dem ersten auf das zweite Arbeitsblatt zu übertragen. Für ein 4. Schuljahr kann allerdings das Arbeitsblatt 2 sofort eingesetzt werden. Die aufgeführten strukturellen Auffälligkeiten gelten für beide Arten der Summenkreuze.

● Während der Arbeitsphase sollte die Lehrperson drei leere Summenkreuze für die Reflexionsphase an die Tafel zeichnen.

● In der Reflexionsphase können sicher nicht alle Kinder die Auffälligkeiten begründen. Dies kann auch nur mit einer interessierten Kleingruppe durchgeführt werden.

Literatur

KÄPNICK, FRIEDHELM: Mathe für kleine Asse. Berlin 2001, S. 96 ff.

Zur Förderung mathematisch interessierter und begabter Kinder zu empfehlen; mit gut umsetzbaren Übungsformaten und Kopiervorlagen.

Material 1

Summenkreuze 1

Bilde unterschiedliche Summenkreuze. Setze die Zahlen von 1 bis 5 so ein, dass senkrecht und waagerecht die gleiche Summe herauskommt.

Summe: ____ Summe: ____ Summe: ____ Summe: ____

Summe: ____ Summe: ____ Summe: ____ Summe: ____

Summe: ____ Summe: ____ Summe: ____ Summe: ____

Was fällt dir auf?

_____

_____

_____

© Cornelsen Verlag Scriptor, Berlin – Die Grundschul-Fundgrube für Vertretungsstunden

Material 2

Summenkreuze 2

Bilde unterschiedliche Summenkreuze. Setze die Zahlen von 1 bis 9 so ein, dass
senkrecht und waagerecht die gleiche Summe herauskommt.

Summe: _____   Summe: _____   Summe: _____

Summe: _____   Summe: _____   Summe: _____

Summe: _____   Summe: _____   Summe: _____

Was fällt dir auf?

_____

_____

_____

© Cornelsen Verlag Scriptor, Berlin – Die Grundschul-Fundgrube für Vertretungsstunden

Material 3

Legeplan 1

Schneide zuerst die Zahlenkärtchen unten aus. Lege sie dann so in das Summenkreuz ein, dass senkrecht und waagerecht das gleiche Ergebnis herauskommt. Übertrage dann die Zahlen auf dein Arbeitsblatt.

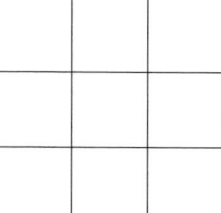

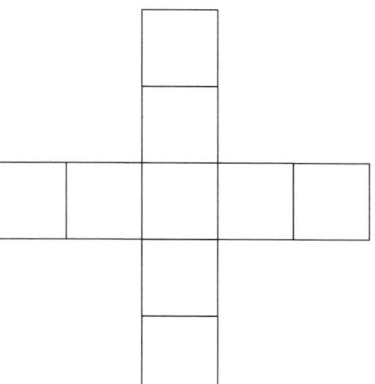

Legeplan 2

Schneide zuerst die Zahlenkärtchen unten aus. Lege sie dann so in das Summenkreuz ein, dass senkrecht und waagerecht das gleiche Ergebnis herauskommt. Übertrage dann die Zahlen auf dein Arbeitsblattt.

© Cornelsen Verlag Scriptor, Berlin – Die Grundschul-Fundgrube für Vertretungsstunden

Zahlenmauer – Addieren und Subtrahieren

Christoph Bürger

Klassenstufe　　　　　2–4
Dauer　　　　　　　　ca. 45 Minuten
Vorbereitung/Material　Zahlenmauer 1 oder 2 als Klassensatz kopieren, zur
　　　　　　　　　　　　Differenzierung Zahlenmauer 3 kopieren

Ziele
● Addition und Subtraktion von Zahlen im Hunderter- bzw. Tausender-
　raum üben
● Schlussfolgerndes und problemlösendes Denken durch operative Varia-
　tion der untersten Zeile der Zahlenmauer fördern

Anmerkung
Reizvoll an der Aufgabenstellung ist, dass die zweite Reihe der Mauer vorgegeben ist und so ergänzt werden soll, dass in dem linken und rechten
Außenstein der untersten Reihe die gleiche Zahl steht. Schwierig wird es mit
den Grundsteinen der untersten Reihe. Die Vorgehensweisen der Kinder
können recht unterschiedlich sein:
a) Versuch und Irrtum,
b) die unterste Zeile wird mathematisch korrekt ausgefüllt, allerdings sind
　die Außenzahlen nicht gleich,
c) die Außenzahlen sind gleich, allerdings passt eine Mittelzahl mathema-
　tisch nicht.

Beispiel für b)

		87		
	46		41	
27		19		22
☐		☐		☐

Bei dieser Vorgehensweise erkennen einige von selbst, dass sich die
Zahlen benachbarter Spalten ge-
genläufig verändern.

10	17	2	20
9	18	1	21
12	15	4	18
13	14	5	17
14	13	6	16
15	12	7	15

Beispiel für c)

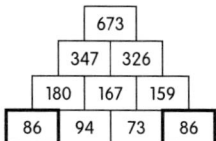

Bei dieser Vorgehensweise stellen die Kinder fest,
dass sie zunächst nur drei Zahlen mathematisch
korrekt eintragen können. Durch Verändern der
Außensteine gelangen sie dann systematisch zur
richtigen Lösung.

10	17	~~11~~	10
9	18	~~16~~	9
12	15	~~10~~	12
13	14	~~9~~	13
16	11	~~6~~	16
15	12	7	15

Die Vorgehensweisen der Kinder können auf die Zahlenmauer 2 übertragen werden.

Lösung der Zahlenmauer 2:

```
        673
     347   326
  180   167   159
 86   94   73   86
```

Verlauf

Phasen	Schritte
1	• Je nach Klassenstufe wird den Kindern die Zahlenmauer 1 oder 2 als Tafelbild präsentiert. • Nach ersten Vermutungen erfahren die Kinder, dass sie die Zahlenmauer so ergänzen sollen, dass in dem linken und rechten Außenstein der untersten Reihe die gleiche Zahl stehen soll.
2	• Kinder machen einen Vorschlag, der von der Lehrerin unter der untersten Zeile festgehalten wird. Wichtig ist, dass die Kinder an dieser Stelle erfahren, dass die Kästchen unter der Zahlenmauer dazu dienen, die Vorgehensweise zu dokumentieren. Dies ist für die abschließende Reflexionsphase von Bedeutung, in der die Kinder ihr Vorgehen erläutern sollen. ▶▶▶

<table>
<tr><td></td><td>

● Die Kinder überlegen gemeinsam, wie sie die Zahlen verändern können, um zum Ziel zu gelangen.
Da zu erwarten steht, dass die Kinder nicht sofort die richtige Lösung finden, sollte an dieser Stelle darüber diskutiert werden, wie man sinnvollerweise fortfahren könnte. Hier können schon unterschiedliche Vorgehensweisen angesprochen werden, die aber nicht weiter vertieft werden.

</td></tr>
</table>

3	● Die Kinder erhalten die Zahlenmauer 1 oder 2, die sie in Einzel- oder Partnerarbeit bearbeiten. Bei der Bearbeitung sollen die Kinder in Ruhe experimentieren können. Es besteht kein Druck, dass die Kinder die Lösung gezielt finden. Manche werden nach Versuch und Irrtum vorgehen, andere nach einiger Zeit systematisch; in jedem Fall wenden alle Kinder ihre rechnerischen Fertigkeiten an. ● Die Kinder, die schnell zu der richtigen Lösung gelangt sind, erhalten zur Differenzierung die Zahlenmauer 3.
4	● Aussagekräftige Ergebnisblätter (maximal drei), die die jeweilige Vorgehensweise dokumentieren, werden an die Tafel geheftet. ● Im Halbkreis vor der Tafel erhalten die Kinder die Möglichkeit, über aufgetretene Schwierigkeiten zu sprechen. ● Sie schauen sich die Ergebnisblätter genau an, um die unterschiedlichen Vorgehensweisen aufzudecken (s. Anmerkung).

⚠ Tipps

● Die Zahlenmauer 1 ist für die 2. und 3. Klasse, die Zahlenmauer 2 für die 4. und ggf. 3. Klasse gedacht.
● Die Kinder dokumentieren ihre Vorgehensweise auf dem Arbeitsblatt; nicht mit Bleistift arbeiten, da sie sonst Gedankenwege wegradieren.
● Die Zahlenmauer 3 dient der Differenzierung. Die Aufgaben der Kinder können kopiert und sinnvoll für die Freiarbeit genutzt werden.

Literatur

WITTMANN, GERHARD N./MÜLLER, ERICH CH.: Handbuch produktiver Rechenübungen, Band 1. Stuttgart 1990, S. 106

Material 1

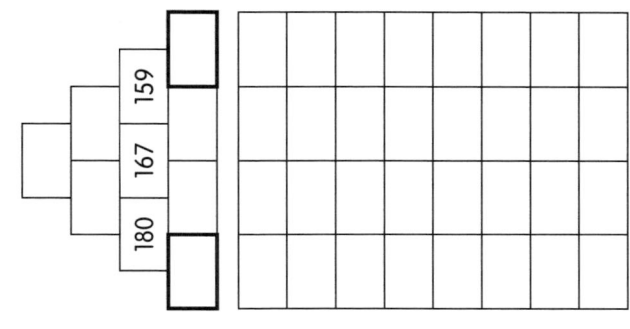

Zahlenmauer 2

Vervollständige die Zahlenmauer so, dass die beiden Eckgrundsteine gleich sind. Schreibe unterhalb der Zahlenmauer auf, wie du vorgehst.

180 167 159

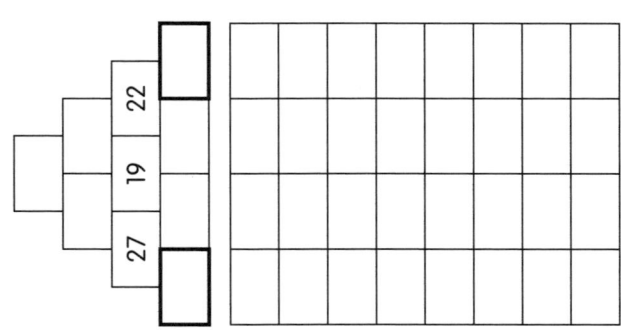

Zahlenmauer 1

Vervollständige die Zahlenmauer so, dass die beiden Eckgrundsteine gleich sind. Schreibe unterhalb der Zahlenmauer auf, wie du vorgehst.

27 19 22

© Cornelsen Verlag Scriptor, Berlin – Die Grundschul-Fundgrube für Vertretungsstunden

Material 2

Zahlenmauer 3

Bilde selber eine Zahlenmauer, bei der die Eckgrundsteine gleich sind.

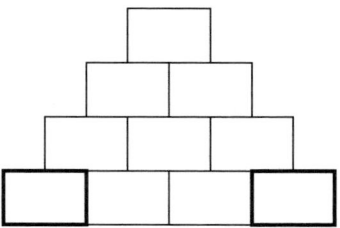

Übertrage die Zahlen in die untere Zahlenmauer, wobei du die untere Reihe frei lässt.
Zerschneide das Blatt an der gestrichelten Linie.
Jetzt könnt ihr eure Aufgaben untereinander tauschen!

- ✂

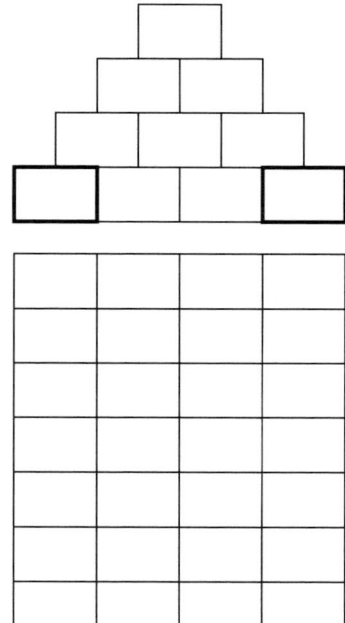

© Cornelsen Verlag Scriptor, Berlin – Die Grundschul-Fundgrube für Vertretungsstunden

Züge bauen – kleines Einmaleins üben

Elisabeth Christ

Klassenstufe   2–4
Dauer   ca. 45 Minuten für Klasse 2, bei erweiterter Frage-
                       stellung für die Klassen 3 und 4 ca. 2–3 Unterrichts-
                       einheiten
Vorbereitung/Material Tafel oder OH-Projektor, Heft oder unlinierte Blätter,
                       für die Klassen 3 und 4 vorbereitete Papierstreifen

Ziele
● Gesetzmäßigkeiten erkennen und nutzen
● Kleines Einmaleins produktiv üben
● Zahlzerlegung in zwei Faktoren operativ üben
● Problemlösendes und flexibles Denken schulen

Anmerkung
Die mathematische Idee, die dieser Übungsstunde zugrunde liegt, beruht
auf der Bildung von Querprodukten (Ermitteln des Produktes durch Multiplikation aller Ziffern einer Zahl). Bei dieser Übung wird eine beliebige
zweistellige Zahl als „Lok" vorgegeben. Mit Hilfe von Querprodukten werden weitere „Waggons" so lange angehängt, bis ein „einstelliger" Waggon
erreicht ist.
Beispiel: Vorgegeben sei die Ausgangszahl 57.

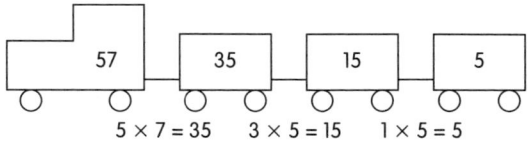

$$5 \times 7 = 35 \qquad 3 \times 5 = 15 \qquad 1 \times 5 = 5$$

Verlauf Klasse 2

Phasen	Schritte
1	● Die Lehrerin erklärt, dass – ausgehend von einer beliebigen Lokzahl – die Züge einem gesetzmäßigen Aufbauprinzip unterliegen, das es zu ergründen gilt. An der Tafel oder auf dem OH-Projektor wird der erste Zug für alle Kinder sichtbar Waggon an Waggon aufgebaut.
	● Erste Mutmaßungen werden zugelassen oder herausgefordert. Ideen sollen zunächst nicht begründet werden, die Kinder sollen lediglich Vermutungen über den nächsten Waggon äußern.
	● Weitere Züge werden „zusammengestellt". Dabei sollten die Zahlen für die Lok so ausgewählt werden, dass das Aufbauprinzip deutlich wird, z. B. **57** – 35 – 15 – 5; **93** – 27 – 14 – 4; **77** – 49 – 36 – 18 – 8; **88** – 64 – 24 – 8; **55** – 25 – 10 – 0. Die Zehner- und Einerziffer lässt sich mit farbiger Kreide hervorheben.
	● Neben dem Aufbauprinzip wird deutlich: Es gibt kurze bzw. lange Züge, es gibt Züge, die auf „0" enden, es gibt Züge mit gleichen Schlusswaggons usw.
2	● In Partner- oder Einzelarbeit können die Kinder verschiedenen Aufgaben nachgehen: – Suche viele möglichst lange Züge! – Suche viele möglichst kurze Züge! – Welche Züge enden stets auf „0"? – Gibt es auch Züge, die auf „1" enden? Dabei skizzieren die Kinder ihre Züge ins Heft oder auf unlinierte Blätter.
3	● In einer gemeinsamen Reflexion werden die „Züge" zusammengetragen, präsentiert und kommentiert. ● Mathematisch lohnend ist es, der Frage nachzugehen, welche Züge auf „0" enden. Interessant ist es auch, die kurzen Züge, die nicht auf „0" enden, zu untersuchen und zu ergründen, warum es bei den kurzen Zügen nur einen Zug gibt, der auf „1" endet.

Verlauf Klasse 3 und 4

Phasen	Schritte
1	● Grundsätzlich kann so wie für Klasse 2 verfahren werden. Die Übung bietet aber für diese Jahrgangsstufen eine weitere interessante Fragestellung. Aus den Beispielen mit den Anfangszahlen „88" und „77" wird deutlich, dass verschiedene Züge den gleichen Schlusswaggon mit der Zahl „8" besitzen können. ● Die Kinder können nun in Einzel- oder Partnerarbeit möglichst viele Züge suchen, die auf „8" enden.
2	● In der gemeinsamen Reflexion wird zunächst die Vorgehensweise der Kinder thematisiert, anschließend werden auf Papierstreifen die verschiedenen Möglichkeiten visualisiert. ● Die Frage, ob alle Möglichkeiten gefunden wurden, führt zu einem systematischen Durchforsten. Hierbei sortieren die Kinder die Papierstreifen gemäß dem favorisierten Ordnungsprinzip um.

(In Phase 1 sind zwei Waggons mit den Zahlen 88 und 77 abgebildet.)

ⓘ Tipps

● Die Kinder werden dann alle Züge finden können, wenn sie vom letzten Waggon ausgehend alle multiplikativen Verknüpfungen finden, deren Produkt „8" lautet. Diese Systematik müssen sie konsequent bei allen neu entstehenden Waggons anwenden. Wenn sie so vorgehen, haben sie zudem den „Schlüssel" gefunden, der beweist, dass die gefundenen Möglichkeiten vollständig sind.

● Dieser systematische Aufbau ist ein kindgemäßer Zugang, aber sicherlich nicht der einzige. Daher sollten alle Zugangsmöglichkeiten der Kinder gewürdigt werden, auch dann, wenn hierdurch nicht alle Möglichkeiten gefunden werden konnten.

● Die Übung beinhaltet eine natürliche Differenzierung, da von der „schlichten" Fertigkeitsschulung des Einmaleins bis hin zur tieferen Durchdringung einer mathematischen Fragestellung jedes Kind seinem individuellen Vermögen entsprechend arbeiten kann.

Literatur

BÜRGER, CHRISTOPH/CHRIST, ELISABETH: Das kleine 1 × 1. Strukturierter und materialgestützter Zugang. In: Mathematik in der Primarstufe. Landesinstitut für Schule und Weiterbildung. Soest 2000

Zahlenzauber – Zaubersumme – Strategien nutzen

Elisabeth Christ

Klassenstufe   2–4
Dauer   ca. 45 Minuten
Vorbereitung/Material ein Spielwürfel pro Paar, Arbeitsblätter

Ziele
- Einsicht in mathematisch begründete Strategien gewinnen
- Zufallsabhängige von gewinnstrategischen Entscheidungen unterscheiden
- Argumentationsfähigkeit schulen

Anmerkung
In ein 2×2-Quadrat sollen von jedem Partner vier gewürfelte Zahlen so eingesetzt werden, dass sich eine möglichst hohe Zahlensumme ergibt, wenn man die Summe der beiden Waagerechten, Senkrechten und einer Diagonalen bildet.

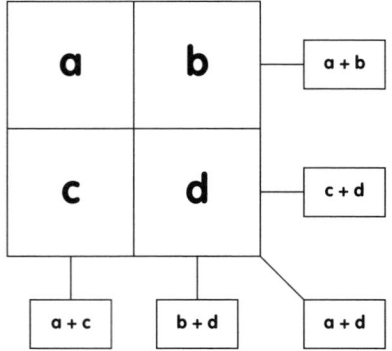

$$\Sigma = (a + b) + (c + d) + (a + c) + (b + d) + (a + d) = 3a + 2b + 2c + 3d$$

Auch wenn die gewürfelte Zahl dem Zufall unterliegt, so kann durch ein geschicktes Belegen der Felder (höchste Zahlen auf die Felder „a" und „d") eine Gewinnstrategie genutzt und der Sieg beeinflusst werden.

Verlauf

Phasen	Schritte
1	● Erläuterung des Spiels anhand eines 2 × 2-Quadrats an der Tafel oder am OH-Projektor, da sichergestellt werden muss, dass die Kinder die Spielregel – Ermittlung der „Zaubersumme" – korrekt anwenden können. ● Es erfolgt ein Hinweis darauf, dass es einen „Zaubertrick" gibt, um eine möglichst hohe Zaubersumme zu erreichen. Der Trick soll in der abschließenden Reflexionsphase „gelüftet" werden.
2	● In Partnerarbeit führen die Kinder das Spiel mehrmals durch. Jeder Wurf wird auf dem Arbeitsblatt notiert und die jeweilige Zaubersumme ermittelt. ● Der Hinweis auf dem Arbeitsblatt, die gewürfelten Zahlen geschickt einzutragen, fordert die Kinder noch einmal explizit heraus, über eine Gewinnstrategie nachzudenken.
3	● In der abschließenden Reflexion berichten die Kinder über ihre Spielerfahrungen, wobei die Gewinnstrategie im Mittelpunkt stehen sollte. ● Ein gemeinsames Spiel, in dem die Lehrperson gegen die Kinder antritt, ist nicht nur reizvoll, sondern auch lerneffektiv. Die Kinder haben hier Gelegenheit, über die Positon der Zahlen kontrovers, aber mathematisch begründet zu diskutieren.

ⓘ Tipps

● Für die Klassen 3 und 4 kann das Zahlenmaterial angepasst werden. Dazu können Spielwürfel entsprechend präpariert werden.

● Bereits in Klasse 2, in jedem Falle aber in den Klassen 3 und 4, ist es lohnend, die mathematische Begründung für die günstigste Strategie gemeinsam mit den Kindern zu analysieren. Dies geschieht am besten durch eine Visualisierungshilfe, in der die einzelnen Felder farblich verschieden markiert werden, z. B. mit selbstklebenden Merkzetteln. Diese Markierung findet sich farblich in den Teilsummen und in der Gesamtsumme wieder.

▶▶▶ S. 173

Material

Zaubersumme

- Würfelt abwechselnd und notiert jeden Wurf ☐☐☐☐
- Setzt nun die gewürfelten Zahlen ein ⊞
- Überlegt, ob ihr geschickt vorgehen könnt, um eine hohe Zaubersumme zu erhalten!

1. Runde

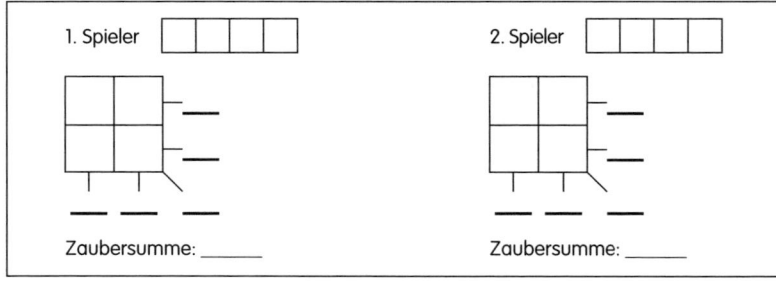

2. Runde

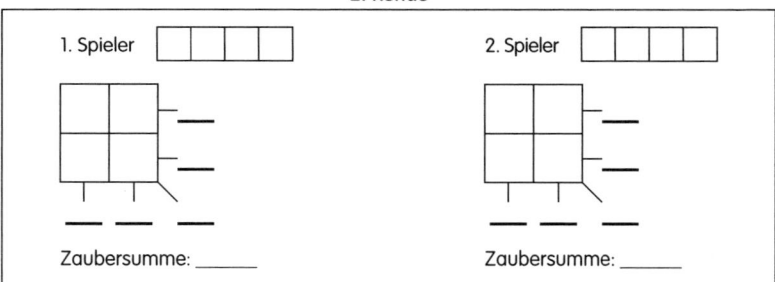

3. Runde

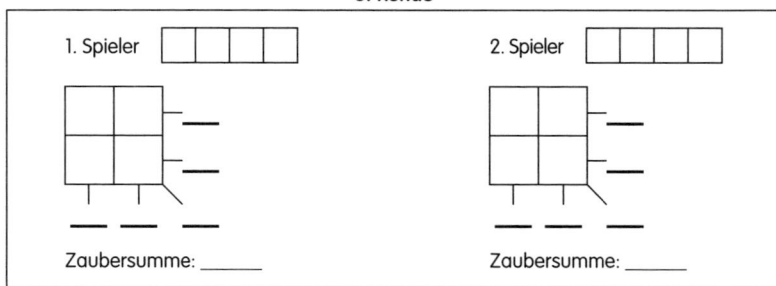

© Cornelsen Verlag Scriptor, Berlin – Die Grundschul-Fundgrube für Vertretungsstunden

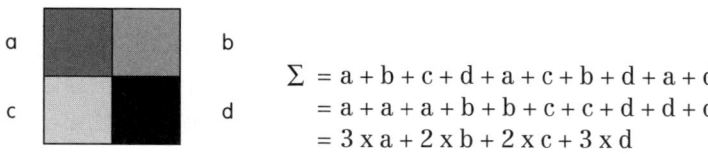

$$\Sigma = a + b + c + d + a + c + b + d + a + d$$
$$= a + a + a + b + b + c + c + d + d + d$$
$$= 3 \times a + 2 \times b + 2 \times c + 3 \times d$$

Auch die zufälligen Aspekte der Würfelentscheidung und die gewinnstrategischen Überlegungen sollten unterschieden und durch die Kinder verbalisiert werden. Hierbei sollte das Kommutativgesetz (auch Vertauschungsgesetz: Beim Addieren können die Summanden vertauscht werden, ohne dass sich der Wert der Summe ändert a + b = b + a) zur Begründung genutzt werden.

Literatur

HEERBECK, H.-G.: Das Würfelquadrat. In: Sachunterricht und Mathematik in der Primarstufe, Heft 13, 1985

SPIEGEL, H.: Das Würfelzahlenquadrat – Ein Problemfeld für arithmetische und kombinatorische Aktivitäten im Grundschulunterricht. In: Didaktik der Arithmetik, Heft 4, 1978

Zahlenketten – Addieren und Subtrahieren

Kathrin Cottmann

Klassenstufe	2–4
Dauer	ca. 20–40 Minuten
Vorbereitung/Material	Arbeitsblatt als Klassensatz kopieren

Ziel
Addition und Subtraktion üben

Anmerkung
Eine Zahlenkette besteht aus fünf Zahlenfeldern. In den ersten beiden Feldern stehen beliebige Zahlen, die dem Zahlenraum der jeweiligen Klassenstufe entsprechen. Die Summe aus den ersten beiden Feldern wird im dritten Feld eingetragen, die Summe aus dem zweiten und dem dritten Feld steht im vierten und die Summe des dritten und vierten Feldes im fünften.

Verlauf

Phasen	Schritte
1	● Zu Beginn wird eine einfache Zahlenkette an die Tafel gezeichnet.

7	5	12	17	29

● Die Kinder finden heraus, welche Rechenoperationen sich hinter der Zahlenkette verbergen.

● Eine weitere Zahlenkette, bei der nur die ersten beiden Felder ausgefüllt sind, wird an die Tafel geschrieben.

9	6			

● Die Kinder füllen die Zahlenkette aus (9 – 6 – 15 – 21 – 36).

2

● Nachdem alle Kinder die Regel kurz nennen, bearbeiten sie das Arbeitsblatt. Für die 3. und 4. Klasse können die nachstehenden Zahlen in das Arbeitsblatt eingetragen werden. Hierfür müssen die Zahlen auf dem Arbeitsblatt, die für die 2. Klasse gedacht sind, überschrieben werden.

Aufgaben für die 3. Klasse

Zahlen für die Zahlenkette:

1. Reihe: 1. Feld 120, 2. Feld 80

2. Reihe: 3. Feld 280, 4. Feld 420

3. Reihe: 2. Feld 85, 3. Feld 210

4. Reihe: 4. Feld 560, 5. Feld 1000

Startzahl 260, Zielzahl 1000

Aufgaben für die 4. Klasse

Zahlen für die Zahlenkette:

1. Reihe: 1. Feld 345, 2. Feld 420

2. Reihe: 3. Feld 555, 4. Feld 888

3. Reihe: 2. Feld 850, 3. Feld 2100

4. Reihe: 4. Feld 5600, 5. Feld 10 000

Startzahl 260, Zielzahl 1000

3

● Zum Abschluss kurze Reflexion darüber, an welchen Stellen Schwierigkeiten aufgetreten sind und welche Zahlenketten einfach zu lösen waren.

⚠ Tipps

- Jedes Kind kann sich die Zahlenketten heraussuchen, die es lösen kann.
- Die Zahlenketten sind eine einfache Übungsform, die in jeder Klassenstufe eingesetzt werden kann, denn der Zahlenraum ist beliebig.
- Man kann auch die längste Zahlenkette, die ein Kind rechnen kann, erfinden, z. B. 8 – 4 – 12 – 16 – 28 – 44 – 72 – 116 – 188 – 304 – 492 – 796 – 1288 ...

Material

Rechne die Zahlenketten aus!

12	8			

		27	42	

	8	21		

			56	100

Was fällt dir auf? Welche Zahlenketten sind einfach, welche schwer zu lösen? Warum?

_____

_____

_____

Erfinde selbst Zahlenketten!

Erfinde eine Zahlenkette mit der Startzahl 26 und der Zielzahl 100!

Rechenterm-Memory für die Zahlen von 1 bis 100

Thomas Starke

Klassenstufe   2–4
Dauer   ca. 45 Minuten
Vorbereitung/Material Rechenrechteck als Folie oder Arbeitsblatt kopieren

Ziele
● Kopfrechnen mit den Grundrechenarten üben
● Zahlenterme mit gleichem Ergebnis entdecken
● Sich in einem Zahlenfeld orientieren
● Argumentieren

Verlauf

Phasen	Schritte
1	● An der Tafel oder am OH-Projektor sehen die Kinder ein Rechenrechteck mit verschiedenen Zahlen.
2	● Die Aufgabe besteht darin, immer zwei Zahlen zu finden, die durch Verknüpfung von jeweils den gleichen zwei einstelligen Zahlen mit unterschiedlichen Rechenoperationen entstanden sind. Beispiele: 2 und 12 sind ein mögliches Paar, da sie aus den Zahlen 4 und 8 entstanden sind (8 : 4 = 2, 8 + 4 = 12). Ebenso sind 30 und 11 ein Paar, denn sie generieren sich aus den Zahlen 6 und 5 (6 × 5 = 30, 6 + 5 = 11).

[!] Tipps
Der Schwierigkeitsgrad lässt sich durch folgende Zusatzregeln variieren:
● Das Rechteck kann verkleinert oder vergrößert werden.
● Die Kinder können selbst solche Rechtecke mit dazugehörigen Lösungen erfinden.

Material

Rechenrechteck 1

7	4	4
2	1	72
3	4	2
4	2	10
30	6	48
2	18	11
10	28	45
2	1	12

Rechenrechteck 2

16	3	36
6	15	8
11	6	64
6	4	25
1	8	0
7	9	10
6	16	12
8	16	30

- -

Lösungen 1

4×4	$9 : 3$	6×6
$8 - 2$	3×5	$9 - 1$
$6 + 5$	$7 - 1$	8×8
$9 - 3$	$8 : 2$	5×5
1×1	$4 + 4$	$1 - 1$
7×1	9×1	$5 + 5$
$8 - 2$	8×2	$6 + 6$
$3 + 5$	$8 + 8$	6×5

Lösungen 2

$2 + 5$	$9 - 5$	$7 - 3$
$6 : 3$	$3 - 2$	9×8
$7 - 4$	2×2	1×1
$2 + 2$	$8 : 4$	2×5
6×5	3×2	8×6
$8 - 6$	6×3	$6 + 5$
$7 + 3$	7×4	9×5
$1 + 1$	$9 - 8$	$8 + 4$

Würfelkönig – Addieren und Einmaleins

Brigitte Weiler

Klassenstufe   2–4
Dauer   ca. 45 Minuten
Vorbereitung/Material   pro Gruppe zwei Würfel, ein Blatt Papier mit Tabellenvorlage (alternativ können Kinder die Tabelle selber zeichnen), Stifte

Ziele
- Einmaleins und Addieren festigen
- Verschiedene Grundrechenarten miteinander verbinden

Anmerkung
Der Spaß am Spiel überwiegt und als Lehrperson hat man in spielerischer Form das Einmaleins wiederholt und zusätzlich Additionsaufgaben geübt.

Da bei diesem Spiel nicht immer die Kinder gewinnen, die sehr gute Rechner sind, sondern der Zufall, also die gewürfelten Ergebnisse, eine entscheidende Rolle dabei spielt, kommt es selten zu Streitigkeiten zwischen den Kindern.

Verlauf

Phasen	Schritte
1	• Zur Einführung ins Thema kann in spielerischer Form ein kurzes Kopfrechentraining erfolgen. Die Kinder stellen sich gegenseitig Multiplikationsaufgaben und bestimmen durch Zuwerfen eines Balles das nächste Kind, das die Aufgabe löst. Dieses stellt dann die nächste Aufgabe usw.
2	• Die Kinder bilden Gruppen. Die ideale Größe sind vier Kinder pro Gruppe, damit keine zu langen Wartezeiten während der Würfelphasen entstehen. • Die Gruppen erhalten die Spielvorlage. Alternativ können die Kinder selbst eine solche Tabelle erstellen.
3	• Nachdem die Namen der Spieler und die Nummer der Gruppe auf dem Spielbogen eingetragen wurden, beginnt das Spiel: ▶▶▶

Jede Gruppe spielt zunächst für sich allein. Der erste Spieler beginnt zu würfeln. Die gewürfelte Zahl multipliziert er in der ersten Runde mit 1 und trägt das Ergebnis in die dafür vorgesehene Zeile ein. Der nächste Spieler würfelt nun und trägt ebenfalls sein errechnetes Ergebnis in seine erste Zeile ein. Haben alle vier Spieler einmal gewürfelt und ihre Ergebnisse eingetragen, beginnt die zweite Runde. Die gewürfelten Ergebnisse werden jeweils mit 2 multipliziert und in die entsprechenden Zeilen eingetragen. In Runde drei erfolgt die Multiplikation der Würfelergebnisse mit 3 usw.

● Haben alle Spieler zehnmal gewürfelt und ihre Ergebnisse eingetragen, wird der Würfelkönig der Gruppe bestimmt, indem die Ergebnisse der einzelnen zehn Zeilen für jeden Mitspieler addiert werden. Wer die höchste Summe erhält, ist Gruppensieger.

4

● Haben alle Gruppen ihren Gruppensieger erkoren, wird der Klassensieger ermittelt, indem die einzelnen Gruppen ihre Spielerergebnisse addieren. Die Gruppe mit den meisten Punkten ist dann Klassensieger und darf sich als Belohnung ein Lied oder ein kurzes Spiel wünschen.

[!] Tipps

Die Tabelle lässt zahllose Variationen zu:

● Das Spiel ist auch in einem 1. Schuljahr durchführbar, wenn die einzelnen Zeilen nicht als Multiplikations-, sondern als Additionszeilen betrachtet werden. Außerdem ist es auch möglich, die Zeilenanzahl zu reduzieren.

● Das große Einmaleins kann mit einbezogen werden, wenn die Zeilen nicht von 1 bis 10 verlaufen, sondern von 10 bis 20 durchnummeriert werden.

● Die Kinder entscheiden selbst, mit welcher Zahl sie das Würfelergebnis multiplizieren wollen, und tragen das Ergebnis in die entsprechende Zeile ein. So würde eine in der zweiten Spielrunde gewürfelte 8 nicht zwangsweise mit 2 multipliziert, sondern mit einem höheren Multiplikator versehen und das entsprechend hohe Ergebnis in der entsprechenden Zeile 8 notiert. Bei dieser Variante muss der einzelne Spieler abwägen und unter Umständen etwas risikofreudig sein.

- Ebenso könnte bei dieser Variante den Kindern vorgegeben werden, dass der Spieler gewinnt, der am Schluss die kleinste Zahl in Summe erhält.
- Besonderen Spaß macht es, gemeinsam mit den Kindern nach weiteren Varianten dieses Würfelspiels zu suchen.

Material

Gruppe: _____				
	Spieler 1	**Spieler 2**	**Spieler 3**	**Spieler 4**
• 1				
• 2				
• 3				
• 4				
• 5				
• 6				
• 7				
• 8				
• 9				
• 10				
Spielerergebnis				
Gesamtpunkte der Gruppe _____ :				

Addiere geschickt! – Addition im Zahlenraum bis 100

Sabine Szacknys-Kurhofer

Klassenstufe   2–4
Dauer   ca. 45 Minuten
Vorbereitung/Material Hundertertafel, evtl. Arbeitsblatt als Klassensatz oder
                          als Folie kopieren

Ziele
- Zusammenhänge im Zahlenraum bis 100 entdecken
- Rechenfertigkeiten trainieren

Verlauf

Phasen	Schritte
1	• Aufgabe stellen: Addiere die Zahlen von 1 bis 10 möglichst geschickt!
2	• Aufgabe in Einzel- oder Partnerarbeit auf verschiedenen Wegen lösen (mit oder ohne Rechenhilfsmittel).
3	• Unterschiedliche Lösungsversuche und Ergebnisse präsentieren und diskutieren. • Falls notwendig, stellt die Lehrerin „ihren" Weg zusätzlich vor: „Ich habe so gerechnet: 1 + 9, 2 + 8, 3 + 7, 4 + 6, das sind immer 10, also insgesamt 40. Nun muss ich nur noch die 5 und die 10 hinzuzählen. Das sind dann zusammen 55." Zur Veranschaulichung ist folgendes Tafelbild hilfreich: 1 2 3 4 5 6 7 8 9 • Weiterführende Aufgabe stellen: „Addiere die Zahlen von 1 bis 20." Je nach Schuljahr ist auch von 1 bis 100 möglich. Möglich sind auch folgende Aufgabenstellungen: „Addiere alle geraden und ungeraden Zahlen von 1 bis 10" (5 gerade Zahlen: 30, 5 ungerade Zahlen: 25, insgesamt: 55). … von 1 bis 20 (10 gerade Zahlen: 110, 10 ungerade Zahlen: 100, insgesamt: 210), ▶▶▶

	… von 1 bis 100 (50 gerade Zahlen: 2550, 50 ungerade Zahlen: 2500, insgesamt: 5050). Hier kann man in Phase 5 darüber reflektieren, warum die Summen der geraden und der ungeraden Zahlen nicht gleich sind: Die ungeraden Zahlen sind jeweils um 1 kleiner als die geraden Zahlen, daher ist auch die Summe der ungeraden Zahlen, je nach Anzahl der Summanden, um die entsprechende Anzahl kleiner als die Summe der geraden Zahlen.
4	● Die gestellten Aufgaben lösen die Kinder in Einzel- oder Partnerarbeit. Dabei können sie den o. g. Weg erproben, müssen ihn aber nicht wählen.
5	● Unterschiedliche Lösungsversuche und Ergebnisse präsentieren und diskutieren.

Geometrische Grundbegriffe

Werner Lorenz

Klassenstufe   3
Dauer   ca. 45 Minuten
Vorbereitung/Material Arbeitsblatt als Klassensatz kopieren, Folie oder Kontrollblatt erstellen, evtl. OH-Projektor

Ziel
Geometrische Grundbegriffe kennen und im Kontext geometrischer Zeichnungen sowie in der realen Umwelt anwenden

Verlauf

Phasen	Schritte
1	● Im Klassenraum die Begriffe „senkrecht – waagerecht – rechtwinklig – parallel" entdecken, gegeneinander abgrenzen, beschreiben und korrekt schreiben. ▶▶▶

2	• Gegenstände in Klassenraum oder Schulgebäude diesen Begriffen zuordnen.
3	• Eine Tabelle an der Tafel entwickeln:

senkrecht	waagerecht	rechtwinklig	parallel
Wand	*Fensterbank*	*Tisch*	*Türrahmen*
Fenster	...	*Pult*	*Fensterrahmen*
Regenrohr	...	*Buch*	...
...	...	...	...

4	• Von der konkreten Wirklichkeit auf die zweidimensionale Ebene (Folie, Arbeitsblatt) wechseln. Das Arbeitsblatt vorstellen und bearbeiten lassen.
5	• Mit Hilfe der Folie die Ergebnisse vergleichen oder ein Kontrollblatt zur Selbstkontrolle auslegen.

[!] Tipps

• Der Umfang der Tabelle ist beliebig.

• Je nach Kenntnisstand kann ein Geodreieck eingesetzt werden.

• Die Parallelen mit Bleistift nachzeichnen lassen. Je nach Kenntnisstand Buchstaben zur Bezeichnung verwenden.

• Zur Markierung der rechten Winkel den üblichen Viertelkreis mit Punkt verwenden.

• Bei den Zählübungen zur Kontrolle Zahlen in die rechten Winkel schreiben lassen.

Material

Kennzeichne die parallelen Geraden. | Markiere die rechten Winkel.

Zähle die rechten Winkel: _____

© Cornelsen Verlag Scriptor, Berlin – Die Grundschul-Fundgrube für Vertretungsstunden

Mit dem Nomogramm Aufgaben lösen

Karl-Heinz Heyden

Klassenstufe   3
Dauer   ab 30 Minuten
Vorbereitung/Material Arbeitsblätter und Folie mit Nomogramm, OH-Projektor

Ziele
● Aufgabentypen schnell und sicher mit dem Nomogramm lösen
● Gefundene Lösungen mit Hilfe des Nomogramms kontrollieren

Anmerkung
Ein Nomogramm dieses Typs besteht aus drei parallelen abstandsgleichen Geraden. Die beiden äußeren Geraden sind mit Skalen von 1 bis 50 versehen (s. Material), die mittlere Gerade zeigt auf derselben Länge den doppelten Abschnitt der Zahlengeraden, hier also die Zahlen von 1 bis 100. Legt man eine Gerade (also ein Lineal) von einem bestimmten Punkt der einen äußeren Geraden, der der Zahl a entspricht, zu einem bestimmten Punkt der anderen äußeren Geraden, der der Zahl b entspricht, so schneidet das Lineal die mittlere Gerade in dem Punkt, der der Zahl a + b entspricht. Ausschnitt:

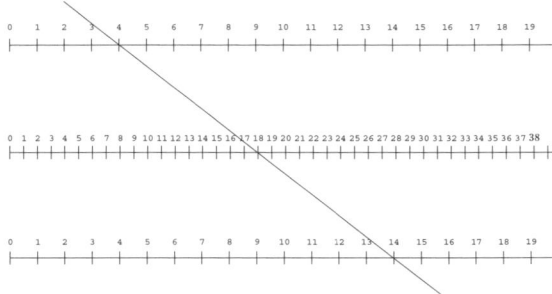

Einige Möglichkeiten, die dieses Nomogramm bieten kann:
● Addition zweier Zahlen (Ablesen der Summe auf der mittleren Geraden):
  $4 + 14 = 18$
● Subtraktion (Ablesen der Differenz auf der oberen bzw. unteren Geraden): $18 - 4 = 14$; $18 - 14 = 4$
● Zerlegen in zwei Summanden (Drehen des Lineals um einen Punkt der mittleren Geraden): $18 = 4 + 14$, $18 = 5 + 13$, $18 = 6 + 12$, $18 = 7 + 11$, $18 = 8 + 10$, $18 = 9 + 9$, ...

- Verdoppeln (Lineal senkrecht zu den drei Geraden): $8 + 8 = 16$, $10 + 10 = 20$, ...
- Halbieren (Lineal senkrecht zu den drei Geraden): $16 - 8 = 8$, $20 - 10 = 10$, ...
- Verdeutlichen des Kommutativgesetzes der Addition: $4 + 14 = 14 + 4$
- Zeigen, dass die Addition zweier ungerader Zahlen eine gerade Zahl ergibt: $9 + 17 = 26$; $13 + 25 = 28$
- Zeigen des Zusammenhangs zwischen Addition und Subtraktion durch Ablesen der Umkehraufgaben: $14 + 4 = 18$, $18 - 4 = 14$, $4 + 14 = 18$, $18 - 14 = 4$
- Erweitern des Zahlenraums um die negativen ganzen Zahlen, indem das Nomogramm entsprechend nach links erweitert wird.

Verlauf

Phasen	Schritte
1	● Verteilen des Arbeitsblattes mit dem Nomogramm: „Auf diesem Blatt ist ein Geheimnis versteckt, das ihr mit Hilfe eines Lineals herausfinden könnt!"
2	● Sammeln und Vorstellen der herausgefundenen „Geheimnisse" am OH-Projektor (Folie mit Nomogramm, transparentes Lineal).
3	● Arbeitsblätter oder entsprechende Aufgaben aus dem jeweiligen Mathematik-Buch oder Arbeitsheft mit Hilfe des Nomogramms lösen lassen.
4	● Neue Möglichkeiten am OH-Projektor vorstellen lassen oder anregen.
5	● Hinweis geben auf die schnelle und sichere Kontrollmöglichkeit von mündlich oder auch schriftlich gerechneten Aufgaben mit Hilfe des Nomogramms.

⚠ Tipps

- Kinder finden in Partner- oder Gruppenarbeit recht schnell das „Geheimnis" der drei Zahlengeraden. Hierbei kann die Lehrerin moderierend helfen. Voraussetzung ist allerdings die richtige Nutzung einer Zahlengeraden. Die Zahl befindet sich *auf* der Zahlengeraden und darf nicht mit dem Zeichen (= Ziffer/n) für die Zahl verwechselt werden!

▶▶▶ S. 188

Material

© Cornelsen Verlag Scriptor, Berlin – Die Grundschul-Fundgrube für Vertretungsstunden

● Wenn die Kinder die Lösungsmöglichkeiten am OH-Projektor vorstellen, sollten die Lösungen erläutert werden.

● In einer ersten Stunde zum Thema sollten alle Kinder das Nomogramm mindestens so handhaben können, dass sie die Ergebnisse einfacher Additions- und Subtraktionsaufgaben ablesen können. Das Nomogramm sollte erst einmal als ein Kontrollmittel gesehen werden. Weitergehende Ziele hängen von der Zeit und der Kreativität der Kinder ab und sollten in einer ersten Stunde nicht angestrebt werden.

Fingerrechnen mit 9

Petra Kamps

Klassenstufe   3
Dauer   ca. 20 Minuten
Vorbereitung/Material Vorlage evtl. auf Folie kopieren, Tafel, OH-Projektor

Ziel
Mit dem Einmaleins spielerisch umgehen

Anmerkung
Der Vorschlag ist nicht als Einführung in das Einmaleins der 9 geeignet.

Verlauf

Phasen	Schritte
1	● Das Fingerrechnen wird von der Lehrerin per OH-Projektor oder an der Tafel erklärt.
2	● Die Hände mit ausgestreckten Fingern auf den Tisch legen. Die Finger von links nach rechts mit den Zahlen 1 bis 10 nummerieren. Will man nun 4 × 9 rechnen, knickt man den Finger Nummer 4 um. Links vom umgeknickten Finger erscheinen die Zehner (3 Finger), rechts davon erscheinen die Einer (6 Finger). Das Ergebnis ist also 36. Dies funktioniert bei allen Aufgaben des Einmaleins der 9.
3	● Anschließend kann das Einmaleins weiter geübt werden.

Material

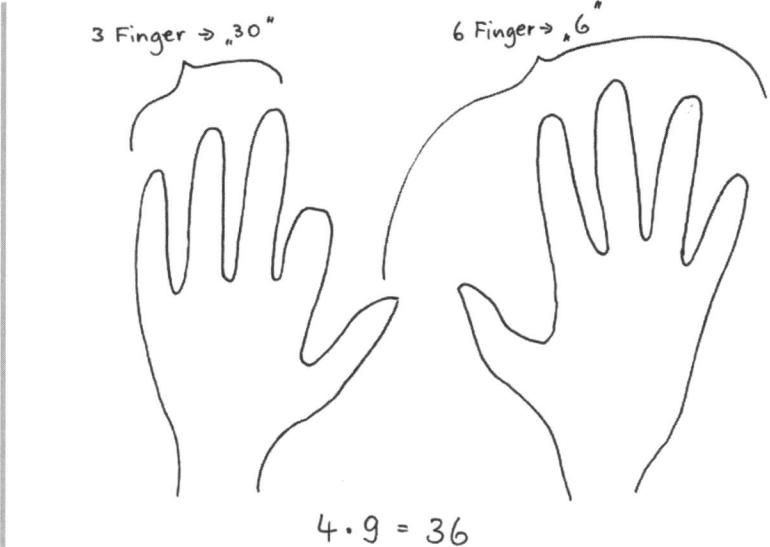

Der Zahlenteufel – Dreieckszahlen entdecken

Carmen Berend

Klassenstufe	3
Dauer	ca. 45 Minuten
Vorbereitung/Material	Rahmengeschichte „Der Zahlenteufel", Arbeitsblatt zur Differenzierung

Ziele
● Durch das Finden und Nutzen von Mustern kreativ sein
● Freude am Aufspüren mathematischer Gesetzmäßigkeiten gewinnen
● Gefühl für die fiktive und ästhetische Seite der Mathematik entwickeln

Anmerkung
Schon Pythagoras und seine Schüler untersuchten Muster aus einzelnen Plättchen, die geometrisch angeordnet wurden. So gelten sie heute als Erfinder der Dreiecks-, Quadrat- oder Rechteckszahlen. Der Idee der Dreieckszahlen liegt die Frage zugrunde: „Wie viele Plättchen benötigt man je-

weils, um eine dreieckige Figur zu bilden?" Baut man mit Hilfe der Plättchen immer größere dreieckige Figuren, so lassen sich interessante Zahlbeziehungen aufdecken:

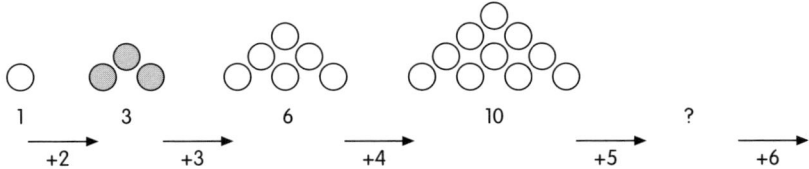

Das Aufbauprinzip lässt sich arithmetisch durch den Vergleich benachbarter Dreieckszahlen belegen. Geometrisch wird das Prinzip dadurch gestützt, dass die neue Basisreihe jeweils die vorangegangene Dreiecksfigur trägt.

Die Differenzierungsaufgabe (s. Arbeitsblatt) bezieht sich auf die Gesetzmäßigkeit, dass zwei benachbarte Dreieckszahlen stets eine Quadratzahl ergeben: 1 + 3 = 4/3 + 6 = 9/6 + 10 = 16 usw. Diese Gesetzmäßigkeit lässt sich geometrisch auch für Schüler durch Umgruppieren und Zusammensetzen der betreffenden Figuren herleiten.

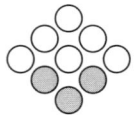

Verlauf

Phasen	Schritte
1	● Den ersten Teil der Rahmengeschichte erzählen und passend zum Text die ersten drei Figuren an die Tafel zeichnen.
	● Den zweiten Teil der Geschichte weiter vorlesen und damit die Frage nach der Anzahl der Kokosnüsse bei weiteren Dreiecken aufwerfen.
	▶▶▶

	• Problemstellung geben: „Finde die weiteren dreieckigen Zahlen!" Tipp: Man kann auch durch Nachdenken, also ohne die Punkte zu zeichnen, die Zahlen finden.
2	• Den Arbeitsauftrag bearbeiten lassen, mit dem Arbeitsblatt differenzieren.
3	• Die nächsten Dreiecke sowie die Folge der „dreieckigen Zahlen" an der Tafel vorstellen lassen. • Das Aufbauprinzip erklären und zeichnerisch sichern (s. Anmerkung). Der Aufbau aus „neuer" Basisreihe und vorangegangenem Dreieck kann zusätzlich markiert werden. • Ergebnisse der Differenzierungsgruppe einbringen lassen.

Material

Rahmengeschichte

Teil 1
In seinem Buch „Der Zahlenteufel" erzählt der Schriftsteller Hans Magnus Enzensberger die Geschichte von Robert, der den Mathematikunterricht in der Schule ziemlich blöd findet und nun im Traum dem Zahlenteufel begegnet. Dieser kleine alte Herr, nicht größer als eine Heuschrecke, stellt immer wieder neue Aufgaben, die Robert neugierig machen und ihn zum Staunen bringen. So gibt er ihm in der fünften Nacht den Auftrag, von einer Palme Kokosnüsse zu werfen, die so in den Sand fallen:

Teil 2
Auszug aus „Der Zahlenteufel"
„Aber jetzt zähl mal, wie viele Nüsse die Dreiecke da unten haben? (Zahlenteufel)
Das erste Dreieck ist überhaupt kein Dreieck. Das ist ein Punkt. (Robert)
Oder ein Dreieck, sagte der Zahlenteufel, das immer wieder geschrumpft ist, bis es so winzig wird, dass man nur noch einen Punkt sieht. Also?
Also sind wir wieder bei der Eins, sagte Robert. Das zweite Dreieck besteht aus drei Nüssen, das dritte aus sechs, das vierte aus …, das fünfte aus …, usw.
Also die Kokosnüsse können wir vergessen. Auf die Zahlen kommt es an. Das sind Zahlen von ganz besonderer Güte. Man nennt sie dreieckige Zahlen. Von denen gibt es mehr, als du denkst …"

Hans Magnus Enzensberger

Arbeitsblatt

Das blaue Wunder mit den Dreieckszahlen

... Der Zahlenteufel hört nicht auf zu erzählen: ... „Und jetzt kommt noch etwas, ein richtiger Hammer, mein lieber Robert. Zähl mal zwei von den dreieckigen Zahlen zusammen, die nebeneinander stehen, da kannst du dein blaues Wunder erleben."

Mach das, was der Zahlenteufel vorschlägt:

☐ + ☐ = ☐

☐ + ☐ = ☐

☐ + ☐ = ☐

... ☐ + ☐ = ☐

Was fällt dir auf?

_____

_____

_____

_____

Finde noch mehr Beispiele:

☐ + ☐ = ☐

☐ + ☐ = ☐

☐ + ☐ = ☐

☐ + ☐ = ☐

Fraktale – Zeichenübungen

Rudolf Keßler

Klassenstufe	3–4
Dauer	ca. 45 Minuten
Vorbereitung/Material	pro Kind Lineal, Bleistift, Buntstifte, Arbeitsblatt

Ziele
- Fertigkeiten im Umgang mit Lineal und Bleistift erwerben
- Strecken zeichnen, Tabellen erstellen und rechnen

Verlauf

Phasen	Schritte
1	● Man stellt den Kindern ein Quadrat-Fraktal vor:
2	● Will man selbst ein solches Fraktal zeichnen, beginnt man mit dem großen Quadrat in der Mitte und fügt an den Ecken Quadrate an, deren Seiten halb so groß sind wie die des ursprünglichen Quadrates. In den drei freien Ecken der neuen Quadrate werden nach gleichem Prinzip wieder Quadrate angefügt, deren Seiten wiederum halb so lang sind, wie die der vorher gezeichneten, usw.
3	● Zeichnet man das Fraktal auf kariertem Papier und wählt für das größte Quadrat eine Seitenlänge von acht Kästchen, lassen sich problemlos vier „Generationen" von Quadraten zeichnen.
4	● Die Gebilde können natürlich auch gefärbt und als Gemeinschaftsarbeit zu einem „Teppich" zusammengefasst werden. Man kann mit ihnen auch rechnen.

Literatur
WALSER, HANS: Der goldene Schnitt. Stuttgart/Leipzig 1993

Material

Quadratgröße	Anzahl	Anzahl kleiner Kästchen	Gesamtzahl
8er – 8er	1	64	64
4er – 4er	4	16	64
2er – 2er	12	4	48
1er– 1 er	36	1	36
			216

Was fällt auf?

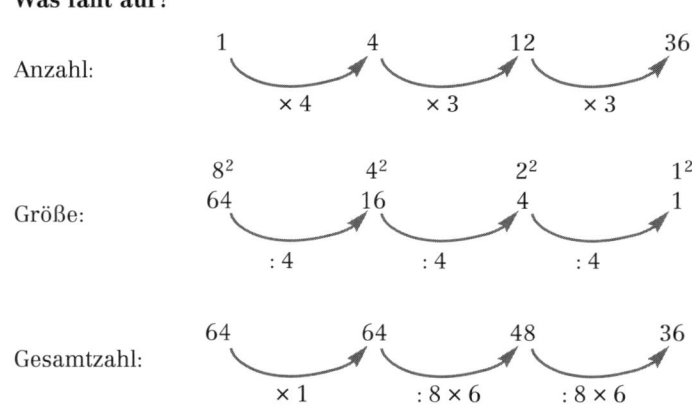

Anzahl:

$$1 \xrightarrow{\times 4} 4 \xrightarrow{\times 3} 12 \xrightarrow{\times 3} 36$$

Größe:

$$\begin{array}{cccc} 8^2 & 4^2 & 2^2 & 1^2 \\ 64 & 16 & 4 & 1 \end{array}$$

$$64 \xrightarrow{:4} 16 \xrightarrow{:4} 4 \xrightarrow{:4} 1$$

Gesamtzahl:

$$64 \xrightarrow{\times 1} 64 \xrightarrow{:8 \times 6} 48 \xrightarrow{:8 \times 6} 36$$

Immer 1089 – Entdeckungen an Zahlenschleifen

Sabine Sterkenburgh

Klassenstufe   3–4
Dauer   ca. 45 Minuten
Vorbereitung/Material   unlinierte DIN-A4-Blätter und dicke Filzschreiber

Ziele
- Kreativität bei der Bearbeitung von Aufgaben fördern
- Schriftliche Addition und Subtraktion entdeckend üben
- Interesse und Neugierde an mathematischen Phänomenen fördern

Verlauf

Phasen	Schritte
1	• Klären des Arbeitsauftrages: „Bilde irgendeine dreistellige Zahl und bilde aus dieser die Umkehrzahl (z. B. 537 <->735). „Subtrahiere die Zahlen schriftlich voneinander und bilde aus der Ergebniszahl wiederum die Umkehrzahl (735 – 537 = 198 <-> 891). Falls eine dreistellige Zahl mit einer Null vorkommt, wird sie immer notiert (z. B. 990 <-> 099). „Addiere diese beiden Zahlen." (198 + 891 = 1089) Frage an die Kinder: „Wie lautet das Ergebnis? Ist das wirklich immer so? Versuche zu begründen und suche dir dazu einen Partner. Notiere deine Überlegungen und Entdeckungen!"
2	• Die Kinder rechnen und diskutieren ihre Entdeckungen. • Sie schreiben ihre Ausgangszahlen und Zwischenergebnisse mit einem dicken Filzschreiber auf ein DIN-A4-Blatt.
3	• Die Kinder beschreiben, wie sie vorgegangen sind und was sie entdeckt haben. • Die Zwischenergebnisse können nach der Größe geordnet und die dazugehörigen Ausgangszahlen an die Tafel geheftet werden. Dadurch erhalten die Entdeckungen eine übersichtliche Struktur.

⚠ Tipps

• Bei dieser Problemstellung geht es darum, einem mathematischen Phänomen auf die Spur zu kommen. Die Lehrperson kann die Motivation hierfür noch steigern, indem sie zu Beginn der Stunde behauptet, schon jetzt zu wissen, was ein bestimmtes Kind für ein Ergebnis erhält, wenn er nach dem oben dargestellten Auftrag rechnet. Dieses Ergebnis kann sie aufschreiben und verdeckt einem anderen Schüler zur Aufbewahrung geben. Nun rechnen die Kinder eine Aufgabe nach Vorschrift und werden erstaunt feststellen, dass nicht nur die Lehrerin das gleiche Ergebnis erhält, sondern alle, sofern sie keinen Rechenfehler gemacht haben.

• Ein Tipp könnte lauten: „Schau einmal genau auf die Zwischenergebnisse. Was fällt dir auf?"

• Werden Zahlen mit gleichen Ziffern gewählt, also z. B. 666 oder 333, ist das Ergebnis 0. Dieses Ergebnis erhält man auch bei Zahlen wie 121 oder 343.

Literatur

LORENZ, JENS HOLGER: Kinder entdecken die Mathematik. Braunschweig
1997

Material

Aufgabenbeispiele

a)	b)	c)	d)
124 ↔ 421	243 ↔ 342	745 ↔ 547	488 ↔ 884

$$\begin{array}{r} 421 \\ -124 \\ \hline 297 \end{array} \quad \begin{array}{r} 297 \\ +792 \\ \hline 1089 \end{array} \qquad \begin{array}{r} 342 \\ -243 \\ \hline 099 \end{array} \quad \begin{array}{r} 099 \\ +990 \\ \hline 1089 \end{array} \qquad \begin{array}{r} 745 \\ -547 \\ \hline 198 \end{array} \quad \begin{array}{r} 198 \\ +891 \\ \hline 1089 \end{array} \qquad \begin{array}{r} 884 \\ -488 \\ \hline 396 \end{array} \quad \begin{array}{r} 396 \\ +693 \\ \hline 1089 \end{array}$$

Größen umrechnen

Brigitte Weindl

Klassenstufe   3–4
Dauer   beliebig
Vorbereitung/Material Karten auf Karton kopieren und evtl. laminieren

Ziel
Verschiedene Größen in größere und kleinere Einheiten umrechnen

Verlauf

Phasen	Schritte
1	● Die Kinder spielen in Gruppen oder mit einem Partner. – Variante 1: Karten verteilen, die umgerechnete Größe von einem Mitspieler fordern. – Variante 2: Karten ziehen lassen und umrechnen. Bei zwei gleichen Symbolen ablegen. – Variante 3: Memory

[!] **Tipps**
● Mit den Karten kann auch „Schwarzer Peter" gespielt werden, wenn eine entsprechende Karte (auch eine leere) beigefügt wird.
● Die Karten sind beliebig erweiterbar. Das wäre als weiterführender Auftrag für die Kinder sinnvoll.

Material 1

4 Std. 35 Min. (Min.)	275 Min. (Std./Min.)	136 Min. (Std./Min.)	2 Std. 16 Min. (Min.)
6369 g (kg/g)	6 kg 369 g (g)	700 cm (m)	7 m (cm)
67 309 kg (t/kg)	67 t 309 kg (kg)	19 t 560 kg (kg)	19 560 t (t/kg)
90 cm (mm)	900 mm (cm)	3004 cm (m/cm)	30 m 4 cm (mm)

© Cornelsen Verlag Scriptor, Berlin – Die Grundschul-Fundgrube für Vertretungsstunden

Material 2

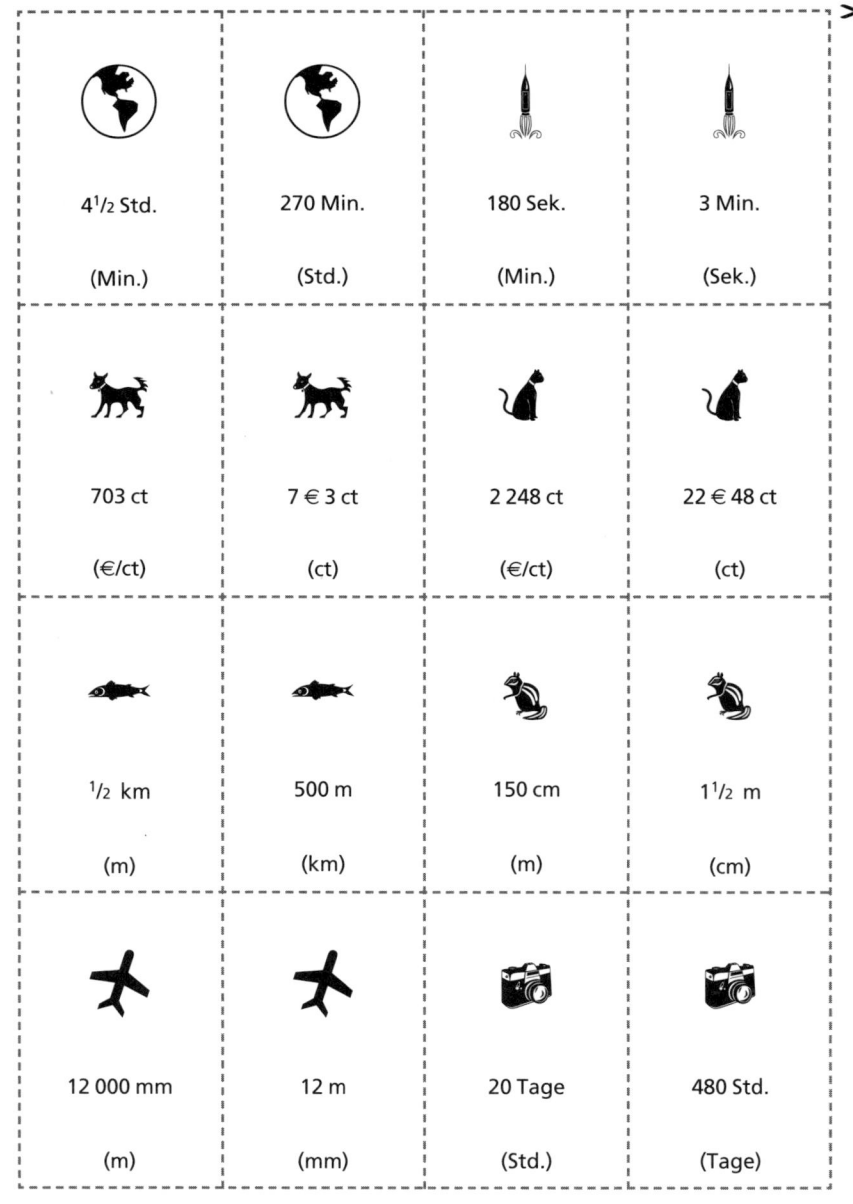

4^1/$_2$ Std.	270 Min.	180 Sek.	3 Min.
(Min.)	(Std.)	(Min.)	(Sek.)
703 ct	7 € 3 ct	2 248 ct	22 € 48 ct
(€/ct)	(ct)	(€/ct)	(ct)
^{1}/$_2$ km	500 m	150 cm	1^1/$_2$ m
(m)	(km)	(m)	(cm)
12 000 mm	12 m	20 Tage	480 Std.
(m)	(mm)	(Std.)	(Tage)

© Cornelsen Verlag Scriptor, Berlin – Die Grundschul-Fundgrube für Vertretungsstunden

Versteckte Formen – Wer kann sie erkennen und zeichnen?

Silvia Szacknys-Kurhofer

Klassenstufe   3–4
Dauer   ca. 45 Minuten
Vorbereitung/Material   Arbeitsblatt auf Folie und als Klassensatz kopieren, je Kind Bleistift, Geodreieck oder Zirkel; OH-Projektor

Ziele
- Grundformen vorstellen, erkennen und benennen
- Mit Geodreieck und Zirkel genau messen und zeichnen
- Die in den Aufgaben enthaltenen Informationen verstehen und umsetzen

Verlauf

Phasen	Schritte
1	• Formenrätsel betrachten und beschreiben lassen (nur die verdeckten Formen zeigen). • Hypothesen über die versteckten Grundformen bilden. Hier sind verschiedene Möglichkeiten vorstellbar, so könnte das hellgraue Rechteck auch ein Dreieck sein. • Je nach Vorerfahrung der Kinder: Zeichnen mit Geodreieck oder Zirkel. Das Zeichnen exemplarisch demonstrieren lassen. Begriffe klären: Quadrat, Rechteck, Radius, …
2	• Die Kinder bearbeiten Aufgabe 1 a bis c in Einzelarbeit mit Partnerhilfe. • Zur Selbstkontrolle kann die Folie benutzt werden.
3	• Die Kinder präsentieren und diskutieren die unterschiedlichen Ergebnisse. Dabei erarbeiten sie Tipps zum genauen Messen und Zeichnen. • Als Hausaufgabe können die Ergebnisse überarbeitet oder die Aufgabe 2 gegeben werden.

⚠ Tipps
● Wenn man dieses Formenrätsel in Klasse 3 einsetzen möchte, empfiehlt sich evtl. eine Beschränkung auf Aufgabe 1a und b.
● Die Hausaufgabe kann auch Inhalt einer Folgestunde sein.

Literatur
BECK, UWE (Hrsg.): Zahlenreise 4. Berlin/Düsseldorf 2001

Material

Versteckte Formen

1. Zeichne die 4 Formen einzeln!
   a) Das weiße Viereck ist ein Quadrat.
      Die Seite ist halb so lang wie die kürzere Seite des dunkelgrauen Rechtecks.
   b) Die Seiten des hellgrauen Rechtecks sind 20 mm kürzer als die Seiten des dunkelgrauen Rechtecks.
   c) Der Radius des Kreises ist genauso lang wie die Seite des Quadrats.
2. Denke dir auf der Rückseite dieses Blattes ein eigenes Formenrätsel aus!

Lösung:

Achtung, Falschgeld! – Hypothesen bilden

Silvia Szacknys-Kurhofer

Klassenstufe	3–4
Dauer	ca. 45–90 Minuten
Vorbereitung/Material	Arbeitsblatt auf Folie und als Klassensatz kopieren; Rechengeld: Pro Gruppe mindestens einen „falschen" 200-€-Schein (als „falsch" kenntlich machen), 2 × 100 €, 2 × 50 €, 4 × 10 €, 3 × 5 €

Ziele

● Sachsituation erfassen, dabei einem Text relevante Informationen entnehmen
● Hypothesen zur Lösung der Aufgabenstellung bilden und diskutieren
● Hypothesen durch Nachspielen der Situation überprüfen

Verlauf

Phasen	Schritte
1	● Text lesen und besprechen, Aufgabenstellung herausarbeiten.
2	● Möglichst viele verschiedene Vermutungen über Tante Emmas Verlust an der Tafel notieren und Begründungen für diese Vermutungen herausfordern: 200 € – „Ist doch klar, der Betrüger hat Tante Emma doch nur 200 € Falschgeld gegeben", 155 € – „Tante Emma hat ja 45 € behalten", 245 € – „Das Computerspiel ist ja auch futsch", 400 € – „Tante Emma muss Tante Frieda ja auch noch 200 € geben", 445 € – „200 € waren falsch, 200 € für Tante Frieda, 45 € hat das Computerspiel gekostet", 355 € – „200 € für Tante Frieda und 155 € Wechselgeld". (Für das Nachspielen der Situation werden interessanterweise 355 € Rechengeld benötigt!) ● All diese Begründungen sind authentisch! Übrigens auch von Erwachsenen. Sollten Kinder intuitiv sofort die richtige Lösung nennen, was recht häufig der Fall ist, können weitere Nachfragen ▶▶▶

gestellt werden: z. B. „Und was ist mit dem Computerspiel? Das
ist doch auch verloren!", oder „Was ist mit dem Wechselgeld?",
„Was ist mit Tante Frieda? Die will doch ihr Geld zurück, oder?",
„Ist das Computerspiel wirklich 45 € wert?", „Kann Tante Frieda
das Falschgeld nicht bei der Bank abgeben?"

3   ● Die Situation in Kleingruppenarbeit mit Rechengeld nachspielen.

4   ● Die Ergebnisse aus der vorangegangene Phase vorstellen und
diskutieren.
● Die Situation evtl. nochmals nachspielen und dabei die Situation
mit „Tante Frieda" ausklammern

⊞ Tipps

● Um die Situation zu durchdringen, ist es hilfreich, sich die Situation „ohne Tante Frieda" vorzustellen. Dann wird schnell klar, dass der Verlust
von Tante Emma eigentlich nur 155 € plus den Wert des Computerspiels
ausmachen kann. Oder wenn man es nicht ganz so genau nehmen will:
200 € – Mehr kann es nicht sein! Der Betrüger hat Falschgeld von 200 €
hinterlassen und durch Tante Emmas „Exkurs zu Tante Frieda" kann der
Verlust nicht vergrößert werden.

● Das Verbalisieren von individuellen Hypothesen und mathematischen
Denkprozessen bildet den Schwerpunkt dieser Unterrichtsstunde. Man
sollte deshalb für die 2. Phase genügend Zeit einplanen.

● Wenn man diese Geschichte in Klasse 3 einsetzen möchte, sollte man
u. U. den Text reduzieren.

● Man kann noch eine Frage aus der Kombinatorik stellen: „Nach welchen
Autonummern muss die Polizei fahnden, wenn sie den Betrüger fassen
will?"

Material

Achtung, Falschgeld!

Susis Tante besitzt einen kleinen Spielzeugladen in einer Seitenstraße in Versmold. Tante Emma verkauft auch Computerspiele für Kinder.

Am 31. Juli, einem wunderschönen Tag in den Sommerferien, kommt sie ganz aufgeregt zu Susi und erzählt:

„Stell dir vor, welch großen Verlust ich heute hatte. Da kam schon früh am Morgen ein eleganter Herr in einem Straßenkreuzer vorgefahren – du weißt schon, so ein 100 000-Euro-Schlitten – und wollte ein Computerspiel für seine Tochter kaufen. Er suchte sich ein Spiel für 45 € aus. Auf den 200-€-Schein, mit dem er bezahlte, konnte ich natürlich nicht herausgeben. Also lief ich schnell zu Frieda gegenüber und hatte Glück. Na ja, Glück war es nicht gerade, das wirst du gleich noch hören. Tante Frieda hatte gestern von der Bank Geld abgehoben, um Geschenke für ihre 2 Enkel und 5 Urenkel zu kaufen. Du weißt schon, Ingrid und Uli mit ihren Kindern in Hamburg. Frieda ist in der nächsten Woche bei ihnen eingeladen. Nun, Frieda wechselte mir das Geld und ..."

„Und der Schein war gefälscht!", rief Susi. „Ich habe dir doch vorgestern aus der Zeitung vorgelesen, dass Falschgeld im Umlauf ist!"

„Ja, du hast Recht, leider", sagte Tante Emma, „Frieda kam später zu mir in den Laden, und ich musste ihr selbstverständlich richtige 200 € geben."

„Mein Gott, dann hast du das Geld an Frieda ja auch noch verloren. Hast du dir denn wenigstens die Autonummer gemerkt?"

„Leider nicht richtig, ich kann mich nur an die Zahlen am Ende erinnern: 468. Oder war es 648, nee ..., weiß ich auch nicht mehr richtig. Tja, und das Computerspiel ist natürlich ebenfalls futsch! ...

So eine Hundsgemeinheit!"

Susi überlegt: „Ja, aber du hast dem Typen in dem Straßenkreuzer doch nur das Wechselgeld gegeben. Irgendwie komme ich noch nicht klar damit ..., der falsche Zweihunderter, Wechselgeld, das Geld für Frieda, ein Computerspiel ... Wie hoch war dein Verlust denn nun tatsächlich? Das muss doch rauszukriegen sein ..."

© Cornelsen Verlag Scriptor, Berlin – Die Grundschul-Fundgrube für Vertretungsstunden

Meisenglocken – Informationen entnehmen und Lösungen suchen

Silvia Szacknys-Kurhofer

Klassenstufe   3–4
Dauer   ca. 45–90 Minuten
Vorbereitung/Material   eine fertig gestellte Meisenglocke, Arbeitsblatt auf Folie und als Klassensatz kopieren, ein leeres DIN-A3-Plakat für jede Gruppe, je 15 m Wolle und ein Zollstock für zwei bis drei Gruppen

Ziele
● Eine realistische Sachsituation erfassen
● Einem Text relevante Informationen entnehmen
● Mathematische Lösungsansätze erarbeiten, vorstellen und diskutieren

Anmerkung
Das Thema ist nur dann sinnvoll, wenn es im Sachunterricht erarbeitet wurde oder in naher Zukunft erarbeitet wird.

Verlauf

Phasen	Schritte
1	● Den Text auf dem Arbeitsblatt lesen und besprechen. ● Die fertige Meisenglocke kann als Anschauungsmittel genutzt werden.
2	● Aufgabe 1 und 2 in Kleingruppenarbeit arbeitsteilig bearbeiten, die Lösungsansätze auf einem leeren DIN-A3-Plakat darstellen. ● Bei Bedarf für Aufgabe 2 Wollknäuel und Zollstock anbieten.
3	● Unterschiedliche Lösungsversuche und Ergebnisse präsentieren und diskutieren ● Aufgabe 3 gemeinsam bearbeiten und lösen.
4	● Aufgabe 4 und 5 in Einzel-, Partner- oder Kleingruppenarbeit bearbeiten.
5	● Unterschiedliche Lösungsversuche und Ergebnisse präsentieren und diskutieren.

Lösungen
Aufgabe 1:
1,60 € : 8 = 0,20 €
0,80 € : 8 = 0,10 €
0,20 € + 0,10 € = 0,30 €
ODER:
1,60 € + 0,80 € = 2,40 €
2,40 € : 8 = 0,30 €
Mögliche Irrwege beim 2. Lösungsweg: Die Division durch 8 wird „vergessen".
Möglicher Umweg: Zunächst Umwandlung in Cent!

Aufgabe 2:
15 m = 1500 cm
1500 cm : 60 cm = 25
1 € = 100 ct
100 ct : 25 = 4 ct
Der erste Teil der Aufgabe kann auch handelnd mit dem Wollknäuel gelöst werden. Hierbei kann jedoch ungenaues Messen eine Fehlerquelle darstellen. Weitere Fehler können beim Umwandeln beider Größen entstehen.

[!] **Tipps**
● Da Aufgabe 2 komplexer ist als Aufgabe 1, sollten auf jeden Fall die Hilfsmittel Wollknäuel und Zollstock zur Verfügung stehen.
● Wenn man nur eine Unterrichtsstunde zur Verfügung hat, können die Aufgaben 4 und 5 auch als Hausaufgabe gestellt werden.
● Es geht nicht um „die richtige Lösung". Jeder Lösungsversuch einschließlich aller möglichen Irrungen und Wirrungen sollte gewürdigt werden.

Material

Meisenglocken

Die Eltern des Fördervereins der Grundschule Peckeloh in Versmold wollen Meisenglocken herstellen, um sie auf dem Weihnachtsmarkt zu verkaufen. Man benötigt dafür Fett, Futtermischung, Blumentöpfe und Seil.
Die Eltern treffen sich in der Schulküche und stellen zunächst zur Probe einige Meisenglocken her.

- 1000 g Fett für 1,60 € und 500 g Futtermischung für 0,80 € reichen für 8 Meisenglocken.
- Die Eltern benötigen noch 60 cm Seil für *jede* Meisenglocke. Ein 15-m-Knäuel kostet ungefähr 1 €.
- Ein Blumentopf kostet 0,16 €.

Die Eltern überlegen gemeinsam:
1. Wie viel kosten das Fett und die Futtermischung zusammen für *eine* Meisenglocke?

2. Wie viele Seile kann man aus dem 15-m-Knäuel schneiden? Wie viel kosten 60 cm Seil für eine Meisenglocke?

3. Wie viel kostet eine Meisenglocke in der Herstellung?

4. Wie viel verdient der Förderverein für die Schule an einer Meisenglocke, wenn sie für 1,50 € auf dem Weihnachtsmarkt verkauft wird?

5. Wie viel verdient der Förderverein für die Schule, wenn Eltern und Kinder gemeinsam 500 Meisenglocken herstellen?

© Cornelsen Verlag Scriptor, Berlin – Die Grundschul-Fundgrube für Vertretungsstunden

Dreiecke in einem Fünfeck – geometrische Gesetzmäßigkeiten erkennen

Carmen Berend

Klassenstufe 3–4
Dauer ca. 45 Minuten
Vorbereitung/Material Fünfeck (Material 1) auf drei Folien kopieren, Dreieckstypen als Schablonen (Material 2) auf ein Blatt kopieren und ausschneiden, Arbeitsblatt (Material 3) mit kleinen Fünfecken) als zweifachen Klassensatz kopieren, OH-Projektor bereitstellen

Ziele
● Visuelle Wahrnehmung (Figur-Grund-Diskrimination) schulen
● Probleme lösen und dabei Gesetzmäßigkeiten aufdecken und nutzen
● Für die Schönheit geometrischer Strukturen sensibel werden

Anmerkung

Es können sieben unterschiedliche Dreieckstypen unterschieden werden. Die Typen D und E sowie F und G sind jeweils spiegelverkehrt. Jede Form gibt es jeweils fünfmal. Die Dreiecke zu A und B sind einfach zu finden. Es ist zu erwarten, dass diese von den Kindern rasch gefunden und auf der Folie 1 und 2 festgehalten werden können. Für die Kinder ist es wichtig zu wissen, dass es noch weitere Dreiecke gibt (Folie 3). Beispiele mit ein oder zwei linienüberschreitenden Dreiecken werden die Sicht eröffnen, dass es noch sehr viele Dreiecke gibt. Diese gilt es nun in der Einzel- oder Partnerarbeit auf dem Arbeitsblatt zu finden.

Decken die Kinder zu einem Dreieckstyp ein weiteres Beispiel auf, kann dies Anlass sein, noch nach weiteren zu suchen. Das Erkennen eines weiteren 5er-Satzes kann zur weiteren Su-

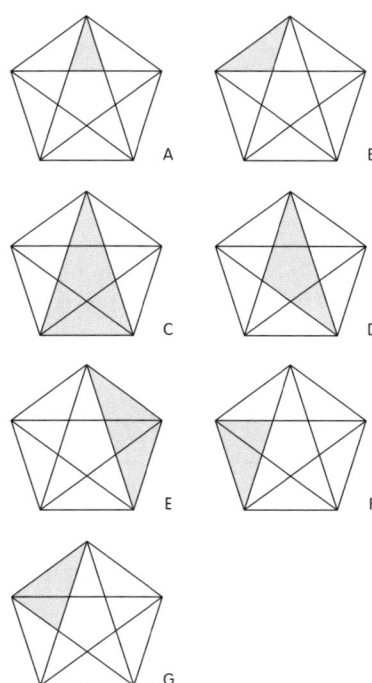

che motivieren. Der besondere Reiz dieser Aufgabenstellung liegt darin, gleiche Strukturen zu entdecken und für die Lösung des Problems zu nutzen. Im Vordergrund steht, den Forschergeist der Kinder zu wecken und nicht die Anzahl der Dreiecke zu finden. So kann jedes Kind gemäß seinem Leistungsvermögen aktiv sein.

Verlauf

Phasen	Schritte
1	● Das große Fünfeck am OH-Projektor zeigen und die Kinder Eigenschaften und Merkmale nennen lassen. ● Das Thema „versteckte Dreiecke" aufgreifen oder einbringen. ● Dreiecke auf den Folien markieren lassen, dabei bei Typ A oder B das mehrmalige Auftreten problematisieren und ein oder zwei Beispiele zu weiteren Typen aufzeigen lassen (s. Anmerkung). ● Aufgabenstellung formulieren und die Kinder auffordern, auf dem Arbeitsblatt jeweils nur ein Dreieck in einem Fünfeck zu markieren. So bleibt es übersichtlich. Die Aufgabe hierbei lautet: „Wie viele Dreiecke sind in dem Fünfeck enthalten?"
2	● Die Kinder suchen und markieren in Einzel- oder Partnerarbeit auf dem Arbeitsblatt Dreiecke.
3	● Sie zeigen an der Folie Beispiele und äußern sich zu Auffälligkeiten. ● Je nach Gesprächsverlauf kann eine Schablone eingesetzt werden, wodurch das Dreieck auf der Folie 1 (Fünfeck) hervorgehoben werden kann. ● Mit den übrigen Schablonen kann man die restlichen Dreiecke deutlich machen und gleichzeitig die Anzahl der gefundenen Dreiecke feststellen.

⚠ Tipp

Zur Erleichterung kann man während der Arbeitsphase das große Fünfeck und die Schablonen auf einem Sondertisch anbieten.

Material 1

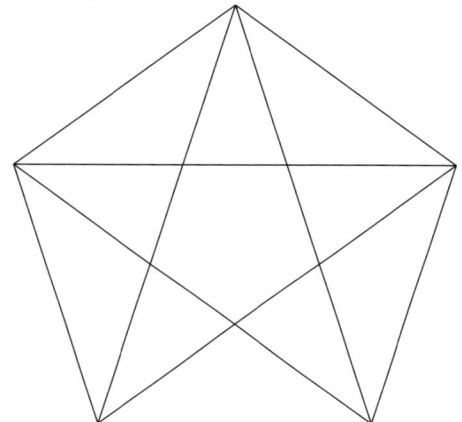

Material 2

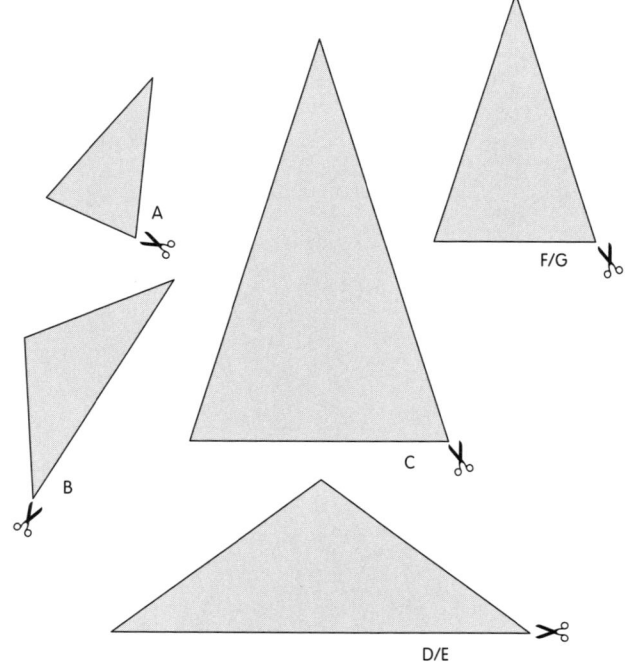

© Cornelsen Verlag Scriptor, Berlin – Die Grundschul-Fundgrube für Vertretungsstunden

Material 3

Versuche noch mehr Dreiecke zu finden.
Fällt dir etwas auf? Wie viele Dreiecke sind es insgesamt?

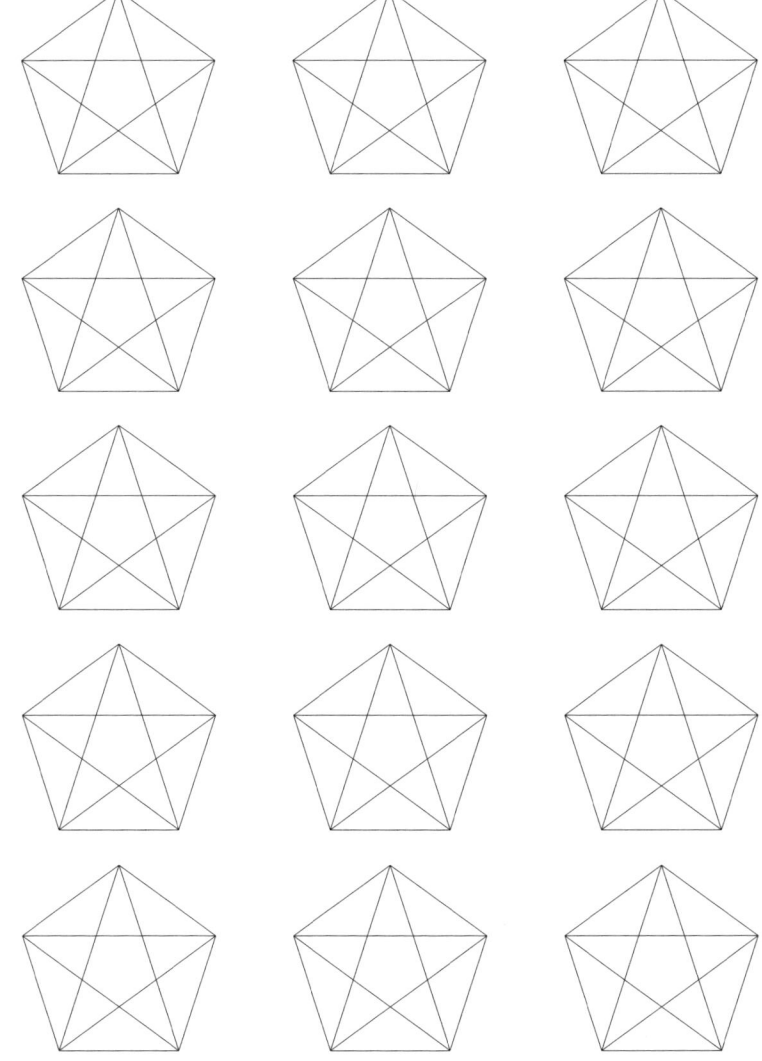

3 x 3-Felder – vorteilhaft addieren

Thomas Bongartz

Klassenstufe   3–4
Dauer   ca. 30 Minuten
Vorbereitung/Material   Tafel

Ziele

- Additionsaufgaben lösen, vorteilhaftes Rechnen erkennen und nutzen
- Entdeckendes Lernen (Struktur der Hundertertafel erkennen)

Verlauf

Phasen	Schritte
1	• Tafelbild erstellen: <table><tr><td>1</td><td>2</td><td>3</td></tr><tr><td>11</td><td>12</td><td>13</td></tr><tr><td>21</td><td>22</td><td>23</td></tr></table> • Einen Ausschnitt aus der Hundertertafel wählen. • Alle vier grauen Felder addieren (Summe: 48)
2	• Die Kinder sollen weitere vier Felder aus dem Ausschnitt finden, die in der Summe 48 ergeben; selber in 3 × 3-Feldern färben und Additionsaufgaben dazuschreiben. Beispiele:
3	• Muster (Spiegelungen) erkennen ▶▶▶

4	● Begründungen für die Summen mit der Struktur der Hundertertafel erläutern. Beispiel: Verändert man die Summe, indem man sie um eins erhöht (an einer Stelle in der Hundertertafel ein Feld nach rechts gehen), dann muss man sie auch um eins erniedrigen (an einer Stelle ein Feld nach links gehen) um das Ergebnis gleich zu halten. Entsprechend: Färbt man ein Feld nach „oben" (minus 10) dann muss man auch eins nach „unten" (plus 10) färben, um die Summe gleich zu halten.

[!] Tipps
● Es gibt zehn Möglichkeiten, die Summenzahl zu errechnen.
● Die mittlere Zahl multipliziert mit 4 ergibt die Summenzahl.
● Weitere Ausschnitte wählen.

12	13	14
22	23	24
32	33	34

Summenzahl: 92

Geheimnis der Würfeltürme – vorteilhaft rechnen

Elisabeth Christ

Klassenstufe	3–4
Dauer	ca. 45–60 Minuten
Vorbereitung/Material	drei große Schaumgummiwürfel zur Demonstration, drei Spielwürfel pro Paar oder Gruppe

Ziele
● Problemlösendes Denken schulen
● Zahlbeziehungen erkennen
● Mathematische Beziehungen für vorteilhaftes Rechnen nutzen

Anmerkung
Problemstellung: „Drei Spielwürfel stehen übereinander – Wie groß ist die Summe aller sichtbaren Augen?"

Bei jedem Spielwürfel beträgt die Summe der gegenüberliegenden Augenzahlen stets 7.

Entsprechend lässt sich die im Problem gesuchte Augensumme ermitteln durch (2 × 7) × 3 + d (d bezeichnet die obere Augenzahl des obersten Würfels). Zu 42 als dem Ergebnis von (2 × 7) × 3 muss lediglich die obere Augenzahl des obersten Steines addiert werden.

Verlauf

Phasen	Schritte
1	● Die Lehrerin präsentiert mit einem großen Schaumgummiwürfel den Dreierturm. Die Kinder werden aufgefordert, die Summe aller sichtbaren Würfelaugen zu ermitteln. Hierbei wird einzig das Ergebnis und nicht die Vorgehensweise thematisiert. ● Es sollte sichergestellt sein, dass die sprachliche Formulierung „sichtbare Augensumme" für alle Kinder verständlich ist. ● Die Lehrerin bittet nun die Kinder mehrmals einen beliebigen Dreierturm zu bauen. Dabei nennt sie – sehr zur Verwunderung der Kinder – jeweils sofort und scheinbar ohne zu rechnen, die Summe aller sichtbaren Würfelaugen, die die Kinder dann überprüfen. ● Die Kinder erhalten nun die Aufgabe, eine geschickte Vorgehensweise zu finden, um die Summe schnell zu ermitteln.
2	● In Partner- oder in Gruppenarbeit versuchen die Kinder, die Aufgabe zu lösen. Dazu nutzen sie drei Würfel, Blätter oder ihr Mathematikheft. ● Gezielte Hilfen durch die Lehrerin (s. Tipps), sollten nicht zu früh erfolgen, um die Gedankengänge, den Austausch und das Argumentationsvermögen nicht unnötig einzuschränken. ● Im weiteren Verlauf sollen die Kinder „tiefer" in die Ursachenforschung einsteigen. Zwischenergebnisse können sein: – Alle Würfel haben die sichtbare Augensumme 14. – Gegenüberliegende Augenzahlen ergänzen sich zu 7. – Bei drei Würfeln muss die Augensumme das Dreifache von 14 bzw. das Sechsfache von 7 ergeben, die obere Augenzahl des obersten Würfels muss nun noch addiert werden. – Da dies allgemeingültig ist, muss lediglich zur stets konstanten Summe 42 die obere Augenzahl des obersten Würfels addiert werden; also lautet die Rechnung immer: 42 + d. ▶▶▶

3	● In der reflektierenden Rückschau werden die Denkweisen der Kinder, Probleme, Schwierigkeiten und Stolpersteine thematisiert und mit Hilfe der drei Demonstrationswürfel visualisiert. Die oben beschriebenen Zusammenhänge sollte die Lehrerin moderieren, die Kinder sollten sie versprachlichen. ● Die Erweiterung durch einen Würfel zu einem Viererturm gibt Aufschluss über den Erkenntnisgrad der Kinder. ● Eine weitere vertiefende Anschlussfrage könnte lauten: „Wie muss man rechnen, wenn der Würfelturm auf einer Glasplatte steht und die untere Augenzahl des untersten Würfels auch zu sehen ist?"

⚠ Tipps

● Als minimale Lösungshilfen sind folgende Anregungen denkbar:
  – „Schau dir jeden einzelnen Würfel und die sichtbaren Würfelaugen genau an!"
  – „Ermittle die sichtbare Augensumme für jeden einzelnen Würfel. Fällt dir etwas auf?"
● Diese Hilfen können mündlich erfolgen, sie können aber auch über zwei Hilfekarten zur Verfügung stehen und durch die Kinder individuell und gezielt genutzt werden. Dazu ist es sinnvoll, die Karten an einer für alle Kinder zugänglichen Stelle des Klassenraumes zu platzieren und die Kinder in der Arbeitsphase auf diese Hilfe hinzuweisen.

Literatur

KÄPNICK, FRIEDHELM: Mathe für kleine Asse. Berlin 2001

Faltfiguren – geometrische Lösungen suchen

Thomas Starke

Klassenstufe 3–4
Dauer ca. 45 Minuten
Vorbereitung/Material ca. ein halber Klassensatz Faltvorlagen, Notizklotzzettel, Scheren

Ziele

● Räumliches Vorstellungsvermögen schulen
● Geometrische Lösungswege suchen und beschreiten

Anmerkung

Die Faltfigur besteht aus einem Blatt eines Notizklotzzettels, das nach wenigen Faltungen und Drehungen auf eine andersfarbige Unterlage geklebt worden ist. Das Aufkleben sollte erfolgen, damit die Kinder die vorgegebene Figur nicht rekonstruieren können, denn das soll in ihrer Vorstellung geschehen. Es ist sinnvoll, dass sich die Lehrerin im Vorfeld für die Demonstration etwa einen halben Klassensatz aufgeklebter Faltvorlagen herstellt.

Bevor die Faltfiguren im Unterricht eingesetzt werden, sollten sie auf farbiges Papier geklebt werden, um bei der Untersuchung der Figuren ein Drehen der Seitenteile unmöglich zu machen. So werden die Faltfiguren zu einem optimalen Medium zur Schulung der Raumvorstellung.

Verlauf

Phasen	Schritte
1	● Die Kinder sollen auf der Basis von Probieren und Nachdenken mittels Falten, Drehen und Schneiden eine vorgegebene Faltfigur, die auf den ersten Blick völlig unmöglich erscheint, selbstständig rekonstruieren.
2	● Sie erhalten zu zweit eine aufgeklebte Faltvorlage, eine Schere und einen Notizklotzzettel. Die Aufgabe besteht darin, die aufgeklebte Figur nur durch Falten und Schneiden aus einem Notizklotzzettel nachzubauen.
	● Die Lehrerin weist darauf hin, dass die andersfarbige Unterlage bewusst ergänzt worden ist, um ein „Auseinandernehmen" der Faltfigur zu verhindern. Ebenso müssen die Kinder wissen, ▶▶▶

	dass von dem Notizklotzzettel nichts abgeschnitten und nichts an ihn angeklebt werden darf. Die Diskussion mit den Nachbarn ist ausdrücklich erlaubt.
3	● Kinder oder Gruppen, die einen Lösungsweg gefunden haben, sollen diesen zunächst für sich behalten. ● Sie können als Differenzierung die zweite, etwas schwierigere Faltfigur rekonstruieren.
4	● Gegen Ende der Stunde versammeln sich alle Kinder im Stuhlkreis, präsentieren ihre Ergebnisse und beschreiben ihre Lösungswege.

⚠ Tipps

● Kinder, die auch nach vielen Versuchen keinen Erfolg haben, können den Tipp erhalten, wie geschnitten werden muss (s. Quadrat 1 und 2).

● Nach weiteren erfolglosen Versuchen kann man ihnen den Hinweis geben, dass sie nach dem korrekten Schneiden Drehungen des Zettels versuchen sollen.

● Im Anschluss an die Entdeckungen kann man die Kinder auffordern, selbst solche Faltfiguren zu erfinden. Besonders reizvoll sind Figuren mit mehreren Drehungen oder diagonalen Mittellinien, bis zu denen geschnitten werden soll.

Literatur

BOTERMANS, JACK, U. A.: Optische Illusionen. München 1998
Hier findet man Anregungen für solche und andere so genannte unmögliche Faltfiguren.

Material

Die folgenden Falt- und Schneidevorgänge sind in Quadrat 1 und Quadrat 2 abgebildet. Die Zahlen in den Quadraten markieren Punkte, an denen die Figur bei notwendigen Drehungen festgehalten werden muss.

Zu Beginn werden die Notizklotzzettel einmal in der Mitte waagerecht gefaltet (Faltlinie) und anschließend wieder auseinander gefaltet. Entlang den gestrichelten Linien wird jeweils mit der Schere eingeschnitten, wobei die genaue Lage des Schnittes sich durchaus um einige Millimeter nach links und rechts verschieben darf. Anschließend müssen noch die Drehungen durchgeführt werden:

Faltfigur 1: Man hält die bereits geschnittene und vorgefaltete Figur mit der linken Hand (Daumen auf dem Blatt und Zeigefinger unter dem Blatt) an Punkt

①, mit der rechten (Zeigefinger auf dem Blatt, Daumen unter dem Blatt) an Punkt ②. Anschließend dreht man mit der rechten Hand den rechten Teil der Figur um 180 Grad von sich weg. Die entstandene aufrecht stehende Mittellasche kann noch etwas nachgefaltet werden, und die Figur ist fertig.

Zeichnung der Faltfigur 1

Foto der Faltfigur 1

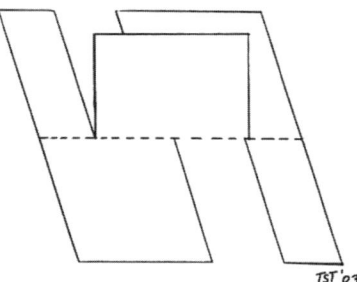

Faltfigur 2: Im Gegensatz zur ersten Figur erfordert diese Faltfigur zwei Drehungen, die nacheinander ausgeführt werden müssen. Man hält die bereits geschnittene und vorgefaltete Figur mit der linken Hand (Daumen auf dem Blatt und Zeigefinger unter dem Blatt) an Punkt ②, mit der rechten (Zeigefinger auf dem Blatt, Daumen unter dem Blatt) an Punkt ③. Anschließend dreht man mit der rechten Hand den rechten Teil der Figur 180 Grad von sich weg. Nun hält man die Figur mit der linken Hand (Zeigefinger auf dem Blatt, Daumen unter dem Blatt) an Punkt ①, mit der rechten (Daumen auf dem Blatt und Zeigefinger unter dem Blatt) an Punkt ②. Anschließend dreht man mit der linken Hand den linken Teil der Figur 180 Grad von sich weg. Die entstandene aufrecht stehende Mittellasche kann noch etwas nachgefaltet werden und die Figur ist ebenfalls fertig.

Zeichnung der Faltfigur 2

Foto der Faltfigur 2

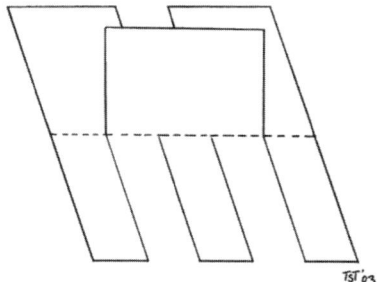

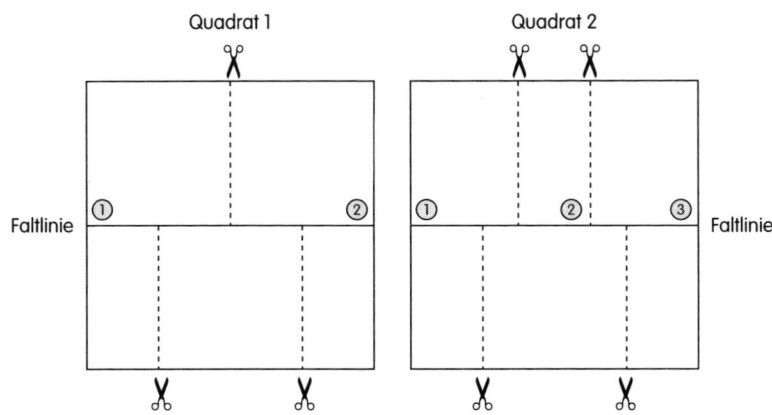

Seitenansichten von Körpern

Thomas Starke

Klassenstufe	3–4
Dauer	ca. 45 Minuten (Variante 1) oder 20–30 Minuten (Variante 2)
Vorbereitung/Material	Variante 1: für jeweils vier Kinder ein Holzquader, ein Holzwürfel und ein Tischtennisball, Arbeitsblätter mit Seitenansichten, Scheren Variante 2: Arbeitsblätter, evtl. drei Demonstrationskörper (Kugel, Quader und Würfel)

Ziel

Seitenansichten von drei geometrischen Körpern (Kugel, Quader und Würfel) interpretieren und assoziieren

Verlauf Variante 1

Phasen	Schritte
1	● Im Sitzkreis liegen drei geometrische Körper: ein Holzquader, ein Tischtennisball als Kugel und ein Holzwürfel. Zusätzlich liegen ausgeschnittene Seitenansichten (Flächenkarten) der drei Körper bereit. Die Flächenkarten kann die Lehrerin vorher ausschneiden. ▶▶▶

2	• Die Kinder finden zunächst durch Gegenüberstellung heraus, dass die drei Flächen (Kreis, Quadrat, Rechteck) Seitenansichten der drei Körper bei Betrachtung von allen vier Seiten sind. Wichtig ist, dass der Quader immer aufrecht steht. • Im nächsten Schritt werden zwei der Körper zusammengestellt. Durch Zusammenlegen der Flächenkarten werden die vier möglichen Seitenansichten gelegt. • Danach wird die gleiche Übung noch einmal mit drei Körpern wiederholt. Wichtige Regel dabei ist, dass die Körper sich jeweils mit einem Flächenteil berühren müssen.
3	• Jeweils vier Kinder erhalten anschließend die drei Körper und Arbeitsblätter. Sie schneiden mehrere Kreis-, Würfel- und Rechteckflächen aus. Dann stellen die Kinder die drei Körper nebeneinander oder übereinander und legen mit den ausgeschnittenen Flächenkarten zu jeder Seite (vorne, hinten, links, rechts) die passende Ansicht.
4	• Abschließend können die Seitenansichten noch ins Heft gezeichnet werden. Beispiel: Wenn man vor sich auf den Tisch zuerst den Ball, dann rechts daneben den Würfel und rechts daneben den Quader aufrecht Seite an Seite stellt, ergeben sich folgende Seitenansichten, die jeweils mit den Flächenkarten gelegt werden können:

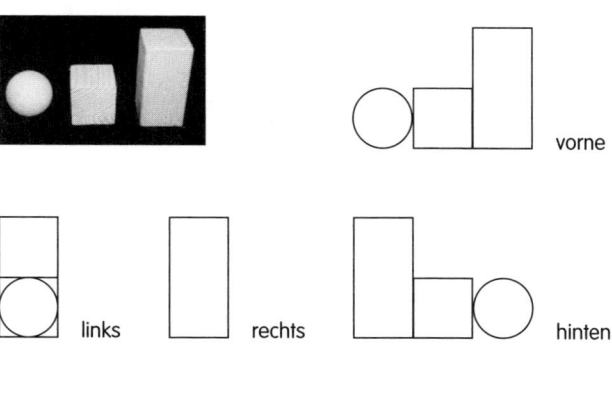

Verlauf Variante 2

Phasen	Schritte
1	• Kinder, die schon etwas Erfahrung mit Seitenansichten haben, können folgende Aufgabenstellung lösen: An der Tafel oder in der Arbeitsgruppe wird mit den Flächenkarten die Ansicht eines Gebildes von vorne gezeigt.
2	• Die Kinder sollen mit ihren Flächenkarten nun die fehlenden drei Seitenansichten (hinten, links und rechts) finden.
3	• Etwas schwieriger wird es, wenn man mit einer anderen als der Vorderansicht beginnt oder mit einer Ansicht, die keine eindeutige Festlegung zulässt. Die Kreativität der Kinder ist dann besonders gefordert.

⚠ Tipps

• Würfel und Quader kann man aus Kiefern- oder Fichtenholz aus einer in jedem Baumarkt erhältlichen Quadratlatte (3,5 × 3,5 cm) herstellen. Viele Baumärkte schneiden das Holz zu.

• Man kann den Quader auch durch einen Zylinder oder eine Toilettenrolle ersetzen und den Bausatz dadurch ergänzen.

Material

Schneide die Flächenkarten aus.

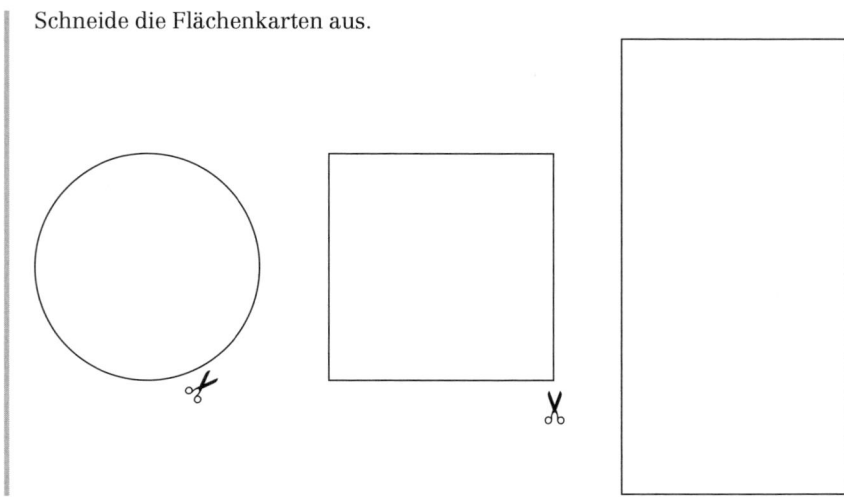

Auffällige Zahlen – schriftlich subtrahieren

Thomas Starke

Klassenstufe   3–4
Dauer   ca. 45 Minuten

Ziele
● Schriftliche Subtraktion üben
● Argumentieren

Verlauf

Phasen	Schritte
1	● Die Lehrerin schreibt eine Zahl an die Tafel, die folgendem Bildungsgesetz entsprechen muss: – Die Zahl hat 3 bis 6 Stellen, – die Zahl beinhaltet nur zwei unterschiedliche Ziffern (a und b), die sich um eins unterscheiden, – die Zahl enthält keine 0 (z. B. 22332).
2	● Anschließend wird eine zweite Zahl (Schwesterzahl) gebildet. Sie besitzt an der Stelle, wo die erste Zahl die Ziffer a hat, nun die Ziffer b und umgekehrt (z. B. aabba und bbaab oder 22332 und 33223). ● Die Kinder sollen die Differenz beider Zahlen bestimmen.
3	● Im Anschluss sollen sie weitere Zahlenpaare finden, die dem Bildungsgesetz des ersten Zahlenpaares entsprechen. Sie bilden die Differenz der Zahlenpaare und erkennen, dass die Differenz immer gleich ist.
4	● Dann können die Kinder nach dem Bildungsgesetz Zahlen bilden, deren Ziffern sich um zwei, drei oder mehr unterscheiden. Bei der Bestimmung der Differenz von Zahl und Schwesterzahl erkennen sie, dass sich entsprechend dem Unterschied der beiden Ziffern Vielfache der Ursprungsdifferenz ergeben.

▶▶▶

● Zur Erklärung folgendes Beispiel:

– Der Unterschied der beiden Schwesterzahlen 212 und 121, deren Ziffernwert sich um eins unterscheidet, beträgt 91. Wenn man 121 in 212 überführen möchte, muss man einmal einen Zehner abziehen, einen Hunderter und einen Einer ergänzen. In der Summe betrachtet ergibt dies $-10 + 100 + 1 = 91$.

– Der Unterschied der beiden Schwesterzahlen 242 und 424, deren Ziffernwert sich um zwei unterscheidet, beträgt 182 (2×91). Wenn man 242 in 424 überführen möchte, muss man zweimal einen Zehner abziehen, zwei Hunderter und zwei Einer ergänzen. In der Summe betrachtet ergibt dies $- 10 - 10 + 100 + 100 + 1 + 1 = 182$.

Weitere Beispiele:
Ausgangszahlenpaar: 22332 und 33223 (aabba und bbaab)
Differenz Ziffernunterschied 1: $33223 - 22332 = 10891$
2: $77557 - 55775 = 21782$
3: $44114 - 11441 = 32673$ usw.

Ausgangszahlenpaar: 2121 und 1212 (abab und baba)
Differenz Ziffernunterschied 1: $2121 - 1212 = 909$
2: $4242 - 2424 = 1818$
3: $6363 - 3636 = 2727$ usw.

⚠ Tipps

● Ein zu Beginn der Stunde gewähltes Bildungsgesetz sollte im gesamten Stundenverlauf beibehalten werden. In einer weiteren Stunde kann der gleiche Effekt mit anderen Zahlen wiederholt werden. Die Lehrerin kann die Ergebnisse der Kinder immer schnell kontrollieren und auch vorhersagen.

● Wenn die Kinder nach Erklärungen fragen, hilft es, eine der erstgewählten Zahlen mit Plättchen in einer Stellentafel darzustellen. Durch Umlegen der Plättchen wird die Zahl dann in ihre Schwesterzahl überführt. Falls sich beispielsweise die Ziffernwerte der Zahlen um drei unterscheiden, müssen dreimal so viele Plättchen umgelegt werden wie bei einem Zahlenpaar, dessen Ziffernwerte sich nur um eins unterscheiden.

Additive Rechenketten

Christoph Bürger

Klassenstufe	3–4
Dauer	ca. 45 Minuten
Vorbereitung/Material	Arbeitsblatt als Klassensatz kopieren

Ziele
- Additive Zahlenketten mit konstanter Summe eigenständig entwickeln
- Problemlösendes Denken fördern

Anmerkung

Der didaktische Schwerpunkt bei der Erstellung additiver Rechenketten mit konstanter Zielzahl liegt darin, sich Lösungswege eigenständig zu erschließen, wobei die unterschiedlichen Vorgehensweisen der Kinder im Vordergrund stehen.

Bei dem Übungsformat „Triff die 60" (s. Material) handelt es sich um eine produktive Übung zur Addition aufeinander folgender Zahlen. Ziel dieser Übung ist es, fünf Summanden so auszuwählen, dass als Summe die Zahl 60 erreicht wird, wobei die Startzahl (x) frei gewählt werden kann und der Unterschied (y) aller benachbarter Summanden konstant ist.

Beispiel: $4 + 8 + 12 + 16 + 20 = 60$

Algebraisch:
$$x + (x + y) + (x + 2y) + (x + 3y) + (x + 4y) = 60$$
$$5x + 10y = 60$$
$$5(x + 2y) = 60$$
$$x + 2y = 12$$

x muss gerade sein. Wäre x ungerade, so erhält man für y keine natürliche Zahl. Beispiel: $1 + 2y = 12 \leftrightarrow 2y = 11 \leftrightarrow y = 5{,}5$

Für x werden nacheinander alle geraden Zahlen bis 12 in die Gleichung $x + 2y = 12$ eingetragen.

Man erhält somit:

				Additionszahl
$0 + 2 \times 6 = 12$	→	$0 + 6 + 12 + 18 + 24$	→	$+6$
$2 + 2 \times 5 = 12$	→	$2 + 7 + 12 + 17 + 22$	→	$+5$
$4 + 2 \times 4 = 12$	→	$4 + 8 + 12 + 16 + 20$	→	$+4$
$6 + 2 \times 3 = 12$	→	$6 + 9 + 12 + 15 + 18$	→	$+3$
$8 + 2 \times 2 = 12$	→	$8 + 10 + 12 + 14 + 16$	→	$+2$
$10 + 2 \times 1 = 12$	→	$10 + 11 + 12 + 13 + 14$	→	$+1$
$12 + 2 \times 0 = 12$	→	$12 + 12 + 12 + 12 + 12$	→	$+0$

Strukturelle Auffälligkeiten:
a) Mittelzahl $12 \rightarrow 5 \times 12 = 60$
b) Additionszahl nimmt um 1 ab $\rightarrow x + 2y = 12 \rightarrow$ Wird x um 2 größer, muss
   y um 1 verkleinert werden.
c) 1. Summand nimmt um 2 zu, 2. Summand nimmt um 1 zu, 3. Summand
   bleibt gleich, 4. Summand nimmt um 1 ab, 5. Summand nimmt um 2 ab
   $\rightarrow$ Konstanz der Summe.
d) (1. + 5. Summand) : 2 = 12 (2. + 4. Summand) : 2 = 12
e) Erhöht man die Startzahl um 1, wird das Ergebnis um 5 größer. Erhöht
   man die Additionszahl um 1, wird das Ergebnis um 10 größer $\rightarrow 5 x + 10$
   y = 60

Verlauf

Phasen	Schritte
1	● Die Kinder werden mit zwei Rechenketten an der Tafel konfrontiert: $3 + 5 + 7 + 9 + 11 = 35$ $2 + 6 + 10 + 14 + 18 = 50$ ● In einem Unterrichtsgespräch wird mit den Kindern Folgendes herausgearbeitet: – Es handelt sich um additive Rechenketten. – Jede Rechenkette hat eine Startzahl und eine Zielzahl. – Jede Rechenkette besteht aus 5 Summanden + Zielzahl, wobei die Startzahl frei gewählt wählen kann und der Unterschied zwischen allen benachbarten Summanden konstant ist (+ 2 bzw. + 4). ● Der gleiche Unterschied zwischen den Summanden wird durch die Lehrperson mit Pfeilen und Eintragen der Additionszahl verdeutlicht. Beispiel: (+2) $3 + 5 + 7 + 9 + 11 = 35$ Startzahl Zielzahl (+4) $2 + 6 + 10 + 14 + 18 = 40$ Startzahl Zielzahl ▶▶▶

2	● Die Kinder erhalten den Auftrag, eine solche Rechenkette mit der Zielzahl 60 zu erstellen.
	● Gemeinsam wird an der Tafel eine mögliche Rechenkette entwickelt. Sollte die Zielzahl 60 nicht getroffen werden, was wahrscheinlich ist, sollen die Kinder erste Vorschläge machen, wie man die Rechenkette verändern kann. Diese Vorschläge dienen als Impuls für die folgende Phase, in der die Kinder selbstständig (ggf. in der Diskussion mit dem Partner) verschiedene Lösungsmöglichkeiten entwickeln sollen. Sollte beim ersten Beispiel genau die 60 getroffen werden, ist es notwendig, den Kindern zu verdeutlichen, dass es mehrere Möglichkeiten gibt, die es gilt herauszufinden. Hierbei sollte gemeinsam überlegt werden, wie eine weitere Lösungsmöglichkeit aussehen könnte, ohne diese zu Ende führen zu lassen, da dies den Auftrag für die nächste Phase darstellt.
3	● Die Kinder versuchen auf dem Arbeitsblatt verschiedene Lösungen zu finden.
4	● Sie stellen ihre Ergebnisse vor, die an der Tafel festgehalten werden, und erläutern ihre Vorgehensweise.
	● Der Vergleich der Ergebnisse soll dazu anregen, Auffälligkeiten und Strukturzusammenhänge zu benennen und angemessen zu begründen.

[!] Tipps

● Es ist zu erwarten, dass die Kinder zunächst nach dem Prinzip von Versuch und Irrtum vorgehen, um anschließend durch logische Schlussfolgerungen fortzufahren. Liegt z. B. bei der ersten Rechenkette das Ergebnis unter 60, werden die Kinder entweder die Startzahl, die Additionszahl oder beide erhöhen, um zur Zielzahl zu gelangen.

● Der Vergleich der Ergebnisse kann auch als Einstieg für eine Folgestunde dienen, wenn die Diskussion um die unterschiedlichen Vorgehensweisen zeitlich zu umfangreich sein sollte.

Literatur

GERDIKEN, KATRIN/SCHWÄTZER, ULRICH/STEINWEG, ANNA SUSANNE: Materialpaket „Zahlen und Muster". In: Die Grundschulzeitschrift, Heft 133. Seelze 2000, S. 24–38

Material

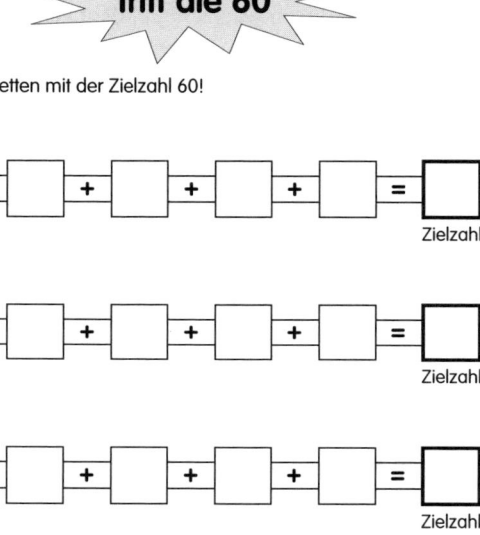

Triff die 60

Finde Rechenketten mit der Zielzahl 60!

Versteckte Farben

Christoph Bürger

Klassenstufe   3–4
Dauer   ca. 45 Minuten
Vorbereitung/Material   Spielplan 1 oder 2 mindestens zweimal als Klassensatz kopieren, evtl. Folie und OH-Projektor

Ziel

Problemlösendes und schlussfolgerndes Rechnen fördern

Anmerkung

Das Strategiespiel „Versteckte Farben" ist nach einer Idee des Gesellschaftsspiels „Master Mind" entstanden. „Versteckte Farben" wird mit zwei Spielern gespielt. Der erste Spieler malt verborgen drei oder vier Felder (je nach Spielplan) mit drei oder vier Farben aus, wobei eine Farbe auch mehrfach benutzt werden kann. Ziel des Mitspielers ist es, diese Farbreihe zu erschließen. Dazu erhält er vom ersten Spieler nach jedem Versuch Informationen. Stimmen Farbe und Lage überein, so schreibt der erste Spieler ein X ins Nachbarfeld, stimmt nur die Farbe überein ohne korrekte Lage, notiert er ein I. Durch logisches und schlussfolgerndes Denken kann somit der zweite Spieler nach und nach die korrekte Farbreihe herausfinden.

Verlauf

Phasen	Schritte
1	● Der Spielplan wird an der Tafel präsentiert. ● Die Kinder äußern erste Vermutungen über die Spielregeln.
2	● Lehrperson erläutert die Spielregeln: Es treten zwei Spieler gegeneinander an. Der erste Spieler füllt die untere Spielreihe mit Farben aus. Dies bleibt dem zweiten Spieler verborgen. Anschließend wird die untere Spielreihe an der gestrichelten Linie nach hinten weggeknickt, damit sie der Mitspieler nicht einsehen kann. Der zweite Spieler versucht nun, die Farben zu erraten, indem er die erste Reihe ausfüllt. Der erste Spieler markiert im Nachbarfeld, welche Farben richtig ausgewählt wurden und welche sich an der richtigen Stelle befinden. ▶▶▶

Mit diesen Informationen füllt der zweite Spieler die zweite Reihe aus. Danach erhält er vom ersten Spieler wieder die Informationen über die Richtigkeit seiner Wahl. An dieser Stelle ist es wichtig, dass die Lehrperson ausdrücklich darauf hinweist, dass dieses Spiel nur funktionieren kann, wenn die Informationen des ersten Spielers auch korrekt sind.
Das Spiel ist dann beendet, wenn der zweite Spieler die korrekte Farbreihe herausgefunden hat.
Zur Kontrolle wird dann die untere abgeklappte Reihe aufgedeckt. Anschließend werden die Rollen getauscht.

● Um das Spiel im Klassenverband einzuführen, übernimmt die Lehrperson die Rolle des ersten Spielers und spielt gegen ein Kind oder gegen die ganze Klasse. Zur Demonstration kann der Spielplan auf Folie oder auf DIN A3 vergrößert und an die Tafel gepinnt werden.
Je nach Situation muss die Lehrperson entscheiden, ob sie das Spiel nur anspielt oder bis zum Schluss durchführt. Ratsam ist es allerdings, das Spiel ganz durchzuspielen, damit die Kinder die Spielregeln besser verstehen.
Beispiel für einen möglichen Ablauf mit Spielplan 1:
Die Lehrperson gibt die Farben Blau (b), Gelb (g) und Rot (r) vor, färbt die untere Reihe des Spielplans für die Kinder verborgen ein und knickt diese nach hinten weg.

Ein Kind färbt jetzt die erste Reihe des Spielplans ein. Danach gibt die Lehrperson im Nachbarfeld die entsprechenden Informationen. So wird von Reihe zu Reihe weiter vorgegangen, bis das Kind die Farbenreihe richtig eingefärbt hat. Während des Spiels können sich die Kinder untereinander austauschen.

(g) (r) (b)	X l
(b) (r) (r)	X
(b) (b) (g)	l
(g) (g) (r)	x x x

Zum Schluss zeigt die Lehrperson den Kindern die untere Reihe zur Kontrolle.

3   ● Die Kinder erhalten die Spielpläne und führen das Spiel in Partnerarbeit durch.

     ● In der zweiten Runde werden die Rollen vertauscht, damit jedes Kind beide Rollen einmal durchspielt.

4   ● In einer reflektierenden Phase erzählen Kinder über aufgetretene Schwierigkeiten und ihre Vorgehensweisen.

     ● Zum Schluss führen zwei Kinder ein Beispiel noch einmal an der Tafel vor.

[!] Tipps

● Die Lehrperson kann selber festlegen, wie viele Farben die Kinder einsetzen dürfen. Allerdings ist es sinnvoll, bei drei Feldern zwei oder drei Farben zuzulassen und bei vier Feldern drei oder vier Farben.

● Je mehr Farben zugelassen werden, desto schwieriger ist es, die vorgegebene Farbreihe zu entdecken.

● Zum Differenzieren oder für eine Folgestunde kann die Anzahl der zugelassenen Farben verändert werden, wobei kein neuer Spielplan erstellt werden muss.

Material

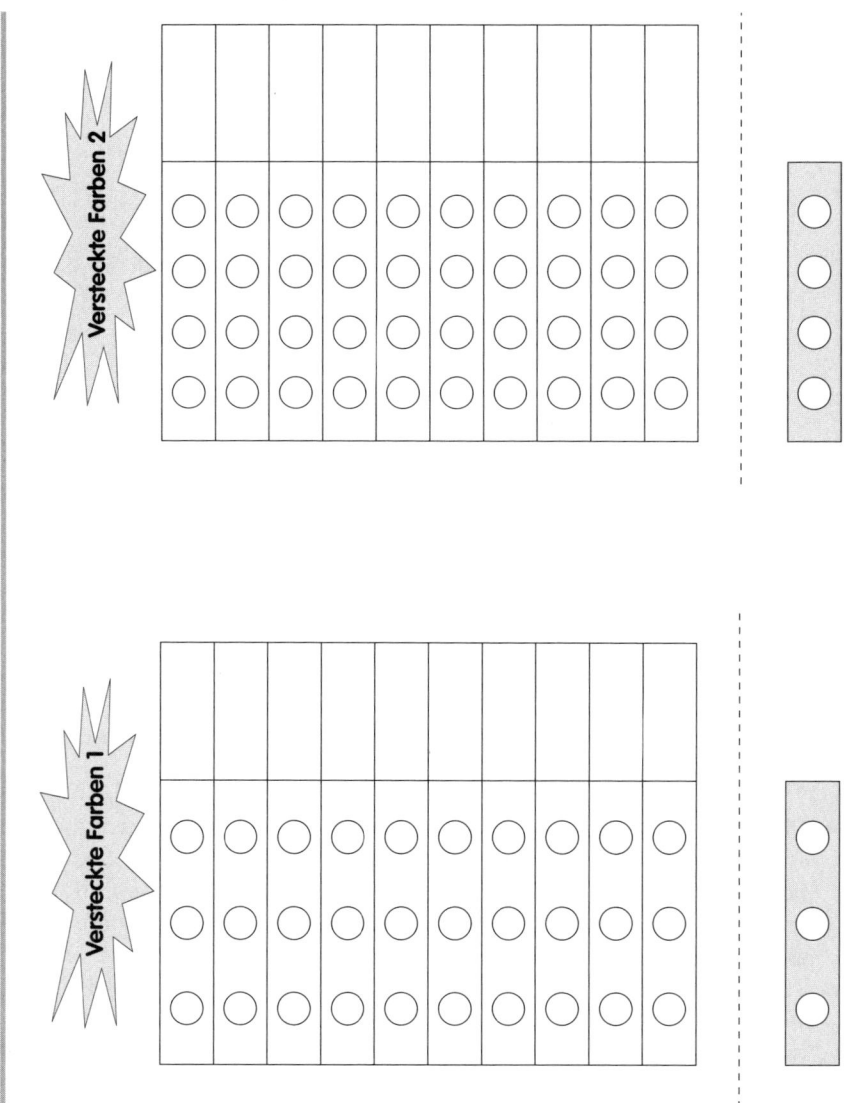

© Cornelsen Verlag Scriptor, Berlin – Die Grundschul-Fundgrube für Vertretungsstunden

Immer 9 Ziffern – schriftliches Addieren produktiv üben

Christoph Bürger

Klassenstufe 4
Dauer ca. 45 Minuten
Vorbereitung/Material Arbeitsblatt und ggf. Legeplan als Klassensatz kopieren

Ziele
● Schriftliche Addition mit dreistelligen Summanden schulen
● Sich mit den Stellenwerten intensiv auseinander setzen

Anmerkung
Bei diesem Übungsformat handelt es sich um Additionsübungen mit Ziffern(kärtchen).

Das Ziel besteht darin, Ziffern so zu Zahlen zu kombinieren, dass deren Summe einen vorgegebenen Wert ergibt oder ihm möglichst nahe kommt. Die Kinder werden so angehalten, genau auf die Stellenwerte zu achten. Zudem sehen sie die Ergebnisse ihrer schriftlichen Rechnungen in Abhängigkeit von den gewählten Zahlen. Dadurch wird eine Verbindung von Rechnen und Denken hergestellt (vgl. WITTMANN/MÜLLER, S. 36).

Um ein kleinstmögliches Ergebnis zu erreichen, müssen die Ziffern 1 bis 3 in die Hunderterstelle, die Ziffern 4 bis 6 in die Zehnerstelle und die Ziffern 7 bis 9 in die Einerstelle gesetzt werden. Für ein größtmögliches Ergebnis verhält es sich umgekehrt.

Kleinstmögliches Ergebnis	Größtmögliches Ergebnis
148	953
369	761
+ 257	+ 842
774	2556

Auffällig ist, dass alle Ergebniszahlen als Quersumme ein Vielfaches von 9 aufweisen. Das liegt daran, dass diese Ergebniszahlen aus den Ziffern 1 bis 9 gebildet wurden. Die Summe der Zahlen von 1 bis 9 ergibt nämlich 45. So ist es beispielsweise nicht möglich, genau 1000 zu erreichen. 999 und 1008 sind die Ergebniszahlen, die 1000 am nächsten liegen.

Verlauf

Phasen	Schritte
1	● Zu Beginn sollen die Kinder mit den Ziffern 1 bis 9 willkürlich drei dreistellige Zahlen bilden und diese schriftlich addieren. Jede Ziffer darf dabei nur einmal vorkommen (Arbeitsblatt, Aufgabe 1, ggf. eine Beispielaufgabe an der Tafel rechnen). Der Legeplan unterstützt die Kinder beim Bilden der Zahlen. Sie schneiden die Ziffern aus und können dann die Zahlen zusammenstellen und auf das Arbeitsblatt übertragen. ● Einige Ergebnisse werden an der Tafel festgehalten und hinsichtlich der Größe der Ergebnisse miteinander verglichen. Die Lehrperson kann schnell kontrollieren, da die Quersumme immer ein Vielfaches von 9 ergeben muss.
2	● Die Kinder erhalten den Auftrag, das kleinst- und größtmögliche Ergebnis herauszufinden (Aufgabe 2). ● Beide Lösungen (s. Anmerkung) werden an der Tafel notiert und besprochen.
3	● Nun sollen die Kinder die Zahl 1000 treffen oder möglichst nahe an sie herankommen (Aufgabe 3). ● Indem sie die Ziffern in den Stellenwerten verschieben, versuchen sie die Aufgabe zu lösen: 1000 ist nicht zu erreichen, da die Quersumme nicht durch 9 teilbar ist. Die Ergebnisse, die am nächsten an 1000 liegen, sind 999 und 1008. ● Nachdem die Zahlen, die der 1000 am nächsten liegen, an der Tafel notiert wurden, erklären sie, wie sie vorgegangen sind.
4	● Abschließend wird der Auftrag erteilt, sich alle Ergebniszahlen an der Tafel anzuschauen, um nach Auffälligkeiten und Gemeinsamkeiten zu suchen (z. B. Quersumme immer ein Vielfaches von 9).

ⓘ Tipps

● Die erste Phase dient dazu, dass die Kinder das Übungsformat kennen lernen und verstehen. Es ist somit nicht von Bedeutung, wie viele Aufgaben jedes einzelne Kind löst.

● Das Arbeitsblatt soll an den gestrichelten Linien weggeknickt oder abgeschnitten werden, damit für die Kinder immer nur eine Aufgabenstellung

sichtbar ist (Alternative zum Arbeitsblatt: das Rechenheft). Dann können
die Arbeitsanleitungen aber nur mündlich erfolgen.

● Nach der zweiten Phase sollte die Lehrperson auf die Vorgehensweisen
der Kinder genau eingehen (Stellenwerte!), da diese eine Grundlage für
die Lösung der folgenden Aufgabe (nahe an 1000) darstellen.

● Phase vier kann entfallen, wenn der zeitliche Rahmen es nicht zulässt.

● Weitere Anregungen, auch für das 3. Schuljahr, findet man bei WITT-
MANN/MÜLLER.

Literatur

WITTMANN, ERICH CH./MÜLLER, GERHARD N.: Handbuch produktiver Rechenübungen – Band 2. Leipzig 1992, S. 36 f.

Material 1

Immer 9 Ziffern

1. Bilde aus den Ziffern 1 bis 9 drei dreistellige Zahlen und addiere diese dann
schriftlich. Du darfst jede Ziffer aber nur genau einmal verwenden.

Beispiel:

```
  3 1 9
  4 8 6
+ 7 5 2
```
 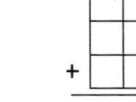 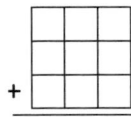 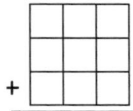

2. Wie musst du die Ziffern einsetzen, damit du das kleinstmögliche oder
größtmögliche Ergebnis erhältst?

Kleinstmögliches Ergebnis   Größtmögliches Ergebnis

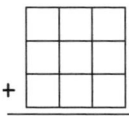 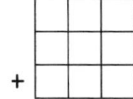

3. Setze die Ziffern so ein, dass du nahe an 1000 herankommst!

 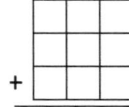 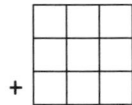 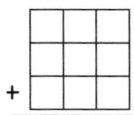 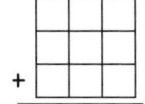

Material 2

Immer 9 Ziffern
– Legeplan –

Schneide die Ziffernkarten unten zuerst aus. Lege dann eine Aufgabe und trage sie auf dein Arbeitsblatt ein.

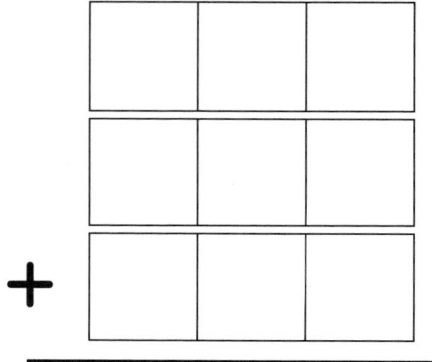

Muster auf der Hundertertafel –
schriftliches Addieren produktiv üben

Christoph Bürger

Klassenstufe 4
Dauer ca. 45 Minuten
Vorbereitung/Material Arbeitsblatt 1, 2 oder 3 als Klassensatz kopieren, eins
davon auf DIN A3 vergrößern

Ziele
- Zahlen auf der Hundertertafel schriftlich und mündlich addieren
- Addieren unter Berücksichtigung struktureller Zusammenhänge
- Eigene Lösungswege darstellen und analysieren

Anmerkung
Grundlage dieses Übungsformates bildet die Hundertertafel, deren Felder
teilweise eingefärbt sind. Aufgabe ist es, die Summe der weißen und grau
gefärbten Felder zu berechnen. Dabei sollen strukturelle Zusammenhänge
genutzt werden, um das Rechnen zu erleichtern.

Informationen zu den einzelnen Arbeitsblättern:
Hundertertafel 1
Summe des ersten Quadranten: 575
Summe des zweiten Quadranten: 700
Summe des dritten Quadranten: 1825
Summe des vierten Quadranten: 1950
Erster Quadrant + vierter Quadrant: $575 + 1950 = 2525$
Zweiter Quadrant + dritter Quadrant: $700 + 1825 = 2525$
d. h., die Summe der weißen und grauen Felder sind gleich.

Durch geschicktes Berechnen der Spalten oder Reihen können die Kinder
sich das Addieren erleichtern.
  Bilden die Kinder die Summe nach den Spalten, werden sie schnell feststellen, dass jede Spalte sich um 5 vergrößert, so dass sie nicht jede Reihe
neu berechnen müssen. Ähnlich verhält es sich mit den Reihen.

Beispiel: 105   110   115   120   125

1	2	3	4	5	15
11	12	13	14	15	65
21	22	23	24	25	115
31	32	33	34	35	165
41	42	43	44	45	215

Hundertertafel 2
Auch hier können die Spalten und Reihen nach Farben berechnet werden.
Beispiel für Summe der Reihen:
Weiße Felder: 30 + 75 + 130 + 175 + 230 + 275 + 330 + 375 + 430 + 475 = 2525
Graue Felder: 25 + 80 + 125 + 180 + 225 + 280 + 325 + 380 + 425 + 480 = 2525
Auch hier ist die Summe der weißen und grauen Felder gleich.

Eine weitere Möglichkeit besteht darin, Zahlenpaare zu bilden und diese dann zu addieren oder zu multiplizieren:
Weiße Felder: $(2 + 99) + (4 + 97) + (6 + 95) + \ldots (50 + 51) = 25 \times 101 = 2525$
Graue Felder: $(1 + 100) + (3 + 98) + (5 + 96) + \ldots (49 + 52) = 25 \times 101 = 2525$

Hundertertafel 3
Die Markierung der Felder führt wahrscheinlich dazu, dass die Kinder die einzelnen Spalten berechnen.
Weiße Spalten: 460 + 480 + 500 + 520 + 540 = 2500
Graue Spalten: 470 + 490 + 510 + 530 + 550 = 2550
Hier ist die Summe der weißen und grauen Felder nicht gleich!

Auch bei dieser Hundertertafel können die Kinder wieder Zahlenpaare sinnvoll zusammenfassen:
Weiße Felder: $(1 + 99) + (3 + 97) + (5 + 95) + \ldots (49 + 51) = 25 \times 100 = 2500$
Graue Felder: $(2 + 98) + (4 + 96) + \ldots (52 + 48) + 50 + 100 = 24 \times 100 + 50 + 100 = 2550$

Diese unterschiedlichen Vorgehensweisen sollten im Mittelpunkt der Reflexion stehen.

Verlauf

Phasen	Schritte
1	● Die Lehrperson präsentiert ein auf DIN A3 vergrößertes Arbeitsblatt als stillen Impuls an der Tafel.
2	● Die Problemstellung wird gegeben: „Welche Summe ist größer, die Summe der weißen Felder oder die Summe der grau gefärbten Felder?" ● Die Kinder stellen erste Vermutungen an und begründen dies. Dieses Unterrichtsgespräch kann für lernschwächere Kinder eine Hilfestellung sein, da die Kinder mögliche Vorgehensweisen schon anreißen. Wichtig ist, den Kindern bewusst zu machen, dass eine Lösung schneller zu finden ist, wenn man strukturelle Zusammenhänge nutzt (z. B. Zahlen geschickt kombiniert).
3	● Die Kinder erhalten das Arbeitsblatt 1, 2 oder 3 und berechnen in Einzel- oder Partnerarbeit die beiden Summen und vergleichen sie miteinander. ● Schnelle Rechner versuchen, ihren Lösungsweg übersichtlich darzustellen, oder erhalten zur Differenzierung ein weiteres Arbeitsblatt.
4	● Die unterschiedlichen Lösungswege der Kinder sind Ausgangspunkt für die abschließende Reflexionsphase. Die berechneten Teilsummen weisen strukturelle Zusammenhänge auf. Es ist lohnend, die Begründung hierfür zu hinterfragen. ● Als Einstieg in die Reflexionsphase eignet es sich, Arbeitsblätter an die Tafel zu heften, auf dem Kinder ihren Lösungsweg nachvollziehbar dargestellt haben. Aufgabe der anderen ist es, herauszufinden, wie diese Kinder vorgegangen sind. Als Alternative bietet es sich an, dass sie selber ihr Vorgehen vorstellen. Dabei sollten die unterschiedlichen Vorgehensweisen herausgestellt werden.

⚠ Tipps

● Aus den drei angebotenen Arbeitsblättern kann die Lehrperson eins beliebig auswählen, die beiden anderen Arbeitsblätter können zur Differenzierung oder für eine Folgestunde genutzt werden.

▶▶▶ S. 241

Material 1

Hundertertafel 1

Welche Summe ist größer, die Summe der weißen Felder oder die Summe
der grauen Felder? Rechne aus.
Du darfst auf dem Blatt oder in deinem Rechenheft rechnen.

1	2	3	4	5	6	7	8	9	10
11	12	13	14	15	16	17	18	19	20
21	22	23	24	25	26	27	28	29	30
31	32	33	34	35	36	37	38	39	40
41	42	43	44	45	46	47	48	49	50
51	52	53	54	55	56	57	58	59	60
61	62	63	64	65	66	67	68	69	70
71	72	73	74	75	76	77	78	79	80
81	82	83	84	85	86	87	88	89	90
91	92	93	94	95	96	97	98	99	100

© Cornelsen Verlag Scriptor, Berlin – Die Grundschul-Fundgrube für Vertretungsstunden

Material 2

Hundertertafel 2

Welche Summe ist größer, die Summe der weißen Felder oder die Summe der grauen Felder? Rechne aus.
Du darfst auf dem Blatt oder in deinem Rechenheft rechnen.

1	2	3	4	5	6	7	8	9	10
11	12	13	14	15	16	17	18	19	20
21	22	23	24	25	26	27	28	29	30
31	32	33	34	35	36	37	38	39	40
41	42	43	44	45	46	47	48	49	50
51	52	53	54	55	56	57	58	59	60
61	62	63	64	65	66	67	68	69	70
71	72	73	74	75	76	77	78	79	80
81	82	83	84	85	86	87	88	89	90
91	92	93	94	95	96	97	98	99	100

© Cornelsen Verlag Scriptor, Berlin – Die Grundschul-Fundgrube für Vertretungsstunden

Material 3

Hundertertafel 3

Welche Summe ist größer, die Summe der weißen Felder oder die Summe der grauen Felder? Rechne aus.
Du darfst auf dem Blatt oder in deinem Rechenheft rechnen.

1	2	3	4	5	6	7	8	9	10
11	12	13	14	15	16	17	18	19	20
21	22	23	24	25	26	27	28	29	30
31	32	33	34	35	36	37	38	39	40
41	42	43	44	45	46	47	48	49	50
51	52	53	54	55	56	57	58	59	60
61	62	63	64	65	66	67	68	69	70
71	72	73	74	75	76	77	78	79	80
81	82	83	84	85	86	87	88	89	90
91	92	93	94	95	96	97	98	99	100

© Cornelsen Verlag Scriptor, Berlin – Die Grundschul-Fundgrube für Vertretungsstunden

● Die Sozialform sollte freigestellt werden, um den Kindern die Möglichkeit zu geben, sich untereinander auszutauschen.

Literatur

BÜRGER, CHRISTOPH/MANTEN, URSULA: Rechnen auf eigenen Wegen – Modul 4. In: Qualitätsentwicklung und Qualitätssicherung im Mathematikunterricht der Grundschule, Landesinstitut für Schule und Weiterentwicklung. Soest 1999

Große Zahlen halbieren und verdoppeln

Brigitte Weindl

Klassenstufe 4
Dauer ca. 45 Minuten
Vorbereitung/Material Kopierkarton in zwei unterschiedlichen Farben, eine dritte Farbe für den „Geräteschrank", Scheren

Ziel
Halbieren und Verdoppeln üben

Verlauf

Phasen	Schritte
1	● Es gibt zwei Spielmöglichkeiten: – Beim Halbieren wird die Querstange aufgelegt, die Gewichte sind durch Halbieren zu errechnen. – Beim Verdoppeln werden zwei gleiche Gewichte aufgelegt, das Gesamtgewicht muss durch Verdoppeln ausgerechnet werden. ● Bevor die Kinder mit dem Rechnen anfangen, müssen sie die Gewichte und Stangen ausschneiden.
2	● Das Fehlende muss jeweils ausgerechnet werden.
3	● „Fertige" Gewichte werden zur Kontrolle im „Geräteschrank" abgelegt, wo anhand der Zahlen die Ergebniskontrolle erfolgt.

⊡ **Tipp**
Den „Geräteschrank" falten, damit er sich wie ein Schrank öffnen lässt.

Material 1

Geräteschrank

12 180 g	24 360 g	12 180 g
12 225 g	24 450 g	12 225 g
21 252 g	42 504 g	21 252 g
21 315 g	42 630 g	21 315 g
28 350 g	56 700 g	28 350 g
29 304 g	58 608 g	29 304 g
31 432 g	62 864 g	31 432 g
34 252 g	68 504 g	34 252 g
38 250 g	76 500 g	38 250 g
43 027 g	86 054 g	43 027 g
43 243 g	86 486 g	43 243 g
43 425 g	86 850 g	43 425 g
52 380 g	104 760 g	52 380 g
63 121 g	126 242 g	63 121 g
70 315 g	140 630 g	70 315 g
81 211 g	162 422 g	81 211 g
102 415 g	204 830 g	102 415 g
104 157 g	208 314 g	104 157 g

© Cornelsen Verlag Scriptor, Berlin – Die Grundschul-Fundgrube für Vertretungsstunden

Material 2

Gewichte

12 180 g	12 180 g	21 315 g	21 315 g	70 315 g	70 315 g
52 380 g	52 380 g	43 027 g	43 027 g	34 252 g	34 252 g
31 432 g	31 432 g	43 243 g	43 243 g	81 211 g	81 211 g
63 121 g	63 121 g	38 250 g	38 250 g	28 350 g	28 350 g
29 304 g	29 304 g	43 425 g	43 425 g	21 252 g	21 252 g
12 225 g	12 225 g	102 415 g	102 415 g	104 157 g	104 157 g

Stangen

24 360 g	86 486 g	42 504 g
42 630 g	162 422 g	24 450 g
140 630 g	126 242 g	204 830 g
104 760 g	76 500 g	208 314 g
86 054 g	56 700 g	86 850 g
68 504 g	58 608 g	62 864 g

© Cornelsen Verlag Scriptor, Berlin – Die Grundschul-Fundgrube für Vertretungsstunden

Klatschtonleiter und Klatschspiele

Dirk Menzel

Klassenstufe 1
Dauer ca. 45 Minuten
Vorbereitung/Material Klatschstücke und das Stück vom Uhrmachermeister
Klopstock (nur für Lehrkraft)

Ziele
- Klatschtonleiter kennen lernen und einüben
- Rhythmusgefühl erproben und schulen
- Klatschtöne in Spielen und Liedern anwenden

Verlauf

Phasen	Schritte
1	• Die Kinder sitzen am besten im Stuhlkreis, doch es geht auch in der Klassensitzordnung, wenn alle nach vorn sehen können. • Sie schließen die Augen mit dem Auftrag, genau hinzuhören, was die Lehrerin vormacht, um es dann nachzumachen. Der erste Klatschton sollte ein „Tok" sein (s. Material). • Wenn die Kinder das „Tok" gemeinsam geklatscht haben, erklärt man, dass dies der tiefste, unterste Ton der Klatschtonleiter ist. Der nächste Auftrag lautet, auszuprobieren, wie man noch mit den Händen klatschen kann. Um völliges Chaos in dieser Phase zu vermeiden, muss ein Zeichen ausgemacht werden, bei dem alle stoppen und leise sind (z. B. Lehrerin steht auf). • Durch Ausprobieren und Bewerten der Vorschläge soll die Klatschtonleiter (s. Material) entstehen.
2	• Um die Klatschtonleiter einzuüben, werden die Klatschstücke erarbeitet. Am besten geht dies, wenn man beginnt, ein Stück zu klatschen, und die Kinder zum Mitmachen auffordert. • Wenn alle einstimmig mitmachen, fängt nach dem vereinbarten Zeichen ein neues Stück an usw. ▶▶▶

> • Das Lied vom Uhrmachermeister Klopstock wird zunächst als Sprechstück eingeführt. Erst wenn es fertig durchgespielt und noch genügend Zeit ist, kann es als Lied gesungen werden.

⚠ Tipps

• Weisen Sie die Kinder beim Lied vom Uhrmachermeister darauf hin, dass dort Klatschwörter vorkommen, die sie leicht herausfinden können.

• Wiederholen Sie jede Strophe nochmals, bevor die jeweils nächste folgt, um so das ganze Stück zu erschließen.

Material

Klatschtonleiter

TOK   TAK   TEK   TIK

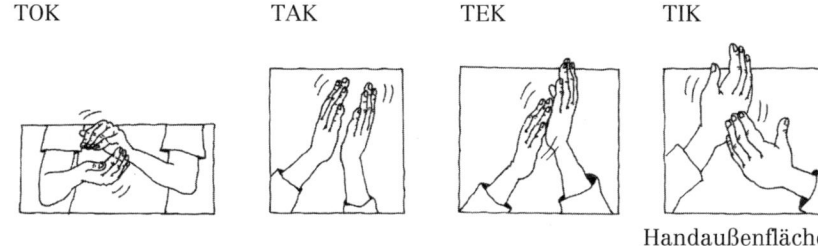

Handaußenfläche
in Handinnenfläche

Klatschstücke

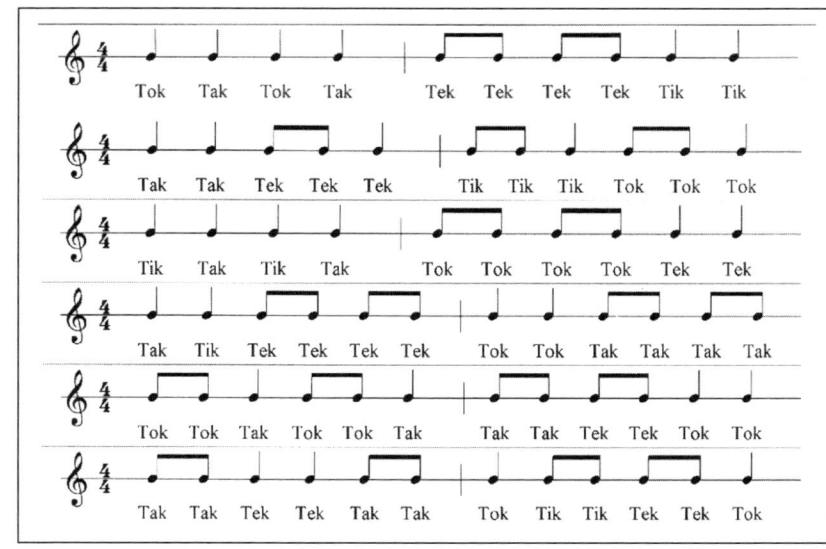

Uhrmachermeister Klopstock

In diesem Text kommen verschiedene **Klatschwörter** vor.

Der Uhr- ma - cher- mei- ster Klopp- stock hat ei-nen klei-nen Ham-mer, der macht

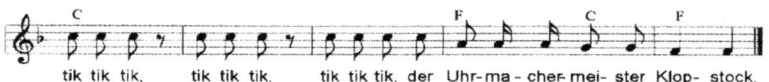

tik tik tik,   tik tik tik,   tik tik tik, der Uhr-ma - cher- mei- ster Klop- stock.

2. Der Uhrmachermeister **Klopstock**
   hat eine kleine Zange, die macht:
   knip knip knip
   (3-mal mit Daumen und Zeigefinger)
   Der Uhrmachermeister **Klopstock**.

3. Der Uhrmachermeister **Klopstock***
   baut eine Uhr, die macht:
   TIK, TAK. *(4-mal)*
   Der Uhrmachermeister **Klopstock**.

4. Der Uhrmachermeister **Klopstock**
   mag nie und niemals **Hektik.** *(4-mal)*
   Der Uhrmachermeister **Klopstock**.

5. Der Uhrmachermeister **Klopstock**
   hat eine gute **Taktik.** *(4-mal)*
   Der Uhrmachermeister **Klopstock**.

6. Der Uhrmachermeister **Klopstock**
   baut eine Uhr, die früh und spät
   mal vorwärts und mal rückwärts geht.
   TIK TAK TAK TIK
   TIK TAK TAK TIK
   TIK TAK TAK TIK
   Der Uhrmachermeister **Klopstock**.

* ab Strophe 3 Klatscher in Vierteln

© Cornelsen Verlag Scriptor, Berlin – Die Grundschul-Fundgrube für Vertretungsstunden

Reisefieber – ein Bewegungslied singen, spielen und weitergestalten

Dirk Menzel

Klassenstufe   1
Dauer   ca. 45 Minuten
Vorbereitung/Material   Liedblatt kopieren

Ziele

- Ein neues Bewegungslied lernen und singen
- Inhalte des Liedes mit Bewegungen ausgestalten
- Das Thema „Reisen" vertiefen

Verlauf

Phasen	Schritte
1	• Alle sitzen im Kreis. • „Wir singen heute ein Lied über ein Fieber, das man besonders in den Ferien bekommen kann." Nach dem Erraten erzählen die Kinder zum Thema. Die Lehrerin kann das Gespräch auf das Lied lenken, indem sie nach den benutzen Fortbewegungsmitteln und den Erfahrungen damit fragt.

2	• Die Lehrerin singt das Lied (s. Material) und führt parallel dazu die Bewegungen zum Inhalt vor. Die Kinder sollen die vorgemachten Bewegungen nachmachen:
	– Refrain:
	   1. Zeile: Bei „Los, kommt alle mit!" aufstehen und auf der Stelle gehen.
	   2. Zeile: Bei „Wer hält mit uns Schritt?" auf der Stelle laufen.
	   3. Zeile: Bei „Mir wird schon ganz heiß!" Schweiß von der Stirn wischen.
	   4. Zeile: Bei „Augen zu und drehn im Kreis!" Augen zu und einmal um die eigene Achse drehen.
	– Bei allen Strophen:
	   1. Zeile: Mit den Händen die Bewegung nachahmen.
	   2. Zeile: Die jeweilige Handlung spielen (bei 2. Strophe hinsetzen).
	
	▶▶▶

	3. Zeile: Handlung spielen, Singtempo anpassen (z. B. Strophe 1 langsamer werden). 4. Zeile: Handlung spielen, Singstimmung dem Inhalt anpassen.
3	● Durch Malen und Schreiben kann das Lied weitergestaltet werden. Hierbei stehen die Fahrzeuge, mit denen die Kinder im Urlaub waren, und ihre Erlebnisse damit im Mittelpunkt. ● Weitergestaltung „Malen" (ab Klasse 1): Auf ein leeres Blatt malen die Kinder sich selbst im Bus, Auto, Flugzeug usw. ● Weitergestaltung „Freies Schreiben" (ab Klasse 2): Auf einem Schreibblatt erzählen die Kinder von einer Urlaubsreise. Im Vordergrund soll stehen, was sie mit dem jeweiligen Transportmittel erlebten und wie es ihnen dabei ging. Die Überschrift soll jeweils durch den eigenen Namen ergänzt werden (z. B. Marie im Reisefieber).
4	● Zum Abschluss stellen die Kinder ihre Arbeiten vor. Sollte noch Zeit sein, singen und spielen sie das Lied nochmals.

⊡ Tipps

● Alternative Varianten für die Phase 2:
  – Variante 1: Wie Original, nur dass die Lehrerin beim Singen der Strophen das Fortbewegungsmittel (Fahrrad, Flugzeug …) durch „lala" ersetzt. Die Kinder bekommen nach dem Singen und Spielen den Auftrag: „Wenn du glaubst zu wissen, mit welchem Fahrzeug wir verreisen, dann melde dich!" Ist das Rätsel gelöst, wird die jeweilige Strophe mit anschließendem Refrain wie im Original gesungen.
  – Variante 2: Refrain wie im Original, die Strophen werden ohne darstellende Bewegungen gesungen. Die Kinder bekommen nach dem Refrain den Auftrag, sich Bewegungen zum Inhalt auszudenken. Nach jeder Zeile wird gestoppt und die Kinder spielen ihre Ideen vor. Wenn die Lehrerin hierzu die entsprechende Zeile nochmals singt, erlernen die Kinder durch das mehrmalige Hören die Melodie sehr schnell.

Material

© Cornelsen Verlag Scriptor, Berlin – Die Grundschul-Fundgrube für Vertretungsstunden

Quer durch den Wald – ein Sprechstück erarbeiten und gestalten

Dirk Menzel

Klassenstufe   1–4
Dauer   ca. 40 Minuten
Vorbereitung/Material   Sprechstück einmal kopieren

Ziele
- Rhythmisches Mitklatschen
- Dinge merken und sich daran erinnern
- Tempoveränderung, Mehrstimmigkeit und Kanongesang erfahren und mitgestalten

Verlauf

Phasen	Schritte
1	• Das Sprechstück lässt sich am besten im Sitzkreis mit den Kindern erspielen.
2	• Um das Stück „Quer durch den Wald" zu erschließen, folgt die Lehrerin den kursiv gedruckten Hinweisen im Liedtext. Die Kinder machen sie durch Nachahmen und Mitmachen nach. • Die Stimmen der Waldbewohner können für die Abschlussrunde, in der drei Gruppen jeweils eine Rolle spielen, vergrößert kopiert als Hilfe angeboten werden.
3	• Den meisten Kindern der 1. und 2. Klasse macht es Spaß, die Geschichte ein weiteres Mal zu spielen. Herausfordern kann man die Kinder dann, indem man an ihre Erinnerung appelliert: „Weißt du noch, wie es sich anhört, wenn Rudi und Moni durch den Wald laufen?" • Vor allem ab der 3. Klasse können die Kinder nach dem Durchspielen des Stückes selbst zu zweit oder in Gruppen weitere Tier-Themen erfinden. Nach deren Vorstellung kann das gesamte Stück ein zweites Mal gespielt werden. Die Tier-Themen der Kinder können in die Schluss-Szene eingebaut werden. Ist die Zeit zu knapp, kann auch das gemeinsame Schlusskonzert mit allen Tier-Themen die Stunde beenden. ▶▶▶

● Als Erinnerung an die Geschichte können die Kinder auch angeboten bekommen, das Waldfest, einzelne Tiere oder Rudi und
Moni zu malen. Ohne Vorbereitung gelingt dies am besten mit
Wachsmalkreiden oder entsprechend verfügbaren Buntstiften
auf DIN-A5-Blättern, die auch zu einer Collage zusammengestellt
werden können.

Literatur

MASCHKE, HELMUT: Der musikalische Sprechzirkus – Sprechstücke und Sing-
spiele für die Schule. Donauwörth 1996

HORN, REINHARD, U. A.: Prima(r)-Musik. Eine Fundgrube für alle, die Musik –
auch fachfremd – unterrichten. Lippstadt 2003

Material

Quer durch den Wald

Rudi und Moni laufen beide ganz aufgeregt die Treppe zur Küche hinunter. Aus
beiden platzt es fast gleichzeitig hervor: „Ich hab' heute Nacht geträumt, dass
im Wald ein großes Fest stattfindet und die Tiere des Waldes mich dazu einla-
den. Ganz leise haben sie gerufen:

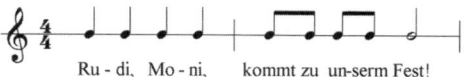

Zuerst hat es nur eine Stimme gerufen. Bald aber waren ganz viele zu hören.

L animiert K zum Mittun: Rudi, Moni, kommt zu unserm Fest.
Zahlreiche Wiederholungen

Dann waren die Stimmen plötzlich irgendwie durcheinander, und trotzdem
klang es schön:
(*hier eventuell auf den Begriff Kanon eingehen, wenn K ihn nennen*)

*L zeigt auf eine Hälfte (2) der Klasse und zeigt ihnen durch Zeigefinger vor dem
Mund, dass sie zunächst schweigen sollen. Dann wendet sie sich an die andere
Hälfte (1) und lässt diese einmal den ganzen, dann den halben Vers alleine sagen, bevor die Gruppe (2) einsetzt. Durch entsprechende Handzeichen (Hand
nach unten wippen für leise, Handfläche nach oben wippen für laut), kann die
mehrmalige Wiederholung interessanter gestaltet werden.*

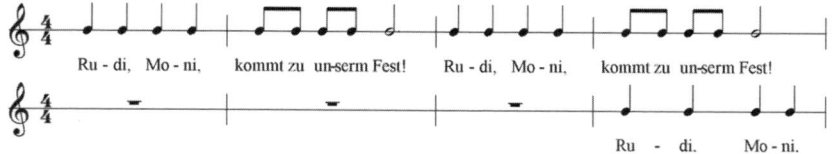

Irgendwann waren gar keine Stimmen mehr zu hören, aber den Rhythmus hatte ich immer noch im Ohr!

Den Rhythmus der Zeile klatschen. Nach wenigen Wiederholungen während des Klatschens weitererzählen:

Dann ist auch der Rhythmus immer leiser geworden, bis ich gar nichts mehr gehört habe.

Entsprechend leiser werden, bis das Klatschen unhörbar ist.

Dann bin ich aufgestanden. Da musste ich gar nicht erst die Treppen runter und aus dem Haus, sondern wir standen sofort am Waldrand und konnten in den Wald laufen.

Das ‚Schritt-Thema‘ sprechen und gleichzeitig dazu bei ‚Schritt‘ mit dem Fuß auf den Boden leicht stampfen, bei ‚knacks‘ etwas stärker auftreten und bei ‚stol-per‘ zwei schnelle Stampfer (hier kann auch mit dem Oberkörper leicht nach vorne gegangen werden, eben wie beim Stolpern).

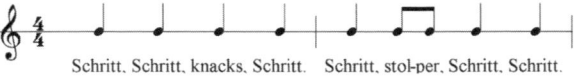

Schritt, Schritt, knacks, Schritt.   Schritt, stol-per, Schritt, Schritt.

So sind wir beide durch den Wald gelaufen." Moni läuft ein Stück vorneweg und Rudi folgt ihr:

Alle Mädchen werden aufgefordert, beim Schritt-Thema mitzumachen. Nach zwei Wiederholungen werden die Jungen mit hinzugenommen, sodass ein Sprech-und-Stampf-Kanon entsteht:

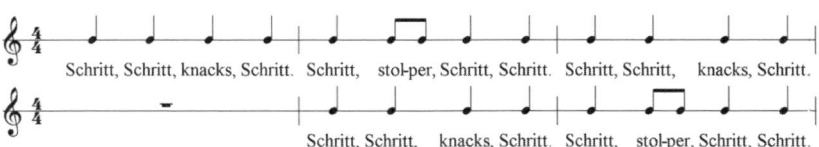

„Auf einmal erschraken wir beide. Jemand rief uns etwas von oben zu:

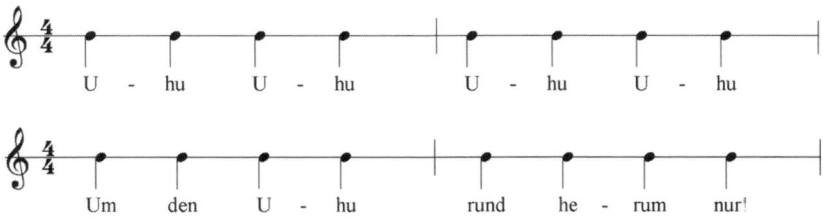

Wir liefen ganz schnell weg und hörten erst gar nicht auf den Uhu.

Schritt-Thema einige Male schnell sprechen.

Da merkten wir, dass der Uhu uns etwas sagen wollte. Vielleicht hatte es ja mit dem Fest zu tun, zu dem wir eingeladen waren. Wir liefen also zurück, und tatsächlich. Der Uhu rief uns seine Botschaft nochmals zu:

Wiederholung Uhu-Thema

Komisch! Wir gingen ein paar Mal um den Baum des Uhus herum, aber da war nichts. Doch da! Unten am Baumstamm und nicht sehr groß war ein kleiner Zweig in ein Loch gesteckt. Wir folgten dem Wegweiser und gingen immer weiter. Nach 5 Minuten dachten wir, dass wir sicher verkehrt gegangen sind. Da hörten wir aber wieder jemanden zu uns rufen. Diesmal liefen wir nicht mehr fort:

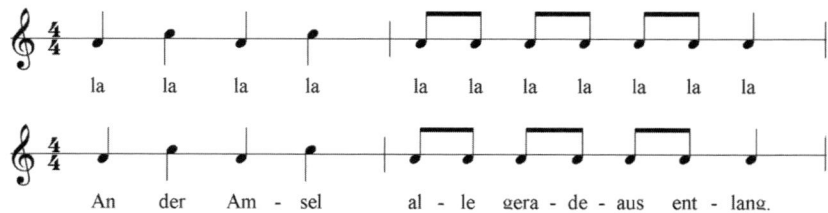

Wir dankten der Amsel und gingen weiter geradeaus – bis zum Waldbach. Sehr breit und tief war er nicht! Aber nass machen wollten wir uns auch nicht. Zum Glück bekamen wir auch hier wieder Hilfe:

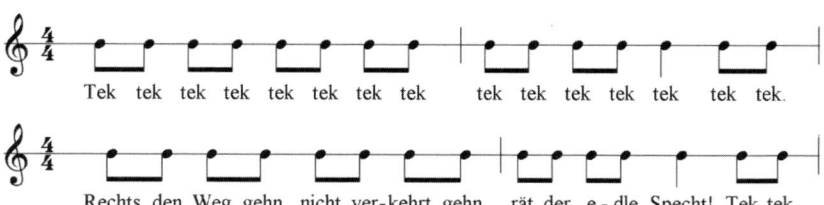

Wir sind dem Rat des Spechts gefolgt und gingen rechts am Bach entlang. Es ging immer tiefer in den Wald hinein und es wurde immer dunkler. Wir haben uns an den Händen gefasst und unsere Schritte wurden immer langsamer:

Schritt-Thema, das immer langsamer wird.

Selbst im Traum hatten wir riesengroße Angst. Da! Ein Licht! Es war ganz deutlich durch die dichten Baumstämme zu erkennen. Das konnte nur eine Lichtung sein, das musste das Fest sein! Wir liefen los und wurden immer schneller:

Schritt-Thema, das immer schneller wird, mit abruptem Ende durch L.

Vor uns lag tatsächlich eine große, hell erleuchtete Lichtung, auf der sich bereits viele Tiere versammelt hatten. Aus der Mitte der Menge trat ein großer Hirsch auf uns zu und begrüßte uns: ,Ich bin der Herr dieses Waldes. Willkommen bei unserem Fest. Vielleicht wisst ihr ja, warum wir euch beide eingeladen haben. Nun lasst uns aber feiern!' Und nach und nach fingen alle Gäste an zu singen. Auch die Tiere, die uns den Weg gezeigt hatten, hörten wir wieder:

Nacheinander werden die Tier-Themen (jeweils nur 1. Zeile) wiederholt. Den Uhu gemeinsam. Dann bekommen jedes Mal ca. $^1/_3$ der Kinder die gerade gesprochene Rolle übertragen. Diese sollen sie nun bei jedem weiteren Stück mitsprechen (alle Uhu, $^1/_3$ Uhu + Rest Amsel, $^1/_3$ Uhu + $^1/_3$ Amsel + $^1/_3$ Specht).

Wiederholung Tier-Themen

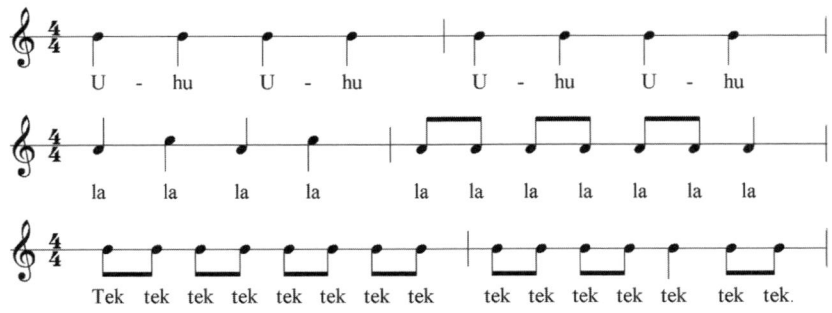

So ging es die ganze Nacht weiter – bis, ja bis ich aufgewacht bin!'"

Geräuschememory

Christina Robert/Heiko Rauenschwender

Klassenstufe	1–4
Dauer	beliebig
Vorbereitung/Material	ein kleines Instrument (Triangel, Glocke, Klangholz)

Ziele
- Eine Geräuschquelle lokalisieren
- Einer Klangspur folgen
- Geräuschpaare identifizieren

Verlauf

Phasen	Schritte
1	● Zur Einstimmung auf das eigentliche Geräuschememory eignen sich die folgenden Spiele: – „Wo bin ich?" Ein Kind positioniert sich, schlägt einen Ton an, andere versuchen mit geschlossenen Augen sich der Geräuschquelle zu nähern. – „Folge mir!" Ein Kind schlägt in der Bewegung mehrmals einen Ton an, andere versuchen mit geschlossenen Augen den Lauten zu folgen.
2	● Für das Geräuschememory stellt sich die Hälfte der Klasse z. B. zu viert neben- und hintereinander auf; jedes Kind steht stellvertretend für eine Memorykarte. Die Anzahl der Kinder muss gerade sein. ● Zwei Rater aus der anderen Klassenhälfte verlassen den Raum. ● Je zwei der stehenden Spieler bilden ein Paar und erhalten das gleiche Geräusch zugeteilt, z. B. Brummen, Klatschen, Pfeifen. ● Die Rater spielen nach dem Memoryprinzip, dabei nennen sie die Namen der Kinder.Werden zwei Kinder mit dem gleichen Geräusch identifiziert, setzen diese sich hin und der Rater erhält einen Punkt.
3	● Die Rateteams und die Gruppen werden gewechselt.

ⓘ Tipps

● Es ist von Vorteil, sich für diese Art von Spiel einen entsprechenden Raum zu suchen, der etwas mehr Platz bietet (Turnhalle, Schulhof, Aula).
● Viele Kinder lieben diese Art von Memory und fordern oft eine Wiederholung. Diesem Wunsch kann entsprochen werden, da das Spiel so gut wie keine Vorbereitung erfordert, die Regeln bekannt sind und sich vielfältige Variationsmöglichkeiten anbieten. Statt mit Geräuschen kann man auch mit Gesten, Zahlen, Buchstaben oder Tiernamen spielen.

Wer hat den Keks aus der Dose geklaut? – Rhythmisches Sprech- und Klatschspiel

Christina Robert / Heiko Rauenschwender

Klassenstufe 1–4
Dauer ca. 30 Minuten
Vorbereitung/Material evtl. Blatt zum Ausmalen als Klassensatz kopieren

Ziele
- Spiel kennen lernen und Freude daran haben
- Text des Spiels rhythmisch sprechen und dazu klatschen lernen

Verlauf

Phasen	Schritte
1	• Stuhlkreis bilden. • Einüben rhythmischen Klatschens. Dazu wird abwechselnd auf die Oberschenkel und in die Hände geklatscht. • Während des Klatschens spricht die Lehrerin den Text vor, die Kinder sprechen ihn gleichzeitig nach (s. Material).
2	• Spielverlauf: Ein Kind oder die Lehrperson nennt einen Namen. Der Text wird immer wiederholt, wobei jedes Mal ein anderes Kind einzeln spricht. • Das Spiel kann so lange gespielt werden, bis alle einmal an der Reihe waren.
3	• Nach dem Auflösen des Stuhlkreises kann das „Krümelmonster" ausgemalt werden.

[!] Tipps
- Das Spiel eignet sich sehr gut als Kennenlernspiel für die ganze Klasse oder für ein Kind, das neu in die Klasse kommt.
- Zunächst sollte möglichst langsam geklatscht und gesprochen werden, damit möglichst alle Kinder den richtigen Rhythmus finden.
- Das Spiel kann man auch gut für Englisch als Begegnungssprache und im Englischunterricht ab Klasse 3 einsetzen.

Material

Text (deutsch)	
Alle:	Wer hat den Keks aus der Dose geklaut?
Lehrer:	... (Name eines Kindes!) hat den Keks aus der Dose geklaut!
Kind:	Wer, ich?
Alle:	Ja, du!
Kind:	Niemals!
Alle:	Wer dann?
Kind:	... (Name eines anderen Kindes!) hat den Keks aus der Dose geklaut!

usw.

Text (englisch)	
Alle:	Who stole the cookie from the cookie-jar?
Lehrer:	... stole the cookie from the cookie-jar!
Kind:	What me?
Alle:	Yes you!
Kind:	Not me!
Alle:	Then who?
Kind:	... stole the cookie from the cookie-jar!

usw.

© Cornelsen Verlag Scriptor, Berlin – Die Grundschul-Fundgrube für Vertretungsstunden

Lieber Ball – rhythmisch begleiten

Beate Böhm/Claudia Draack

Klassenstufe	2–4
Dauer	ca. 45 Minuten
Vorbereitung/Material	Gedichtblatt für jedes Kind, Gymnastikbälle oder Tennisbälle (erhöhte Anforderung), Bewegungsraum (Pausenhalle, Schulhof, Turnhalle), Fellinstrumente, Tafel

Ziele

● Sprache in Musik und Bewegung übertragen
● Gedicht rhythmisch, metrisch begleiten
● Gedicht in Verbindung mit anderen Ausdrucksbereichen wahrnehmen und in sich aufnehmen
● Über Bewegung inhaltliche und formale Aspekte des Gedichtes erfahren, erleben, erkennen und benennen

Anmerkung

Die Kinder lernen auf spielerische Art, ein Gedicht auswendig zu sprechen und mit dem Material „Ball" in Bewegung umzusetzen. Sie strukturieren das Gedicht über den Inhalt, indem sie in Teil A werfen oder prellen und in Teil B den Ball einem Partner zuwerfen. Darüber hinaus erleben sie über Bewegung (werfen oder prellen) die Feineinteilung in betonte und unbetonte Zeiten, musikalisch gesprochen: Takte.

Verlauf

Phasen	Schritte
1	● Die Kinder hören das Gedicht und lernen es in Abschnitten über das wiederholte betonte Sprechen auswendig.
2	● Sie sprechen das Gedicht gemeinsam laut. Zu den betonten Wörtern wird der Ball in die Luft geworfen und gefangen. ● Die Kinder sprechen das Gedicht erneut. Zu den betonten Wörtern wird der Ball vorsichtig auf den Boden geprellt. ● Sie sprechen das Gedicht, dabei prellen sie den Ball auf den Boden. An der Textstelle „hin zu dir, her zu mir" werfen sie den Ball einem Partner zu. Bei schwacher Ballsicherheit sind die ▶▶▶

	Kinder von Beginn an in Paaraufstellung. Bei guter Ballsicherheit können sie sich frei im Raum bewegen und nehmen über das Anschauen spontan Kontakt zu einem Partner auf.
3	● Die Kinder arbeiten die betonten und unbetonten Wörter im Schriftbild an der Tafel heraus. Betonte Wörter werden dabei mit einem großen Ball gekennzeichnet, unbetonte Wörter mit einem kleinen Ball. ● Sie übertragen die Symbole auf ihr Gedichtblatt.
4	● Abschließend wird das Gedicht gemeinsam gesprochen. Die betonten Wörter können auf Fellinstrumenten begleitet werden.

[!] Tipps

● Je nach Ausstattung der Schule können die Fellinstrumente durch Körperklänge (Stampfen, Klatschen), Holzinstrumente (Klanghölzer, Holzblocktrommeln) oder klingende Stäbe (C-Dur) ersetzt werden.
● Als Erweiterung zu Phase 2 kann das Prellen des Balles durch die Bewegungsgrundtätigkeiten Hüpfen und Springen ersetzt werden.

Material

Gedicht „Lieber Ball"

Lie – ber Ball,			Komm und fall		
	●			●	
In die Hän – de,			oh – ne En – de		
	●			●	
Im – mer mehr,			hin und her,		
	●			●	
hin zu dir her			zu mir		
	●			●	
oh – ne En – de,			in die Hän – de		
	●			●	
Komm und fall,			lie – ber Ball		
	●			●	

Verfasser unbekannt

Betonte Wörter sind hier durch einen Kreis gekennzeichnet.

Musik hören und malerisch umsetzen

Dirk Menzel

Klassenstufe   1
Dauer   ca. 45 Minuten
Vorbereitung/Material   CD „Die vier Jahreszeiten" von Vivaldi, CD-Player,
ggf. Bilder des Materials in vergrößerter Kopie

Ziele
- Sich mit einem klassischen Musikstück auseinander setzen
- Musikalischen Ausdrucksmöglichkeiten nachspüren
- Assoziativ Bilder malen

Verlauf

Phasen	Schritte
1	• Halbkreis vor der Tafel • Impuls: die vier Jahreszeitenbilder zeigen (s. Material 2). • Die Kinder äußern sich zu den Bildern. Falls nötig kann ein Verbalimpuls helfen: „Wann könnte sich jemand über die Rückkehr der Vögel freuen? Warum sind es denn gerade vier Bilder?" • Ein Tafelbild mit der Gesamtüberschrift „Die vier Jahreszeiten", den Bildern mit dem Namen der jeweiligen Jahreszeit entsteht.
2	• „Der italienische Komponist Antonio Vivaldi (1678 – 1741) hat die vier Jahreszeiten mit Musik gemalt. Dabei hat er auch diese vier Bilder mit seiner Musik gemalt. Vielleicht erkennst du, welches Jahreszeitenbild er hier gemalt hat!" • Den Anfang einer der folgenden Symphonieteile vorspielen: Sommer – Mattigkeit, Herbst – Tanz und Gesang der Landleute, Winter – Zittern, heftiger Sturm (siehe Material 1). • Die Kinder sollen ihre Vermutungen begründen. Nach den Vermutungen kann das Musikstück nochmals angehört werden, um die Begründungen zu überprüfen. • Nach dem ersten Stück kann nun der Frühling (Frühlingserwachen, Gesang der Vögel) angespielt werden. ▶▶▶

3	• Das Anhören der „Bilder vom …" wird angekündigt. • Die Kinder bekommen den Auftrag, beim Hören der Musik ein eigenes Bild der Jahreszeit zu malen.
4	• Die Bilder können auf Tischen ausgelegt und wie in einer Galerie, leise durch den Raum gehend, zur Musik betrachtet werden.

Material 1

Die vier Jahreszeitenkonzerte von Antonio Vivaldi (bei anderen Gesamtzeiten verändern sich auch die Längen der jeweiligen Abschnitte).

„Die vier Jahreszeiten"

DER HERBST

ALLEGRO
- 00:00 TANZ UND GESANG DER LANDLEUTE
- 02:31 DER BETRUNKENE
- 03:33 DER SCHLAFENDE ZECHER

ADAGIO MOLTO
- 00:00 DIE SCHLAFENDEN ZECHER
- 01:19 FORTSCHREITUNG

ALLEGRO
- 00:00 DIE JAGD
- 01:33 DAS FLIEHENDE WILD
- 01:43 FLINTEN UND HUNDE
- 02:31 DAS FLIEHENDE TIER VERENDET

11'34"

DER WINTER

ALLEGRO NON MOLTO
- 00:00 ZITTERN IM EISIGEN SCHNEE …
- 00:34 HEFTIGER STURM
- 01:07 LAUFEN UND TRAMPELN …
- 01:19 WINDE
- 02:26 ZÄHNEKLAPPERN

LARGO
- 00:00 REGEN
- 00:58 SOLO
- 01:47 KADENZ

ALLEGRO
- 00:00 GEHEN AUF DEM EISE
- 00:33 VORSICHTIGES GEHEN
- 00:43 HINFALLEN
- 00:55 FORSCHES VORANSCHREITEN
- 01:53 DER SCHIROKKO
- 02:32 DER NORDWIND …

9'00"

DER FRÜHLING

ALLEGRO
- 00:00 FRÜHLINGSERWACHEN
- 00:32 GESANG DER VÖGEL
- 01:12 DIE QUELLEN SPRUDELN
- 01:43 STURM
- 02:20 GESANG DER VÖGEL

LARGO
- 00:00 DER SCHLAFENDE ZIEGENHIRT / RASCHELN DES LAUBES … / DER HUND BELLT
- 01:27 THEMA WIRD WIEDERHOLT

ALLEGRO
- 00:00 LÄNDLICHER TANZ
- 02:43 THEMA WIRD WIEDERHOLT

11'16"

DER SOMMER

ALLEGRO NON MOLTO
- 00:00 MATTIGKEIT …
- 01:15 DER KUCKUCK
- 02:10 DIE TURTELTAUBE
- 02:38 DER STIEGLITZ
- 02:50 SANFTE ZEPHIRE
- 03:05 VERSCHIEDENE WINDE
- 03:46 KLAGE …

ADAGIO
- 00:00 FLIEGEN UND BRUMMER
- 00:45 FLIEGEN
- 01:34 BRUMMER

PRESTO
- 00:00 STÜRMISCHES SOMMERWEWTTER
- 00:48 SOLO

10'50"

Material 2

Bilder zu den Anfängen der vier Jahreszeitensymphonien:

Frühling

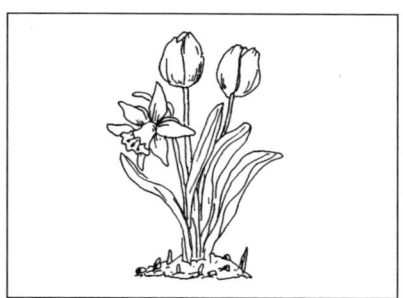

Sommer

Herbst

Winter

Ein Plakat entwerfen

Gabriele Gien

Klassenstufe	1–4
Dauer	ca. 45 Minuten
Vorbereitung/Material	weißes Papier, Wasserfarben oder dicke schwarze Filzstifte

Ziel
Plakat aus den eigenen Anfangsbuchstaben gestalten

Verlauf

Phasen	Schritte
1	● Die Lehrerin schreibt als stummen Impuls die Anfangsbuchstaben ihres Vor- und Zunamens untereinander an die Tafel.
2	● Die Kinder erhalten die Aufgabe, nun auch die Anfangsbuchstaben ihres eigenen Vor- und Zunamens mit schwarzem Filzstift oder schwarzer Wasserfarbe untereinander auf ein Blatt zu schreiben. Zum Blattrand sollte oben und unten ein Abstand von 8 cm gelassen werden. ● Nach dem Trocknen malen die Kinder ein Selbstporträt in die Buchstaben hinein. ● Bei der Durchführung ist darauf zu achten, dass die Kinder nicht zu flüssig malen, da sonst Körper und Buchstaben ineinander verlaufen. Als Alternative kann man die Buchstaben auch mit schwarzem Filzstift oder Wachsmalkreiden malen, dann verwischen sie nicht so leicht.
3	● Zum Abschluss stellen die Kinder ihre Ergebnisse im Sitzkreis vor. Beispiel:

⚠ Tipps

● Die Darstellung kann als Steckbrief oder Collage ausgeweitet werden. So könnten Lieblingsgegenstände, Lieblingsessen oder Haustiere um die Schrift herumgeschrieben oder -geklebt werden.

● In der 3. und 4. Klasse kann man auch versuchen, die Buchstaben passend zum Charakter der Kinder zu schreiben (ängstlich, groß …).

Geometrische Formen und Farben

Ute Spiegel

Klassenstufe 1–4
Dauer ca. 45 Minuten
Vorbereitung/Material Wachsmalkreiden, Lineal, evtl. Zirkel, Zeichenblätter

Ziele
● Geometrische Formen sichern und aufmalen
● Farben nach ihrer Wirkung auswählen und einsetzen

Verlauf

Phasen	Schritte
1	● Die Lehrerin zeichnet ein Dreieck an die Tafel. ● Die Kinder benennen weitere Formen und zeichnen sie ebenfalls an die Tafel.
2	● Die aufgezeichneten Formen werden gemeinsam in runde und eckige Formen unterteilen. ● Jedes Kind entscheidet sich nun für eine Formengruppe. Dabei ist eine kleine Phantasiereise hilfreich: „Du sollst dich jetzt für eine Formengruppe entscheiden. Entweder du wählst nur eckige oder nur runde Formen. Schließe die Augen und stelle dir mal die runden Formen vor. Wo findest du sie? Bei Blumen, Blättern, an manchen Autos, bei Tieren, … Atme ganz ruhig und gleichmäßig und überlege dir, ob die runden Formen gerade zu deiner Stimmung passen. Vielleicht gefallen dir im Moment die eckigen Formen besser. Du siehst sie oft bei Häusern, wenn du mit Legosteinen baust, an Tischen und Stühlen, … Hör in dich hinein und überlege dir, welche Formen gerade mehr deinen Gefühlen entsprechen und dir im Moment besser gefallen."
3	● Mit schwarzem Wachsstift werden die Formen formatfüllend auf dem Blatt verteilt. Wichtig dabei ist, dass sich die verschiedenen Formen überschneiden. Es sollten mindestens sechs Formen gezeichnet werden (z. B. verschieden große Kreise oder Ellipsen).

►►►

● Wenn die Anordnung gefällt, werden die entstandenen Felder mit verschiedenen Farben ausgefüllt; eine mögliche Hilfestellung wäre: „Versucht genauso, wie wir es bei den Formen gemacht haben, euch über die Farben noch einmal klar zu werden: Welche Farben passen zu deinen Formen? Sind alle Farben gleichberechtigt oder soll eine Farbe die Führung übernehmen? Nimmst du viele ähnliche Farben oder solche, die ganz verschieden sind? Gönn' dir vor dem Ausmalen eine kleine Nachdenkpause!"

⚠ Tipps

● Ruhige Musik unterstützt die Ruhe bei der Gestaltung und wirkt positiv auf die Arbeitsatmosphäre.
● Wenn noch Zeit ist, oder zwei Stunden hintereinander zu vertreten sind, kann sich noch eine Bildbetrachtung anschließen, am besten mit Bildern von Miró, Kandinsky oder Klee, auf denen geometrische Formen vorkommen. Man kann auch die Bilder der Kinder aushängen und die Mitschüler formulieren ihre Assoziationen.

Das bin ich – ein schwarz-weißes Porträt farblich akzentuieren

Christina Robert/Heiko Rauenschwender

Klassenstufe   3–4
Dauer   ca. 45 Minuten
Vorbereitung/Material Fotokopie des eigenen Gesichts, Buntstifte

Ziele

● Eine Bildvorlage lustvoll und kreativ verändern
● Mit der Realität spielen
● Maßvolles Umgestalten eines Ausgangsprodukts
● Farbwirkungen bewusst wahrnehmen

Verlauf

Phasen	Schritte
1	● Als Einstieg sollte der Gestaltungsprozess beispielhaft demonstriert werden. Hierzu eignet sich am besten das Gesicht der Lehrerin. ● Bevor die Gesichter der Kinder fotokopiert werden, kann man schon die Buntstifte bereitlegen lassen.
2	● Mit dem Kopierer die Gesichter der Kinder vervielfältigen. Hierbei unbedingt auf Kopfposition, geschlossene Augen und Kopfbedeckung mit Handtuch oder Jacke achten!
3	● Nach Erhalt der Kopie bearbeiten die Kinder ihre Porträts.
4	● Falls die Zeit es zulässt, können die Ergebnisse noch gemeinsam betrachtet und besprochen werden.

☐ Tipps

● Es ist sinnvoll, mit einem eigenen, farblich veränderten Lehrerporträt die Stunde zu beginnen. Dadurch ist große Aufmerksamkeit garantiert. Man sollte den Fotokopierer im Vorfeld bereits auf geeignete Einstellungen testen.

● Die zu Anfang große Schlange vor dem Kopierer löst sich rasch auf, wenn jedes Kind sofort mit seiner Kopie zur Klasse geht und dort seine Arbeit aufnimmt.

● Auf einen maßvollen Umgang mit den Buntstiften sollte Wert gelegt werden, da sonst überwiegend knallig gemalte „Monsterfratzen" entstehen, die nichts mehr mit dem ursprünglichen Gesicht zu tun haben.

● Jedes Kind kann ohne großen Aufwand individuelle und befriedigende Ergebnisse erzielen.

Frottage – Oberflächenstrukturen abbilden

Christina Robert/Heiko Rauenschwender

Klassenstufe   3–4
Dauer   ca. 45 Minuten
Vorbereitung/Material je Schüler ein weißes Blatt vom Zeichenblock, wei-
                       cher Bleistift oder schwarzer Wachsmalstift, Münze
                       o. Ä. für Demonstration

Ziele

● Nachvollziehen, wie Strukturen auf ein Blatt durchgerieben werden
● Geeignete Oberflächen in der Klasse oder in der Schule aufspüren
● Strukturen großflächig mittels Frottage abbilden

Verlauf

Phasen	Schritte
1	● Zu Beginn stellt die Lehrerin im Sitzkreis die Technik vor oder lässt sie ausprobieren. Dabei sollten die schräge Stifthaltung und der auszuübende Druck angesprochen werden. ● Vor der Arbeitsphase legt die Lehrerin die zur Verfügung stehende Zeit (max. 15 bis 20 Minuten) und die räumlichen Grenzen (Klassenraum, Schulgebäude, Schulhof) fest.
2	● Die Kinder begeben sich an die Arbeit.
3	● Die fertigen Blätter werden in der Klasse ausgestellt. ● Den Abschluss kann ein Ratespiel bilden: „Welche Oberfläche könnte das sein?"

⚠ Tipps

● Es sollte kurz auf die Stifthaltung eingegangen werden. Eine schräge Auflage und ein auf die Oberfläche angepasster Druck ermöglichen schnelleres Arbeiten und verhindern das Abbrechen von Stiftspitzen. Es ist günstig, stets mit leichterem Druck zu beginnen, bei zu starkem Druck kann das Papier reißen.
● Geeignete Oberflächen wie Wände, Fußböden, Schuhsohlen und Holzverkleidungen lassen sich in der Umgebung schnell auffinden.
● Die Ergebnisse können zum Schluss auch zu einem grafisch ansprechenden Gesamtbild zusammengeklebt und aufgehängt werden.

SPORT

Bei Vertretungsstunden im Bereich Sport ist die Sicherheit besonders zu beachten (s. Rechtsgrundlagen im jeweiligen Bundesland). Aus diesem Grund sollten folgende Hinweise immer beherzigt werden:

- Mit den Aufbewahrungsorten von Erste-Hilfe-Material, Telefon, Krankentrage und Feuerlöscher vorher vertraut machen.
- Die Notausgänge müssen frei sein.

Grundregeln für den Unterricht:

- Die Halle darf nicht ohne Genehmigung der Lehrkraft verlassen werden. Dies gilt auch für den Gang zur Toilette.
- Schmuck, Uhren usw. sind abzulegen.
- Lange Haare müssen zum Zopf gebunden werden.
- Sportbekleidung und -schuhe sind vorgeschrieben. Wenn kein Sportzeug vorhanden ist, laufen die Kinder barfuß.
- Brillenträger sollten Sportbrillen mit Kunststoffgläsern und speziellen Bügeln tragen. Wenn die Sehschwäche nicht zu groß ist, kann die Brille auch abgesetzt werden.
- Klären, ob bei Kindern besondere gesundheitliche Einschränkungen vorliegen, z. B. Herzkrankheiten, Asthma.

Oftmals haben die Sportlehrerinnen und -lehrer schon Regeln für den Sportunterricht aufgestellt, die für die ganze Schule gelten sollten. Es empfiehlt sich, danach zu fragen.

Wir mischen – Kreisspiel mit Zahlen

Christina Robert/Heiko Rauenschwender

Klassenstufe   1
Dauer   beliebig
Vorbereitung/Material Zahlenkärtchen von 1 bis ... (nach Anzahl der Kinder), Handtrommel, Pfeife o. Ä.

Ziele
- Zahlen lesen
- Zahlen ordnen, eine Zahlenfolge bilden
- Merkfähigkeit trainieren
- Mit Bewegung lernen

Verlauf

Phasen	Schritte
1	• Auf dem Boden der Turnhalle liegen verteilt die umgedrehten Zahlenkärtchen. • Die Kinder bewegen sich frei im Raum, dürfen die Kärtchen aber nicht berühren. • Auf ein Zeichen hin stellt sich jeder neben eine Karte. • Karten werden umgedreht, die Zahlen leise gelesen. • Kinder melden sich nach der Aufforderung „ Die 1 steht ...“ • Das Spiel wird wiederholt.
2	• In einer Ecke der Turnhalle werden z. B. auf einer Langbank die Karten anschließend in der richtigen Reihenfolge abgelegt. Die Kinder ordnen die Karten selbstständig und treffen sich danach im Mittelkreis.
3	• Entsprechend ihrer Sitzposition erhalten die Kinder per Abzählen nun eine andere Zahl zugeteilt, die sie sich merken sollen. • Im Anschluss bewegen die Kinder sich für etwa eine Minute frei in der Halle. Sie treffen sich nach Pfiff oder Trommelschlag im Mittelkreis wieder, nehmen eine neue Sitzposition ein und sollen nun ihre Zahl erinnern und nennen. ▶▶▶

4	● Nach einer Wiederholung mit der gleichen Zahl treffen sich die Kinder beim dritten und letzten Durchgang erneut in der Mitte und beachten diesmal die entsprechende Reihenfolge (1 sitzt neben 2, 2 neben 3 ...).

⚠ Tipps

● Zahlenkärtchen lassen sich oft aus Mathematikbüchern schnell kopieren. Ansonsten schreibt man selbst Zahlen auf Blankozettel o. Ä.
● In der Stunde wird ausschließlich mit akustischen Signalen gearbeitet. Hier ist es noch effektiver, statt der Tommel ein Musikstück über einen CD-Player einzusetzen, das dann auch die Bewegungszeiten einleitet, begleitet und beendet.

Zahlenstreichen – Staffelspiel

Christina Robert/Heiko Rauenschwender

Klassenstufe	1
Dauer	ca. 20 Minuten
Vorbereitung/Material	vier Plakate mit den Zahlen von 1 bis 20, vier Stifte, Klebeband

Ziele

● Zahlen im Zahlenraum bis 20 identifizieren
● Miteinander und gegeneinander spielen lernen

Verlauf

Phasen	Schritte
1	● An einer Stirnseite der Turnhalle hängen vier Plakate mit durcheinander notierten Zahlen von 1 bis 20. An der gegenüberliegenden Seite stehen vier Hütchen. ● Die Lehrerin erklärt das Spiel im Sitzkreis. ▶▶▶

2	• Es werden vier Mannschaften gebildet.
	• Je eine Mannschaft setzt sich hintereinander hinter je ein Hütchen.
	• Das erste Kind pro Mannschaft erhält einen Stift als Staffelstab, rennt zum Plakat und streicht die Zahl 1 durch.
	• Es läuft zurück und übergibt den Stift dem nächsten Kind aus seiner Mannschaft, das die Zahl 2 streicht, usw.
	• Gewonnen hat die Mannschaft, die als erste nacheinander alle Zahlen von 1 bis 20 durchgestrichen hat.
3	• Zum Schluss wird gemeinsam aufgeräumt.

⚠ Tipps

• Die Kinder müssen die Zahlen von 1 bis 20 kennen. Die Plakate können auch von den Kindern geschrieben werden.
• Das Spiel kann variiert und in anderen Altersstufen gespielt werden, indem z. B. die Zahlen der 2er-, 4er- Reihe usw. gestrichen werden.
• Staffelspiele werden in allen Jahrgangsstufen gerne gespielt. Bei dieser Staffel kommt es nicht nur darauf an, möglichst schnell rennen zu können, sondern auch Zahlen zu erkennen.

Literatur

BENNING, HANS-JÜRGEN/RECKENDORF, BRIGITTE: Attraktive Spiele im Sportunterricht. Skript einer schulamtsinternen Lehrerfortbildung des Kreises Borken. Gronau 1997

Löwenjagd

Lisa Harrer

Klassenstufe 1–4
Dauer pro Durchgang ca. 15 Minuten
Vorbereitung/Material Text „Die Löwenjagd" kopieren, evtl. Trommeln oder Klangstäbe

Ziele
● Sich spielerisch bewegen
● Gemeinschaftsgefühl stärken

Verlauf

Phasen	Schritte
1	● Alle laufen im Kreis hintereinander her. ● Der Erzähler (Lehrer oder Schüler) liest den Text „Die Löwenjagd" laut vor. Die Kinder machen alles nach, was im Text vorkommt.
2	● Das Bewegungsspiel endet mit dem plötzlichen Auseinanderbersten des Kreises, weil „der Löwe" auftaucht und alle „Jäger" aus Angst vor dem Löwen davonlaufen.

[!] Tipps
● Bevor man das Bewegungsspiel das erste Mal in seiner Klasse durchführen möchte, sollte man den Text einmal vorlesen und die Bewegungen zeigen (s. Material). Damit kann man die Kinder von vornherein motivieren mitzumachen.
● Der Erzähler sollte darauf achten, den Text langsam vorzusprechen, damit die Kinder genug Zeit haben, um die Bewegungen auszuführen.
● Später kann der Text im Chor gesprochen werden, um das Gruppenerlebnis zu intensivieren.
● Zusätzlich bietet es sich an, mit Trommeln oder Klangstäben die Buschtrommeln des Dschungels imitieren zu lassen.
● Die „Löwenjagd" lässt sich gut mit der „Tiermassage" (s. S. 275) verbinden.

Material

Die Löwenjagd

Wir gehen auf die Löwenjagd und haben keine Angst.
Wir haben einen Stock dabei
und ein scharfes Schwert – uh!

Oh, was ist das?
Ein **Gebüsch**!
Wir kommen nicht darüber,
Wir kommen nicht unten durch.
Wir kommen nicht außen herum.
Wir müssen mittendurch.

Die Schüler schlüpfen einer nach dem anderen durch die Beine der Mitschüler.
Wer durch alle gekrabbelt ist, stellt sich hinten wieder an.

Das Ganze wird nun wiederholt, aber für „Gebüsch" werden nun nacheinander
die folgenden Begriffe eingesetzt und die dazugehörigen Bewegungen ausge-
führt.

See: Die Schüler laufen im Kreis und machen Schwimmbewegungen.
Sumpf: Die Schüler heben die Beine wie ein Storch hoch, während sie weiter
          im Kreis „stapfen".
Berg: Die Schüler machen sich ganz lang, indem sie auf Zehenspitzen weiter
          im Kreis gehen, während sie ihre Arme nach oben ausstrecken.
Höhle: Die Schüler ducken sich und laufen mit gebeugtem Rücken im Kreis.

Danach wird der Text „Wir gehen auf die Löwenjagd" noch einmal leicht ängst-
lich und stotternd vorgetragen.

Wenn die Klasse „Oh – was ist das?" gesagt hat,
brüllt der Vorsprecher ganz laut: „Ein Löwe",
alle Schüler rennen auseinander.

© Cornelsen Verlag Scriptor, Berlin – Die Grundschul-Fundgrube für Vertretungsstunden

Tiermassage

Lisa Harrer

Klassenstufe 1–4
Dauer pro Durchgang ca. 10 Minuten
Vorbereitung/Material Massageanweisungen, evtl. Tonträger mit Tier- oder Dschungelgeräuschen

Ziele
- Durch Bewegung entspannen und auflockern
- Gemeinschaftserlebnis und Körpergefühl intensivieren
- Soziale Distanzen überwinden
- Soziale Kompetenzen verstärken

Verlauf

Phasen	Schritte
1	● Schüler und Lehrer bilden einen Kreis, wobei jeder den Rücken seines Vordermanns vor Augen hat.
2	● Der Lehrer liest den Text und die jeweilige Massageanleitung vor. Dabei führt er am Rücken des Kindes, das vor ihm steht, die dazugehörige Bewegung aus (s. Material).
3	● Die Schüler vollziehen die Bewegungen nach.

⚠ Tipps
- Bevor man anfängt, klärt man den Begriff „Massage". Die Tiermassage soll dem Mitschüler gut tun, es darf also weder gezwickt noch geboxt werden.
- Die Tiermassage kann beliebig erweitert werden. So können sich die Schüler weitere Tiere und dazugehörige Bewegungen überlegen, die anschließend in das Bewegungsspiel eingebaut werden.
- Als Variante bietet es sich an, einen anderen Lebensraum und dessen Tiere in die Tiermassage einzubauen. So kann das Bewegungsspiel an ein aktuelles Unterrichtsthema angepasst werden, z. B. „Tiere des Waldes", „Haustiere" …
- Durch den Einsatz eines Tonträgers mit passenden Tiergeräuschen kann das Hineinversetzen in den Lebensraum der Tiere verstärkt werden.

Material

Tiermassage

Bist du bereit für eine abenteuerliche Reise durch den riesigen Dschungel? Dann lege bitte die Hände auf die Schultern deines Vordermannes. Nun geht es los!

Wir fahren ganz gemütlich und ohne Angst in das Randgebiet des Urwalds, da kommt uns auch schon eine gewaltige Affenherde entgegen.
→ *Mit den Fingern über den Rücken klopfen.*

Nach dem ersten Schreck wischen wir uns erst einmal den Schweiß von der Stirn.
→ *Mit dem Handrücken über die eigene Stirn streichen.*

Doch da, was ist das? An der ersten Lichtung entdecken wir einen riesigen, Furcht einflößenden Elefanten. So ein Tier haben wir noch nie gesehen. Er stampft daher und trampelt alles nieder, was ihm in den Weg kommt.
→ *Mit einer Faust auf dem Rücken auf und ab klopfen.*

Plötzlich wird das Getrampel immer lauter und lauter. Wir können es nicht fassen. Eine ganze Elefantenherde kommt auf uns zugerannt und lässt die Erde beben.
→ *Beide Fäuste klopfen wild (aber nicht zu wild!).*

Fast hätten sie uns überrannt. Da haben wir aber noch einmal Glück gehabt!
→ *In die Knie gehen.*

Nach einer kleinen Verschnaufpause geht die Tour weiter. Ein lautes Krächzen lässt uns blitzschnell nach oben blicken. Was das wohl ist? Wir können kein Tier entdecken. Aber da! Ein kunterbunter Papagei schreit frech vom Baum herunter! Er ist gerade dabei, eine Nuss mit seinem Schnabel zu öffnen.
→ *Mit Daumen und Zeigefinger leicht zupfen.*

Plötzlich spüren wir etwas Kühles, das sich um unsere Beine herumschlängelt. Wir rechnen mit dem Schlimmsten. Iiiiiihhh, es ist eine riesengroße Schlange! Sie windet sich langsam an unseren Beinen vorbei und schlängelt sich an unserem Rücken hinauf.
→ *Mit den Händen vorsichtig über den Rücken streichen.*

Unser Herz rast vor Aufregung. Unser Atem stockt.
→ *Atem anhalten.*

Ein gewaltiges Brüllen reißt uns herum. Da kommt er, der König der Tiere. Bald schon ist der Löwe in unserer Reichweite, reißt sein monströses Maul auf und brüllt erneut. Der Schreck lässt all unsere Glieder erzittern.
→ *Mit zittrigen Fingern über den Rücken fahren.*

Nichts wie weg! Endlich erreichen wir unsere Herberge. Dort machen wir uns erst einmal einen heißen Tee und gehen dann schlafen.

© Cornelsen Verlag Scriptor, Berlin – Die Grundschul-Fundgrube für Vertretungsstunden

Freies Turnen

Thomas Auras

Klassenstufe 1–4
Dauer 30–45 Minuten
Vorbereitung/Material kleine Standard-Sportgeräte

Ziele

● Bewegungsformen frei finden und ausführen
● Sicherheitstechnische Regeln einhalten

Anmerkung

Im freien Bewegungsunterricht bestimmt die Lehrkraft nur den äußeren Rahmen, das sind hier Geräte und Regeln. Die Regeln müssen von den Kindern beherrscht und strikt eingehalten werden.

Die Bewegungsinhalte bestimmen die Kinder vollkommen eigenständig und unbeeinflusst. Bewegungsintensität und -vielfalt einer solchen Einheit sind erfahrungsgemäß enorm.

Verlauf

Phasen	Schritte
1	● Die Lehrerin betritt als Erster die Halle, macht sich mit örtlichen Begebenheiten bekannt und stellt die Geräte zusammen. ● Danach betreten die Kinder die Halle. Sie dürfen sich frei bewegen, ohne Geräte zu verwenden.
2	● Die Kinder werden zusammengerufen, die Lehrperson gibt bekannt, dass „freies Turnen" stattfindet. ● Bevor es losgeht, werden Grundregeln und Freiturnregeln besprochen.
3	● Die Kinder bewegen sich frei, treffen Absprachen. Die Lehrerin beobachtet zunächst nur und lässt sie gewähren. Es wird nur dann Einfluss auf das Geschehen genommen, wenn Regeln verletzt werden oder Gefahr im Verzug ist. Für Fragen und zur Hilfestellung steht die Lehrerin zur Verfügung. ● Falls notwendig, sollten die Regeln wiederholt werden.
4	● In der Schlussreflexion berichten die Kinder über ihre Bewegungsformen.

(!) Tipps
● Das Material sollte geordnet und übersichtlich an einer Hallenseite zur Verfügung gestellt werden. Denkbar ist jedes Gerät, von dem keine besondere Gefährdung ausgeht. Kinder werden es fantasievoll und vielfältig einsetzen.
● Mögliches Material:
  – weiche Bälle (möglichst in Kiste o. Ä.),
  – Seile,
  – Hütchen,
  – Tücher,
  – kleine Kästen,
  – Zeitungen, Mülltüten, Bierdeckel, Teppichfliesen.

Freiturnregeln
● Es darf nur angebotenes Gerät verwendet werden.
● Die Geräte werden nach Gebrauch wieder zurückgelegt.
● Die Geräte müssen ggf. abwechselnd benutzt oder geteilt werden.
● Durch Bänke oder Hütchen sollte der Raum sachgerecht und fair aufgeteilt werden. Insbesondere Mannschaftsspiele erfordern einen klar begrenzten Raum, der nicht die gesamte Halle einnehmen darf und so beschaffen sein muss, dass niemand gestört oder gefährdet wird.

Literatur
AURAS, THOMAS: Andere Perspektiven zulassen: Kinder als Bewegungsexperten. In: Neumann, Peter/Balz, Eckart (Hrsg.): Mehrperspektivischer Sportunterricht – Orientierungen und Beispiele. Schorndorf 2004
AURAS, THOMAS: Kinder als Bewegungsexperten. Freies Bewegen im Sportunterricht. Köln 2001
MINISTERIUM FÜR SCHULE, JUGEND UND KULTUR DES LANDES NORDRHEIN-WESTFALEN: Sicherheitsförderung im Schulsport. Rechtsgrundlagen. Frechen 2002

Sommerliches Insektenkonzert

Christina Robert/Heiko Rauenschwender

Klassenstufe 1–4
Dauer ca. 30 Minuten

Ziele
- Mit Stimme und Bewegung spielen
- Kooperatives Spielen fördern, Wahrnehmung schulen

Verlauf

Phasen	Schritte
1	• Zur Einstimmung kann „Fischer, Fischer, wie tief ist das Wasser?" mit der Vorgabe „Erlaubt ist alles, was fliegt!" gespielt werden.
2	• Danach suchen sich die Kinder für das erste Spiel einen Platz in der Turnhalle. Sie sind schlafende Insekten, z. B. Bienen, und liegen ruhig auf dem Boden. • Eine vorab bestimmte Bienenkönigin läuft summend und brummend zwischen ihnen hin und her. • Mit einer leichten Berührung weckt sie die anderen Bienen auf. • Diese werden so ebenfalls Königinnen, beginnen zu summen und aktivieren durch Berührung die restlichen ruhenden Insekten. • Sobald der ganze „Bienenschwarm" wach ist, treffen sich alle im „Bienenstock" (Mittelkreis). • Das Spiel kann mit einer neuen Königin wiederholt werden.
3	• Die Bienen ruhen sich danach etwas aus und werden wieder still. • Die Kinder legen sich auf den Rücken und bilden dabei einen Stern (die Füße liegen locker aneinander). • Ein Summton soll jetzt wandern: Ein Kind beginnt zu summen und zeigt mit einem Fußsignal (deutliches Anstupsen) seinem Nachbarn an, wann er einstimmen soll. • Nach und nach musizieren so alle Insekten, bis das Signal wieder am Ausgangspunkt angelangt ist. • Mit Beginn der zweiten Runde verstummt nun der Erste, gibt seinem Nebenmann das Zeichen, dieser hört ebenfalls auf. • So verharrt am Ende wieder der gesamte Bienenstock in Ruhe.

Zombie – Lauf- und Wurfspiel

Christina Robert/Heiko Rauenschwender

Klassenstufe   1–4
Dauer   beliebig
Vorbereitung/Material   ein Softball, zwei Langbänke

Ziele
- Spielregeln des Ballspiels kennen lernen, danach spielen und situationsgerecht verändern
- Spezifische motorische Fertigkeiten ausbauen

Verlauf

Phasen	Schritte
1	• Klären der Spielregeln im Sitzkreis.
2	• Zwei Bänke als Feldbegrenzung aufstellen. • Spielbeschreibung: Mit einer Gruppe von 20 bis 25 Kindern kann in einer Hälfte der Turnhalle gespielt werden (s. Material). Alle Spieler befinden sich im Spielfeld. Der Ball wird von der Lehrerin in die Höhe geworfen. Wer ihn fängt, versucht sofort, einen beliebigen Spieler abzuwerfen. Mit dem Ball in der Hand darf höchstens drei Schritte gelaufen und nicht zweimal hintereinander geworfen werden. Es zählen nur direkte Treffer (keine „Erdbälle"). Abgetroffene begeben sich auf die Bänke und merken sich den Spieler, der sie abgeworfen hat. Wenn diese Spieler selbst getroffen werden, dürfen die zuvor Abgetroffenen wieder zurück ins Spielfeld.
3	• Wenn man die Spielregeln verändern will, kann man dies am besten in einer Zwischen- oder Abschlussreflexion tun. • Zum Schluss werden die Bänke weggestellt.

⚠ Tipps
- Dieses Reaktionsspiel kann ohne viel Vorbereitung oder Erklärungen durchgeführt werden. Durch den ständigen Wechsel von Anspannung und Entspannung kann man es problemlos eine Schulstunde lang spielen.

- Mögliche zusätzliche Spielregeln:
  - Die abgetroffenen Kinder, die auf der Bank sitzen, dürfen keine anderen Spieler durch Zurufe beeinflussen.
  - Wer einen direkt geworfenen Ball fängt, hat damit den Werfer „abgetroffen", d. h., der Werfer muss auf die Bank.

Literatur

KOSEL, ANDREAS: Schulung der Bewegungskoordination. Schorndorf 1998

Material

Ball unter die Schnur

Christina Robert/Heiko Rauenschwender

Klassenstufe	2–4
Dauer	ca. 45 Minuten
Vorbereitung/Material	Baustellenband oder Gummischnur, zwei Ständer oder Fahnen zum Befestigen der Schnur, evtl. zwei kleine Kästen zum Stabilisieren der Ständer, zwei Gymnastikbälle

Ziele

- Die Spielregeln des Ballspiels kennen lernen und spielerisch umsetzen
- Grundlegende Fähigkeiten in den Bereichen „Ball ins Ziel bringen" und „Ziel verteidigen" erweitern

Verlauf

Phasen	Schritte
1	• Im Sitzkreis nennt die Lehrerin das Spiel, erklärt die Spielregeln und bespricht mit den Kindern den Geräteaufbau. • Einige Kinder stellen zwei Ständer auf und befestigen eine Schnur daran, sodass die Turnhalle zwei gleich große Felder hat. Die Schnur befindet sich ca. 50 cm über dem Boden.
2	• Zwei Mannschaften werden gebildet. • Spielverlauf: Beide Mannschaften verteilen sich in je einem Feld. Die Spieler versuchen, die Bälle unter der Schnur hindurch an die gegenüberliegende Wand zu rollen. Die gegnerische Mannschaft versucht, das zu verhindern. Gelingt es dennoch, ergibt ein Treffer einen Punkt. Gewonnen hat die Mannschaft, die nach einer vorgegebenen Zeit die meisten Punkte erzielt hat. Vor Beginn des Spiels muss geklärt werden, ob der Ball mit dem Fuß oder nur mit den Händen abgewehrt werden darf, welche Regelungen es bei Regelverstößen gibt und wie groß die Sicherheitszone ist, die nicht betreten werden darf.
3	• Zum Abschluss kann noch eine Reflexion stattfinden. • Gemeinsamer Geräteabbau.

[!] Tipps
• Das Spiel kann mit der ganzen Klasse gespielt werden.
• Nach einer bestimmten Zeit können die Positionen innerhalb einer Mannschaft wechseln, sodass jeder mal vorn, mal hinten steht.

Material

Memory in der Bewegung

Christina Robert/Heiko Rauenschwender

Klassenstufe 2–4
Dauer pro Durchgang ca. 10 Minuten
Vorbereitung/Material vier verschiedene Kartensätze mit Motiven, Farben oder Mustern auf einer Seite (bei einer Schülerzahl von 24 also z. B. 6 × Rot, 6 × Blau, 6 × Grün, 6 × Gelb), vier Fähnchen

Ziele
● In der Gruppe spielen können
● Visuelle Wahrnehmung schulen
● Merkfähigkeit trainieren

Verlauf

Phasen	Schritte
1	● Um die Gruppen zu bilden, kann folgendes Spiel gespielt werden: – Die Karten liegen in der Turnhalle umgedreht auf dem Boden. – Die Kinder bewegen sich frei im Raum, ohne sie zu berühren. – Auf ein Zeichen stellt sich jeder neben eine Karte, deckt sie auf, verrät aber den anderen nicht das Motiv, die Farbe oder das Muster. – Die Lehrerin stellt die Aufgabe: „Versucht, ohne zu sprechen, Kinder mit dem gleichen Bild zu finden!
2	● Nachdem die Gruppenbildung stattgefunden hat, sammeln sich die Kinder im Mittelkreis. ● Die Lehrerin erläutert das Spiel.
3	● Spielverlauf: – In jeder Hallenecke steht ein Fähnchen. Jede Gruppe stellt sich hinter ein Fähnchen in einer Ecke der Halle auf. – Die Bildkarten werden gemischt und verdeckt im Mittelkreis ausgelegt. – Auf ein Zeichen läuft dann das erste Kind jeder Gruppe so schnell es kann zur Mitte und dreht eine Karte um. ▶▶▶

- Wird das eigene Gruppenmotiv aufgedeckt, darf die Karte mitgenommen werden.
- Falsche Karten müssen umgedreht und wieder hingelegt werden.
- Die Kinder laufen zurück in ihre Ecke, klatschen ab, der zweite läuft los …
- Abwechselnd laufen die Kinder so immer weiter, bis jede Gruppe all ihre Karten gefunden hat. Als Zeichen dafür setzt sie sich hin.
- Das Spiel kann mehrmals wiederholt werden.

⚠ Tipps

● Dieses an „Memory" angelehnte Bewegungsspiel wird von den Kindern schnell verstanden und auch gern mehrmals hintereinander gespielt.

● Das Spielmaterial kann einfach besorgt oder selbst hergestellt werden. Neben Karten aller Art eignen sich z. B. auf der Innenseite farbig markierte Flaschenverschlüsse, einseitig markierte Bierdeckel usw.

● Durch das Einführungsspiel werden die Mannschaften nach dem Zufallsprinzip gebildet. Streitigkeiten („Wer spielt mit wem zusammen?") können so vermieden werden.

Stationenbetrieb mit Reifen

Thomas Auras

Klassenstufe   3–4
Dauer   ca. 45 Minuten
Vorbereitung/Material Stationskarten, Reifen, Bälle

Ziele
● Fangen und Werfen üben
● Sich mit dem Partner arrangieren

Verlauf

Phasen	Schritte
1	● Die Lehrerin betritt vor den Kindern die Halle, macht sich mit örtlichen Begebenheiten bekannt und baut die Stationen auf (s. Material). ● Die Kinder betreten die Halle und bewegen sich frei, ohne Geräte zu verwenden.
2	● Besprechen der Grundregeln (s. S. 269). ● Die Lehrerin gibt bekannt, dass an Reifenstationen geübt wird, erläutert und demonstriert die Stationen, weist auf die Stationsschilder hin. ● Besprechung der Organisation. ● Bildung von 3er-Gruppen.
3	● Die Kinder werfen und fangen an den Stationen. Die Lehrperson beobachtet das Geschehen und gibt nach einer bestimmten Zeit das Signal zum Stationswechsel.
4	● Falls notwendig, können die Regeln noch einmal besprochen oder Fragen geklärt werden.
5	● Zum Schluss bauen die Kinder die Stationen ab.

[!] Tipps

● Drei bis vier Kinder bilden jeweils eine Gruppe (acht Stationen stehen zur Verfügung).

● Die Stationen werden am besten nach einem Signal im Uhrzeigersinn gewechselt. Vorher sollten sie für die nachfolgenden Kinder hergerichtet werden.

● Die Stationsschilder können entweder abgezeichnet oder kopiert werden. Variationen sind in vielerlei Weise denkbar.

Material

Stationskarten

Kind 1 hält zwei Reifen. Kind 2 wirft den Ball durch einen Reifen zu Kind 3. Dieses wirft durch den anderen Reifen zurück.	Kind 1 rollt den Reifen. Kind 2 wirft den Ball durch den rollenden Reifen zu Kind 3.

Der Ball muss in einem oder in beiden Reifen auf den Boden geprellt und gefangen werden. Kinder wechseln sich ab.	Kind 1 dreht den Reifen. Kind 2 wirft den Ball durch den sich drehenden Reifen zu Kind 3.

 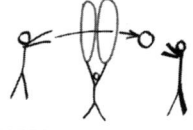

Sitzendes Kind wirft den Ball durch die Reifen nach oben und fängt ihn wieder auf. Kinder wechseln sich ab. Auch 2 Kinder können die Reifen halten.	Kind 1 hält zwei Reifen parallel. Kind 2 wirft den Ball durch beide Reifen zu Kind 3.

2

Der Ball wird im Dreieck gepasst. Kinder dürfen die Reifen nicht verlassen. Der Reifenabstand kann von den Kindern bestimmt werden.	Kinder denken sich eine eigene Reifenstation aus.

© Cornelsen Verlag Scriptor, Berlin – Die Grundschul-Fundgrube für Vertretungsstunden

Stühlerücken

Christina Robert/Heiko Rauenschwender

Klassenstufe	1–2
Dauer	beliebig

Ziele
- Reaktionsfähigkeit schulen
- Kooperation fördern
- Berührungsängste abbauen

Verlauf

Phasen	Schritte
1	● Ein Stuhlkreis wird gebildet und die Spielregeln werden erklärt.
2	● Ein Kind stellt sich in die Mitte, sodass ein Platz frei wird. ● Das Kind, das rechts neben dem freien Stuhl sitzt, wandert auf diesen Platz. ● Das nächste Kind setzt sich auf den frei gewordenen Stuhl usw. ● Das Kind im Mittelkreis versucht, sich auf einen freien Stuhl zu setzen, während die übrigen Kinder nacheinander einen Platz weiterrutschen. ● Sobald es den freien Stuhl erobert hat, darf es sich ein anderes Kind aussuchen, das sich in die Mitte stellt. ● Das Spiel kann erneut beginnen.
3	● Zum Schluss wird der Stuhlkreis aufgelöst.

⚠ Tipps
- Das Spiel erfordert ein hohes Konzentrations- und Reaktionsvermögen.
- Vor Beginn des Spiels sollten mögliche Gefahrenpunkte besprochen werden (Hände und Arme möglichst am Körper halten, damit sie nicht eingeklemmt werden und damit sich niemand auf sie setzt).

● Häufig kommt es dazu, dass ein Kind nicht den freien Stuhl trifft, sondern bei einem anderen Kind auf dem Schoß landet. Es muss daher von allen Kindern Rücksicht genommen werden.

Aufrücken! – Kreisspiel

Christina Robert/Heiko Rauenschwender

Klassenstufe   1–4
Dauer   variabel, max. 8–10 Minuten
Vorbereitung/Material ein Kartenspiel mit 32 Blatt

Ziele
● Kooperatives Spielen fördern
● Körperwahrnehmung schulen
● Berührungsängste abbauen

Verlauf

Phasen	Schritte
1	● Die Kinder sitzen im Stuhlkreis.
2	● Spielregeln: – Jedes Kind zieht eine Karte; bedeutsam für den Spielverlauf ist nur die jeweilige Kartenfarbe Karo, Herz, Pik oder Kreuz. – Den verbleibenden Kartenstapel behält ein Spielleiter. – Der Stapel wird gemischt und eine Karte aufgedeckt. – Die Kinder, die die gleiche Kartenfarbe wie die aufgedeckte haben, dürfen nun im Uhrzeigersinn eine Position im Kreis weiterrücken, entweder auf einen frei gewordenen Stuhl oder auf die Oberschenkel des Nachbarkindes. – Die nächsten Karten werden so nach und nach gezogen und das Aufrücken entsprechend fortgesetzt. – Wichtig ist, dass „besetzte" Kinder als blockiert gelten und ihre Position erst wechseln dürfen, wenn sie keinen anderen mehr vor sich haben. – Wer als Erster wieder seinen Stuhl erreicht hat, ist Sieger.

⚠ Tipps

● Dieses äußerst beliebte Spiel kann am besten in einer Kleingruppe mit acht bis zwölf Kinder durchgeführt werden.

● Die Teilnahme sollte den Kindern freigestellt sein.

● Vorab ist zu vereinbaren, dass Rücksichtnahme beim Spiel erforderlich ist. Jeder sollte sich möglichst „leicht" machen, wenn er einen Mitspieler „besetzt". Das ist besonders wichtig, wenn mehrere Kinder sich gleichzeitig auf einer Position „stapeln".

Interaktionsspiele

Gabriele Gien

Klassenstufe   1–4
Dauer   je 10 Minuten

Ziele

● Interaktions- und Kommunikationsfähigkeit verbessern

● Aktives Zuhören, Rhythmusgefühl und Motorik schulen

Anmerkung

Jedes der Spiele kann unabhängig voneinander durchgeführt werden.

Verlauf

Spiel	Schritte
Klatsch-kreis	Die Kinder sitzen im Kreis. Zunächst klatscht die Lehrerin einen Rhythmus vor, den die Kinder nachklatschen. Dann geben einzelne Schüler ihren Rhythmus vor, alle klatschen nach. Die Übung wird variiert, indem ein Kind einen Rhythmus klatscht und den Namen eines Kindes aufruft. Dieses muss den Rhythmus nachklatschen, einen neuen Baustein hinzufügen und seinerseits wieder einen Namen aufrufen. Das neue Kind nimmt den letzten Baustein auf, wiederholt ihn und hängt etwas Neues dazu usw.
	▶▶▶

Soundball	Ein Ball wird einem Mitschüler zugeworfen. Dabei macht der Werfer ein Geräusch, z. B. „huiiii". Der Mitschüler ahmt beim Werfen an den nächsten Schüler das Geräusch nach und fügt ein neues hinzu, z. B. : „huiii – pschsch". Der nächste Schüler, der den Ball fängt, greift den neuen Sound auf und fügt einen eigenen dazu, z. B. pschpsch – iiiiii. In höheren Klassen kann man wie bei Kofferpacken alle Geräusche der Reihe nach wiederholen und dann erst ein neues hinzufügen, z. B. huiii – pschpsch – iiiiiii – hohohoho.
Dirigentenspiel	Die Kinder einer Klasse stehen im Kreis, ein Kind wird vor die Tür geschickt. In der Zwischenzeit bestimmt die Klasse einen „Dirigenten". Dieser fängt an, ein bestimmtes Instrument zu spielen, das alle anderen nachspielen müssen. Wenn der Dirigent sein Instrument wechselt, tut es das Orchester auch. Während das Orchester spielt, wird das vor der Tür wartende Kind hereingeholt und muss durch genaues Beobachten versuchen herauszufinden, wer der Dirigent ist. Wird der Dirigent erraten, bestimmen der Dirigent und das Kind, das ihn erraten hat, ihre Nachfolger für die nächste Runde. **Tipp:** Es ist günstig, pro Runde höchstens drei bis fünf Mal raten zu lassen, bevor gewechselt wird, sonst zieht sich das Spiel zu sehr in die Länge.
Reihumgeschichten	Die Kinder sitzen im Stuhlkreis. Der Lehrer beginnt eine Erzählung, z. B.: „Es waren einmal ein weißer Hund und eine schwarze Katze, die trafen sich unerwartet abends im Park ..." oder „Es waren einmal zwei Kinder, Enrico und Lilli, deren Eltern wollten am Abend ausgehen ..." Reihum fügen die Kinder jeweils einen Satz dazu, die letzten beiden führen die Geschichte zu Ende. Wichtig ist, darauf zu achten, was der Vorgänger gesagt hat. Wenn einem Kind gar nichts einfällt, kann es auch aussetzen. **Tipps:** Oft ist es für Kinder einfacher, mit einem Gegenstand in der Hand zu erzählen, z. B. einem Erzählstein. Wenn ein Kassettenrekorder vorhanden ist, empfiehlt es sich, die Geschichte aufzuzeichnen und sie hinterher anzuhören. So lässt sich feststellen, ob die Erzählung sinnvoll war und wo sie besonders spannend wurde. ▶▶▶

Anstelle eines einzigen Satzes kann man auch längere Passagen reihum erzählen. Wenn ein Kind fertig ist, gibt es den Erzählstein weiter.

Erzähl-
säckchen

Diese Übung kann man am besten in Gruppen mit je vier bis sechs Kindern durchführen. Jede Gruppe erhält ein Erzählsäckchen. Das kann notfalls auch ein gefalteter Papierumschlag oder eine Plastiktüte sein. Dort kommen sechs bis acht Gegenstände hinein: ein Schlüssel, eine Murmel, ein Stein, eine Muschel, ein Püppchen usw. Jede Gruppe breitet die Gegenstände an ihrem Tisch aus und denkt sich eine Geschichte aus, in der die Gegenstände eine Rolle spielen. Steht die Grundstruktur, üben sie, die Geschichte spannend zu erzählen. Denn nachher soll sie dem Rest der Klasse erzählt werden.

Tipps: Lässt man die erzählenden Kinder beim Erzählen die Gegenstände in die Hand nehmen, dann wird die Erzählung oft vom Spielen begleitet.

Man kann den Kindern anbieten, ein oder zwei Gegenstände wegzulassen.

Eine spannende Variante bietet sich an, wenn man die Erzählungen der einzelnen Gruppen durch eine gemeinsame Rahmensituation verbindet. Beispiel: „Ihr kommt in einen Sturm und erleidet Schiffbruch, einige retten sich mit einem Stück Treibholz auf eine Insel (dort werden die Erzählgegenstände in einer Schatzkiste gefunden). Die anderen landen an Bord von Piraten usw.

Stiftge-
schichte

Vor allem Kindern in der 1. und 2. Klasse fällt das genaue Zuhören schwer. Daher eignet sich folgendes Spiel besonders für diese Jahrgangsstufen:
- Die Kinder sitzen mit ihren Sitzkissen in einem Bodenkreis, jeder hat einen Stift vor sich liegen. Der Lehrer erzählt eine Geschichte und bei einem bestimmten Stichwort müssen die Kinder ihre Stifte hochheben, z. B. beim Wort „Apfel".
- Will man das Spiel spannender gestalten, bekommt jeder, der vergessen hat, den Stift hochzuheben, einen Kieselstein oder etwas Ähnliches und muss bei drei Steinen ausscheiden.
- Anstelle des Lehrers können auch die Kinder abwechselnd eine Geschichte erzählen.

Rückenmalen

Lisa Harrer

Klassenstufe   1–4
Dauer   beliebig
Vorbereitung/Material   Stifte, Papier

Ziele

● Sinnesorgane aktivieren
● Partnerschaftliches Verhalten fördern
● Konzentration schulen

Anmerkung

Das Rückenmalen ist vielen Kindern aus dem Schriftspracherwerb als spielerisches Einüben der Buchstabenformen bekannt. Diese Möglichkeit, die Sinnesorgane zu aktivieren und zu schärfen, lässt sich weiter ausbauen.

Verlauf

Phasen	Schritte
1	● Die Klasse stellt sich in einer Reihe auf, ein Schüler steht hinter dem anderen.
2	● Der letzte in der Reihe „malt" seinem Vordermann mit dem Finger einen Gegenstand, einen Buchstaben, einen Rechenterm oder ein Wort auf den Rücken. Diese „Zeichnung" wird von Schüler zu Schüler weitergegeben. ● Ist die „Zeichnung" beim vordersten Schüler angekommen, malt dieser sie auf ein Blatt Papier.
3	● Das Ergebnis wird der Klasse gezeigt und gemeinsam besprochen.

⊡ Tipps

● Das Rückenmalen kann mit der bekannten „Flüsterpost" kombiniert werden. Die Kinder müssen sich gleichzeitig mehrere Dinge merken (ein gehörtes Wort, eine gefühlte Figur, …).
● Der Schwierigkeitsgrad kann je nach Jahrgangsstufe erhöht werden. Bei Schülern der 1. und 2. Klasse sollten sich die Malmotive auf Gegenstände,

einzelne Buchstaben oder Zahlen beschränken. Ältere Kinder können bereits Wörter, kurze Sätze oder Rechenterme auf den Rücken schreiben. Bei Rechentermen muss das letzte Kind das Ergebnis nennen.
● Eine ruhigere Variante besteht darin, dass die Schüler das Rückenmalen paarweise durchführen. Hierbei können sie auf ihren Plätzen sitzen bleiben. Diese Möglichkeit bietet sich auch bei Platzmangel an.

Gedächtnistraining

Jule Krisch

Klassenstufe 1–4
Dauer beliebig
Vorbereitung/Material Folie mit Zahlen- und Wörterschlangen, OH-Projektor

Ziele
● Gedächtnis trainieren
● Merkstrategien entwickeln

Anmerkung
Die Kapazität des menschlichen (Ultra-)Kurzzeitspeichers ist begrenzt, aber trainierbar. Es können ungefähr sieben sinnlose Einheiten kurzfristig abgespeichert werden. Bei den sinnvollen Einheiten sind es etwas mehr. Ein Training des Gedächtnisses wirkt sich positiv auf die Konzentrationsfähigkeit aus.

Verlauf

Phasen	Schritte
1	● Die Lehrerin liest zunehmend länger werdende Zahlen- oder Wörterschlangen vor (s. Material). Vorher zeichnen die Kinder einfache Schlangen auf ein Blatt Papier. ● Nach jeder vorgelesenen Zahlen- oder Wörterschlange schreiben die Kinder die Folge aus dem Gedächtnis in ihren Schlangen hinein. ● Nach vier bis fünf Runden vergleichen die Kinder gemeinsam ihre Schlangen mit denen auf der Folie. ▶▶▶

2	● Lehrerin und Schüler überlegen gemeinsam, ob es Hilfen gibt, die das Behalten erleichtern.
	● Um das kurzfristige Merken zu trainieren, kann jedes Kind gedanklich im Uhrzeigersinn durch sein Kinderzimmer oder das Klassenzimmer laufen. Dabei merkt es sich je nach Klassenstufe vier bis sieben Gegenstände in der Reihenfolge ihres Erscheinens, z. B. Bett – Regal – Fenster – Puppenhaus – Schreibtisch – Tür. Diese festgelegte Folge dient der gedanklichen Verknüpfung der richtigen Reihenfolge der Zahlen- oder Wörterschlangen.
3	● Ein bis zwei weitere Durchgänge folgen, bevor die Fortschritte gemeinsam besprochen werden.

① Tipps

● Die festgelegte Folge kann bei Bedarf jederzeit erweitert werden, sodass die Kinder sich immer längere Schlangen merken.
● Trainiert werden sollen auch sinnvolle Zahlenreihen, etwa Telefonnummern und Geburtstage.
● Ausweitbar ist das Prinzip auch auf rechtschreiblich zu übende Wörter, auf Gedichte usw.

Material

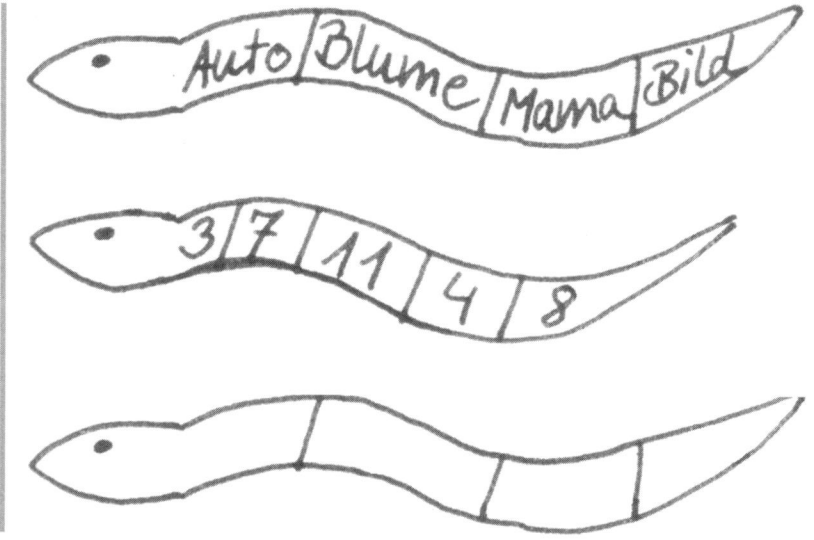

Fehler auf Bildern entdecken

Klaus Metzger

Klassenstufe 1–4
Dauer beliebig
Vorbereitung/Material Bilder auf Folie kopieren, OH-Projektor, Halbkreis vor der Tafel

Ziele
● Genaues Hinsehen fördern
● Aufmerksamkeit schulen

Anmerkung

Allgemein ist eine zunehmende Beschleunigung des Lebens festzustellen, die sich auch in unseren medialen Umwelten niederschlägt. Das wirkt sich auf die Wahrnehmungsfähigkeit aus: Kinder und Jugendliche lesen, schauen und hören oft nur noch flüchtig und oberflächlich. Zeit zur genauen, aktiven und nachhaltig wirkenden Rezeption haben sie offenbar nicht (mehr). Das ist problematisch, denn die überall beklagte Konzentrationsschwäche vieler Schüler hat auch damit zu tun. Kinder müssen wieder „sehen lernen". Das Betrachten von Einzelbildern bietet dazu Chancen.

Im Unterrichtsvorschlag werden den Kindern Bilder mit logischen Fehlern gezeigt, die aber nur bei genauem Hinsehen entdeckt werden.

Verlauf

Phasen	Schritte
1	● Bild 1 (s. Material) kommentarlos per OH-Projektor zeigen. ● Reaktionen der Schüler abwarten.
2	● Nacheinander ein Bild per OH-Projektor zeigen. ● Bewusst ausreichend Zeit zur Rezeption geben. ● Die Schüler formulieren, was an diesem Bild mutmaßlich nicht stimmt.

[!] Tipps
● Über die Beispiele in diesem Vorschlag hinaus kann man bekannte Bilder, Gemälde oder Sequenzen aus Filmen verändern und dort Fehler einbauen. Die so genannten „fakes" lassen sich einfach am PC herstellen. Jedes Office-Programm verfügt über ein Grafikprogramm, mit dem sich

kleine Änderungen an Bilddateien vornehmen lassen. Der Schwierigkeitsgrad lässt sich damit gut variieren. Schon Grundschulkinder sind in
der Lage, „fakes" herzustellen. Diese können auf dem PC oder einer CD-
ROM gesammelt werden. So entsteht ein Fundus, der immer wieder eingesetzt werden kann.

● Über diese „fakes" lässt es sich über die medialen Erfahrungen, über die
Idole der Kinder ins Gespräch kommen.

● Ein weiterer Baustein in der Medienerziehung: In jedem Film gibt es so
genannte „goofs". Das sind Fehler, die durch Unachtsamkeit beim Drehen des Films entstanden sind. Ein typisches Beispiel sind Uhren an den
Handgelenken „alter Römer". Im Internet sind Sammlungen von „goofs"
abrufbar (www.imdb.com/Sections/Goofs). Solche kurzen Sequenzen
kann man den Kindern per Video oder DVD vorführen. Um die Fehler zu
entdecken, muss hier noch sehr viel genauer hingesehen werden als bei
einem Einzelbild.

Literatur

METZGER, KLAUS: Handlungsorientierter Umgang mit Medien im Deutschunterricht. Berlin 2001

METZGER, KLAUS: Vom unkonventionellen Umgang mit Medien. In: Sprachli-
ches Handeln in der Grundschule. Schatzkiste Sprache 2. Frankfurt:
Grundschulverband – Arbeitskreis Grundschule e.V./DGLS 2002,
S. 330–337

THIELE, JENS: Sehenlernen im Fluss der Bilder. Zur Wiederentdeckung des
Einzelbildes. In: Stenzel, Gudrun (Hrsg.): Vom Papiertheater zum Computer. Alte und Neue Medien in Theorie und Praxis. Beiträge Jugendlite-
ratur und Medien, 11. Beiheft. Weinheim 2000, S. 49–59

Material

Dem Kind fehlt ein Auge.

Dem Schmetterling fehlt
ein Fühler.

© Cornelsen Verlag Scriptor, Berlin – Die Grundschul-Fundgrube für Vertretungsstunden

Die Überschrift „Obst" ist falsch. Auf dem Plakat müsste „Gemüse" stehen.

Erdbeeren wachsen nicht an Bäumen.

© Cornelsen Verlag Scriptor, Berlin – Die Grundschul-Fundgrube für Vertretungsstunden

Wir erklären Außerirdischen unsere Welt

Mechthild Maren Witte

Klassenstufe 1–4
Dauer beliebig
Vorbereitung/Material Bilder von Außerirdischen, Beispiele fertiger Rätsel

Ziele
● Sich sachbezogen verständigen
● Rätsel lösen und formulieren
● Fantasielebewesen malen
● Wortkreationen schreiben und lesen

Verlauf

Phasen	Schritte
1	● Die Lehrerin zeigt Bilder von Außerirdischen des Planeten ERMIDIWE (s. Material).
	● Diese Lebewesen kennen sich auf der Erde nicht aus. Die Kinder sollen ihnen helfen, indem sie den Außerirdischen Gegenstände und Begriffe unserer Welt begreiflich machen.
	● Je nach Klassenstufe wählen die Kinder eigene Alltagsgegenstände aus, die erklärt werden sollen oder die Lehrerin gibt Wörter vor, z. B. sachunterrichtliche Begriffe.
	● Als Orientierung können bereits fertige Rätsel vorgelesen werden. Einige Beispiele von Kindern befinden sich im Materialanhang. Beim Vorlesen ist wichtig, den zu erratenden Begriff nicht zu nennen. So können die Kinder mitraten und dabei überprüfen, ob die Erläuterung für die Außerirdischen hilfreich ist.
2	● Die eingangs ausgewählten Gegenstände und Begriffe formulieren die Kinder nun als kleine Rätsel.
	● Schnelle Kinder können schon mit Phase 4 fortfahren – auch wenn diese Phase nur mündlich erarbeitet wird.
3	● Die (schriftlichen) Rätsel werden vorgetragen und erraten.
4	● Abschließend malen die Kinder die Bewohner des Planeten ERMIDIWE und geben ihnen Fantasienamen (z. B. Tauli, Omom).
	● Zusatzaufgabe: Ermidiwedianische Tiere malen und benennen.

[!] Tipps

● Im 1. Schuljahr wird man sicher den Schwerpunkt auf die Phase 4 legen, wobei einfache Namen schon gut gelesen werden können (z. B. Amu, Iso, Ofi, …).

● In höheren Klassenstufen sollte bei der Formulierung der Rätsel darauf hingewiesen werden, dass ein zu klarer Hinweis schon im ersten Satz dem weiteren interessierten Zuhören entgegenwirkt (z. B.: „Es hat vier Beine und bellt."). Die folgende Beschreibung enthält mehr Informationen, ohne die Lösung gleich im ersten Satz zu verraten: „Menschen halten sich so ein Lebewesen als Haustier. Am liebsten läuft und spielt es draußen. Es wedelt mit dem Schwanz und kann bellen."

Material

Fertige Rätsel

● Das sind Dinger, die wir im Mund haben, und man kaut damit. Regelmäßig müssen sie geputzt werden, sonst werden sie gezogen. (Zähne)

● Das ist ziemlich klebrig und damit kann man Blasen machen. Es schmeckt minzig oder süß. (Kaugummi)

● Es ist schleimig und es hat ein Haus. Es hat Fühler. Wenn es regnet, zieht es sich zurück. Den Menschen hat es als Feind. (Schnecke)

● Es ist ein Gerät, mit dem man sauber machen kann. Es zieht alles an, was in seiner Nähe ist. Sein Schlauch ist sehr lang, weil in den Ecken Dreck ist. Er hat Knöpfe zum Ausschalten und zum Anmachen. (Staubsauger)

● Damit kann man Kleidung sauber machen. Man schüttet Seifenpulver rein. Es braucht dann ein paar Stunden Zeit dafür. (Waschmaschine)

● Es ist ein Ding, womit man näher sehen kann. Man kann auch weit sehen und man kann es verstellen. (Fernglas)

● Damit kannst du schöne Musik machen. Die Saiten sind sehr dünn. Bei Zeichentrickfilmen haben die Engel so etwas. (Harfe)

● Dieser Mensch tritt auf der Bühne auf. Er macht Songs und er ist auch beliebt. Wenn er berühmt ist, ist er ein Star. (Sänger)

● Das ist ein Beruf. Da braucht man Farbe und Pinsel. Man muss dafür Talent haben. (Maler)

Bewohner des Planeten ERMIDIWE

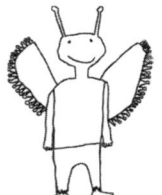   

Sprachlich-körpersprachliche Improvisationsspiele

Christine Köppert

Klassenstufe 2–4
Dauer beliebig
Vorbereitung/Material evtl. Papp- oder Papierrolle, Wörterbuch

Ziele
● Kreativität fördern
● Reaktionsvermögen schulen
● Selbst- und Fremdwahrnehmung stärken
● Sprachliche Wendigkeit und Fantasie fördern
● Mündlich erzählen

Anmerkung
Die nachstehenden Spielsituationen werden meist im großen Kreis, z. T.
auch zu zweit oder in der Kleingruppe durchgeführt. Sie sind zwar aufbau-
end angeordnet (vom Nonverbalen zum Verbalen), können aber beliebig
ausgetauscht, abgewandelt und durch weitere Beispiele ergänzt werden.

Verlauf

Spiel	Schritte
Begrüßungsrituale (nonverbal)	Alle Schüler laufen kreuz und quer durch den Raum. Sie begrüßen sich nacheinander mit verschiedenen Gesten, je nach Aufruf durch die Lehrkraft, z.B. Hände schütteln, Wange tätscheln, Nasen aneinander reiben, Hüfte an Hüfte stoßen, auf die Schulter klopfen, umarmen usw. Wem aus der Klasse fällt wohl noch eine Variante ein?
Klatschkreis (nonverbal)	Alle stehen im Kreis. Die Lehrkraft klatscht in Richtung ihres Nachbarn in die Hände. Dieser nimmt das Klatschen auf und gibt es wiederum an den Nächsten weiter usw. Die Schüler werden dabei zu möglichst raschem Tempo angefeuert. Es kann im Klatschrhythmus variiert werden. Auch lässt sich die Richtung spontan wechseln, indem einer das Klatschen dahin zurückgibt, wo es hergekommen ist. Schließlich geht das Klatschen gleichzeitig nach rechts und nach links oder folgt mehrfach in eine Richtung aufeinander. Wo entsteht eine anspruchsvolle Verdichtung der Klatschfolge? ▶▶▶

Gesichter weitergeben (nonverbal)	Einer im Kreis demonstriert seinem Nachbarn einen bestimmten Gesichtsausdruck. Dieser übernimmt ihn und zeigt ihn der Runde. Die Beobachter suchen nach passenden Bezeichnungen und rufen diese in den Kreis. Der Spieler wählt dann eine neue Miene und gibt diese weiter. Wieder werden passende Begriffe assoziiert. Dasselbe kann auch mit Gesten erfolgen.
Wozu braucht man ...? (nonverbal)	Eine Rolle aus Pappe oder Papier wird durch die Runde gegeben. Jeder weist ihr gestisch eine andere Funktion zu, z. B. die eines Fernrohrs, eines Spazierstocks, einer Gewichtstange usw. Auch andere Gegenstände eignen sich für das Spiel, z. B. Abfalleimer, Trinkbecher usw.
Assoziationskreis 1 (nonverbal)	Ein imaginärer runder Gegenstand wird quer durch den Raum von Spieler zu Spieler geworfen, gerollt, geschlagen oder balanciert. Bei demjenigen, der ihn erhält, verändert er jeweils seine Größe, Beschaffenheit und Funktion, was man an den Bewegungen der Teilnehmer sieht.
Assoziationskreis 2 (verbal)	Per Handbewegung „wirft" einer einem anderen einen Begriff zu und spricht ihn auch aus, z. B. Apfel. Der andere „fängt" den Gegenstand so auf, wie es Größe, Form und Schwere eines Apfels entspricht. Er wiederholt das Wort laut und assoziiert nun einen neuen Gegenstand, z. B. Hut, Bleistift, Luftballon. Der neue Gegenstand wird wieder benannt und weitergeworfen. Die Bewegung ist dabei nun auf den neuen Gegenstand abgestimmt. Wenn möglich, soll sich das Spiel im Tempo steigen.
Was machst du da?	Jemand im Kreis führt pantomimisch eine Tätigkeit aus, z. B. schwimmen. Der Nachbar fragt: „Was machst du da?" Der Erste gibt eine offensichtlich falsche Antwort, z. B. „Geschirr spülen". Der Zweite ahmt die Bewegungen des Geschirrspülens nach. Der nächste Spieler fragt: „Was machst du da?", und erhält wieder eine abweichende Entgegnung, z. B. „ein Buch lesen", was er seinerseits demonstriert usw. Das Spiel kann auch als Partnerspiel organisiert werden. Die Fragen und Handlungen gehen dann zwischen je zwei Schülern hin und her. Die ganze Klasse ist gleichzeitig beschäftigt. Die Lehrkraft geht herum, beobachtet, hört zu, schaltet sich da und dort vorsichtig ein. ▶▶▶

Scharade	Ausführung durch zwei Großgruppen im Kreis oder in mehreren Kleingruppen. Die Lehrkraft zeigt der einen Gruppe Kärtchen mit zusammengesetzten Nomen, z. B. Schlüsselblume, Kindergarten, Hundekuchen. Die Spieler setzen die Begriffe in nonverbale Darstellung um. Die gegnerische Gruppe rät die Bedeutung. Nach einigen Durchführungen werden die Rollen getauscht. Laute, z. B. Bellen, sind erlaubt, aber keine Worte. Es empfiehlt sich, erst das eine und dann das andere Wort der Zusammensetzung zu demonstrieren. Die Reihenfolge von Grund- und Bestimmungswort kann variiert werden.
Was ist passiert?	Ein Kind zeigt pantomimisch, was sich in den letzten Tagen zugetragen hat. Dabei kann es durch inhaltliche Anregung von Seiten der Lehrkraft oder auch durch die anderen Spieler unterstützt werden. Ein anderes Kind setzt in Worte um, was es sieht. So können sich kleine Erzählungen daraus entfalten.
Was wärst du als ...?	Kreisformation mit jeweils einem Kind in der Mitte. Die Lehrkraft wirft einem in der Runde ein Stichwort zu, z. B. Pflanze. Der Aufgerufene sagt zu dem Kind in der Mitte: „Als Pflanze wärst du ein Löwenzahn." Ein anderes Kind bekommt das nächste Stichwort usw. („Als Tier, Gebäude, Möbelstück, Getränk, Essen ... wärst du ..."). Die Lehrkraft achtet darauf, dass die Typisierungen keinen verletzenden Charakter annehmen.
Ja-nein-Spiel	Partnerspiel, bei dem die anderen zuschauen und zuhören. Zwei führen ein Gespräch. Dem einen steht nur das Wort „ja", dem anderen nur das Wort „nein" zur Verfügung. Mit Hilfe von Stimme, Mimik, Gestik und Raumverhalten können sehr verschiedene Stimmungen und Interaktionen zum Ausdruck kommen. Es können sich sogar kleine Situationen oder Szenen daraus entwickeln. Zum Beispiel möchte der eine den anderen zu etwas überreden, ihn trösten, ihn mit sich nehmen, ihm die Unmöglichkeit eines Anliegens klar machen usw. Im Anschluss verbalisieren Beobachter aus der Runde das Gesehene und Gehörte. Je häufiger das Spiel probiert wird, desto besser gestalten sich Stimmführung, Körperausdruck und Ideenfindung.

▶▶▶

| **Spiel mit Fantasie-wörtern oder unbe-kannten Wörtern** | Ein Kind im Kreis nennt einem anderen ein Fantasiewort, z. B. Humaboga, Pürülü oder krafzgen. Das andere Kind erklärt, was das Wort „bedeutet", und denkt sich eine Zusatzerläuterung aus, z. B. woher das Wort kommt: „Schpunna" ist ein schwedisches Wort für eine seltene Riesenspinne, die im Laubwald lebt.

Variante 1 – Lexikonspiel
Das Spiel findet in Kleingruppen statt. Ein Kind entnimmt einem Wörterbuch einen unbekannten oder seltenen Begriff. Jeder in der Gruppe ersinnt eine mögliche Bedeutung und umschreibt sie. Die Orientierung richtet sich dabei auf den Klang des Wortes, die lautliche Verwandtschaft zu bekannten Begriffen, die Wortendung, die Vorsilbe usw. Gemeinsam wird debattiert und begründet, welche der Versionen besonders plausibel ist, bevor die wirkliche Bedeutung aus dem Lexikon vorgelesen wird. In Abwandlung kann sich ein Kind ein Fantasiewort und seine Bedeutung ausdenken und dies zur Disposition stellen.

Variante 2 – Tabalugasprache oder eigene Fantasiesprache
Statt „ja" und „nein" können sich zwei Kinder durch Fantasiewörter einen Dialog liefern (z. B. „Tabaluga" bzw. „taba" und „luga"). In versierten Klassen erfolgt ein Gespräch oder eine Begrüßungsrede in einer erweiterten Fantasiesprache. Ein Kind ist Dolmetscher und übersetzt schrittweise. Orientierung geben Wortklang, Gestik und Mimik. |
|---|---|
| **Erzählen im Kreis** | Ein Kind im Kreis beginnt eine Geschichte zu erzählen („Dies ist eine Geschichte von einer kleinen Katze, die sehr, sehr gerne …"). Die gängige Vorgehensweise ist, dass die Kinder sich satzweise ablösen. Anforderung, Spannung und Reiz steigen, wenn die Lehrkraft durch ein Zeichen spontan ein anderes Kind zur Fortführung veranlasst. Dies kann auch mitten im Satz geschehen.

Variante 1 – Worteinwurf
Um den Schwierigkeitsgrad zu erhöhen, werfen einzelne Kinder auf das Signal der Lehrkraft ein Wort ein, das das Kind, das gerade erzählt, in seine Rede einbauen muss.

 |

	Variante 2 – Hilfestellung Ein Kind erzählt. Wenn es stockt, spielt ihm ein anderes Kind blitzschnell eine Idee zu, die weiterhilft, z. B. „Der Prinz ging weiter …" – Einwurf: „… und kam zu einem Glasberg". *Variante 3 – Buchstabenanschluss* Ein Kind beginnt zu erzählen („Ein Mädchen mit roten Haaren …"). Beim Sprecherwechsel, durch Satzende oder ein Zeichen angezeigt, muss der anschließende Satz mit dem letzten Buchstaben der vorausgehenden Rede beginnen.
Die Wünsche des Königs	Ein Kind sitzt als König oder Königin auf einem Thron und äußert einen Wunsch, z. B. durch ein spannendes Spiel unterhalten werden, … eine neue Gestaltung des Thronsaals, … besonderen Speiseplan, … ein Programm für das geplante Schlossfest usw. Ein Kind nach dem anderen tritt als Diener auf, schlägt Ideen vor und demonstriert das Gesagte durch Gesten und Präsentieren imaginärer Gegenstände. Der König ist sehr kritisch und winkt in den meisten Fällen gelangweilt ab. Welchen Vorschlag wird der König wohl schließlich annehmen? Und mit welcher Begründung?
Fremde Arme	Ein Kind sitzt auf einem Stuhl und erzählt etwas oder beantwortet Fragen, die aus dem Kreis kommen, z. B. Fragen über ein Hobby. Ein anderes Kind kniet hinter dem Stuhl, steckt seine Hände durch die Achseln des sitzenden Kindes und gestikuliert für dieses. Ideal ist es, wenn sich die beiden Kinder gegenseitig anregen. Das kniende Kind versucht, die Gestik nach dem Gesprochenen auszurichten, umgekehrt wird das sprechende Kind durch die Arm- und Handbewegungen auf Einfälle gebracht.

🗊 Tipps
- Es ist sinnvoll, mit Improvisationen ohne Worte zu beginnen, auf denen dann sprachliche aufbauen.
- Die Spiele können isoliert auch als Einführung in vielerlei Themen des Deutschunterrichts verwendet werden.

Literatur
VLCEK, RADIM: Workshop Improvisationstheater. Donauwörth 2000
   In diesem Band findet man weitere Anregungen.

Englische Wörter aus dem Alltag der Kinder

Tom Auras

Klassenstufe   2–4
Dauer   ca. 45–60 Minuten
Vorbereitung/Material   Papier und Stifte

Ziele
● Englische Wörter im Zusammenhang mit Produkten erkennen
● Englische Vorkenntnisse bewusst machen
● Einige englische Wörter lernen
● Einsicht in den Gebrauch englischer Wörter im Alltag nehmen: Globalisierung, spektakuläre Wirkung

Verlauf

Phasen	Schritte
1	● In der Klasse: Die Lehrerin gibt bekannt, dass englische Wörter in Schaufenstern oder in einem Supermarkt aufgespürt und aufgeschrieben werden sollen. ● Besprechung von Regeln: Kinder bleiben zusammen, Waren werden nicht angerührt, Kunden nicht gestört. ● Bevor es losgeht, nehmen die Kinder etwas zum Schreiben mit.
2	● Unterrichtsgang im Supermarkt oder zu Schaufenstern.
3	● Die Kinder durchforsten das Angebot und schreiben alles Gefundene auf. ● Die Lehrerin beobachtet, gibt ggf. Hinweise auf eigene interessante Entdeckungen und steht für Fragen zur Verfügung.
4	● Gang zur Schule.
5	● Die Entdeckungen der Kinder werden an der Tafel gesammelt und Vermutungen über die Bedeutung angestellt. Falls genug Zeit ist, schreiben die Kinder die Wörter in ihr Heft.
6	● Die Lehrerin fragt nach den Gründen für die Vielzahl englischer Wörter. ▶▶▶

> ● Die Vermutungen der Kinder unterstützt die Lehrerin durch Hinweise wie: Spielzeuge werden für den Verkauf in der ganzen Welt hergestellt, Englisch ist Weltsprache, englische Begriffe sollen lässig und spektakulär wirken.

☐ Tipps

● Beim Besuch eines Geschäftes ist es sinnvoll, sich vorher bei der Geschäftsführung anzumelden. Dies verhindert Konflikte und Irritationen.

● Ein Blick auf englische Wörter in der Umgebung macht der Lehrkraft die Präsenz englischer Wörter bewusst. Ferner können mögliche Fragen und Verständnisschwierigkeiten vorhergesehen werden, z. B. ist „He-Man" (Actionfigur) ein englisches Wort?

● Nicht vergessen: Abmelden zu einem Unterrichtsgang in der an der jeweiligen Schule üblichen Form.

● Die Erste-Hilfe-Tasche mitnehmen.

● Für unterwegs: Die Klasse ist ein Bus. Die vorderen Kinder sind Scheinwerfer und die hinteren Bremslichter. So ist klar, wer vorne und wer hinten geht.

Stabile Brücken aus Papier bauen

Dirk Menzel

Klassenstufe 3
Dauer ca. 45 Minuten
Vorbereitung/Material einfaches Tafelbild, Brückenbilder auf Folie kopieren; ca. 50 leere DIN-A4-Blätter, Kleber, Scheren

Ziele

● Im Team eine tragfähige Brücke aus Papier bauen
● Kennenlernen verschiedener Brückentypen
● Brückenkonstruktionen nach technischen Gesichtspunkten bewerten

Verlauf

Phasen	Schritte
1	• Ein einfaches Tafelbild (s. Abbildung 1), das auch vor den Augen der Kinder entsteht, dient als Impuls. Der vor die Tafel geschobene Tisch deutet an, dass dort eine Brücke aufgestellt werden soll. • Die Vermutungen der Kinder werden aufgenommen und leiten zur Aufgabe für die folgende Arbeitsphase über:
2	• „Baut aus Papierblättern eine Brücke, die über diesen Fluss reicht (Tafelbild). Sie muss stabil sein und soll möglichst viele Stückchen Kreide tragen können. Ihr dürft das Papier falten und rollen, aber auch Kleber und Schere benutzen. Baut eure Brücke am besten auf einer Mappe, damit ihr sie später nach vorne transportieren könnt. Klebt sie aber nicht auf!" • Je nach Sitzordnung, Größe und Einschätzung der Klasse kann die Aufgabe in Kleingruppen- oder Partnerarbeit durchgeführt werden. Sehr schnelle Teams können zur Differenzierung eine zweite Brücke bauen. Das Testen der Stabilität fertiger Brücken sollte aber als entscheidender Teil der Konstruktion dabei nicht zu kurz kommen.
3	• An die Teamarbeit schließt sich der gemeinsame Stabilitätstest der Brücken an. Die fertigen Konstruktionen werden auf den Tisch vor das Tafelbild gestellt und mit Kreiden oder Gewichten belastet. „Welche Brücke hält diesem Test stand, ohne sich allzu sehr durchzubiegen oder zusammenzubrechen?" • Es schließt sich ein Gespräch darüber an, warum gerade bestimmte Brücken so stabil sind. Dabei sollten Vermutungen immer nochmals ausprobiert werden.
4	• Die offene Frage, welche anderen Brücken die Kinder noch kennen, führt zu Brücken aus der Lebenswelt der Kinder und zu berühmten Brücken. • Anhand der Bilder (s. Material) einer Balkenbrücke, einer Bogenbrücke, einer Schrägseilbrücke und einer Hängebrücke können die Erfahrungen aus der Konstruktionsphase und weitere Überlegungen das Gespräch über Brücken abschließen. Die Kinder können angeregt werden, zu Hause mit einfachen Materialien weitere Brücken zu bauen und ihre Augen in Sachen Brücken offen zu halten.

⚠ Tipp

Brücken sind dann am stabilsten, wenn die Druckkräfte (bei Hänge- oder Schrägseilbrücken die Zugkräfte) sich gegenseitig stabilisieren. Bei Brücken über Flüsse ist es zudem von Vorteil, wenn möglichst wenige Stützpfeiler im Wasser stehen müssen.

Literatur

ARDLEY, NEIL: Spannendes Wissen über Technik im Alltag. München 2001

Material

Abbildung 1: Tafelbild und Tisch, auf den die Brücken gestellt werden.

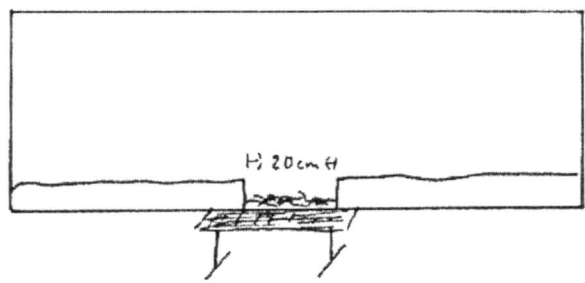

Abbildung 2: Mögliche Papierbrücken

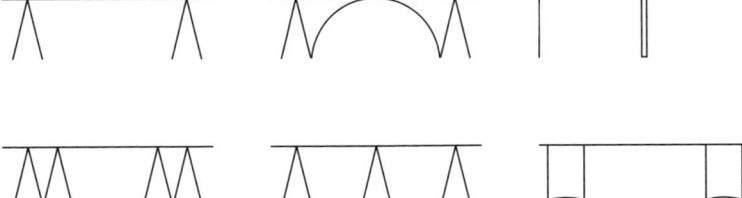

Vier Hauptformen von Brücken

Bogenbrücke

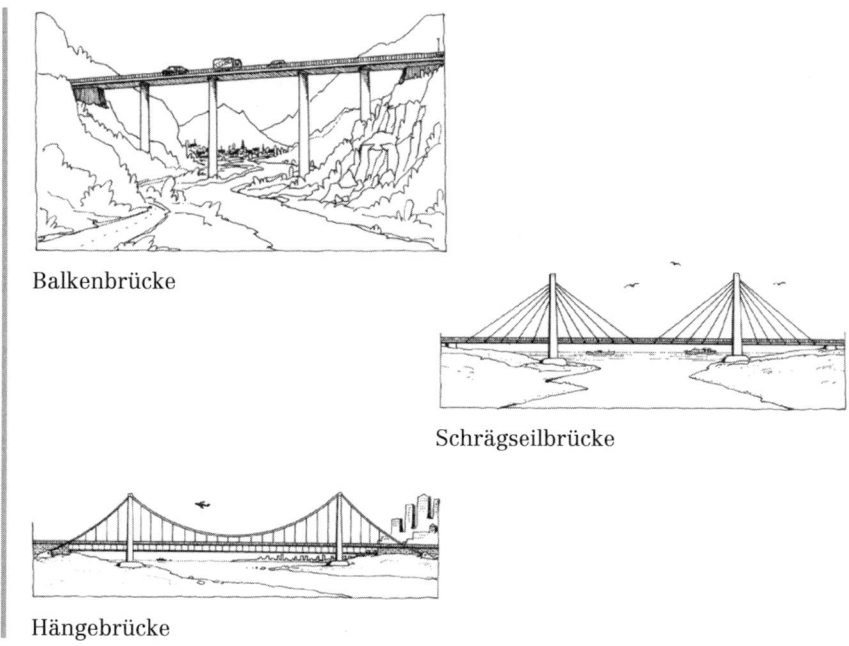

Balkenbrücke

Schrägseilbrücke

Hängebrücke

Die 13 Zauberer – Interaktionsspiel

Christine Köppert

Klassenstufe   3–4
Dauer   ca. 45 oder 60 Minuten
Vorbereitung/Material Pappe, Papier, Schere, Klebstoff, Tonpapier, Malkas-
                          ten, evtl. Stoffreste, evtl. Glanzpapier ...

Ziele
- Fantasie anregen
- Teamwork fördern
- Konsensfähigkeit schulen
- Diskussionsfähigkeit stärken
- Sprachlich erläutern und argumentieren

Verlauf

Phasen	Schritte
1	● Vorbereitungsarbeit in Kleingruppen je fünf bis sechs Schüler: Die Kinder lesen den Text (s. Material), beraten sich und entscheiden, welche fünf Zauberer ihnen am wichtigsten erscheinen und warum. Eine Hilfe kann sein, zunächst zu überlegen, auf wen sie verzichten können oder ob sie sogar einzelne Zauberer eher negativ einschätzen. Sie übernehmen jeweils die Rolle einer der ausgewählten Wunschfiguren und überlegen sich, wie sie diese Figur vor der Klasse präsentieren wollen, z. B. „Ich bin … und beherrsche die Kunst des …" Je nach Zeit ersinnen sie eine kleine Szene, in der die jeweilige Zauberkraft zur Wirkung kommt. Auch ein passendes Requisit für die Figur kann gebastelt werden. Besteht die Gruppe aus sechs Kindern, erfüllt eines die Rolle des Sprechers, der die einzelnen Zauberer ankündigt und in werbenden Worten anpreist. Die Kinder sollen versuchen, eine Sprache zu wählen, die zur Welt des Zauberns passt.
2	● Szenische und erläuternde Präsentation vor der Klasse: Die Gruppen präsentieren ihre Vorbereitungen und stellen sich Fragen und Einwänden, die von den anderen aus der Klasse kommen können.
3	● Erörtern von Für und Wider in der Klasse: Abschließend wird besprochen, wer besonders überzeugt hat, ob sich eine Meinung gegenüber einer Figur geändert hat, welche Begründungen zu entkräften sind usw. Hierbei stellen sich die Kinder auf eine Sprache der sachlichen Argumentation ein.

In dem Literaturhinweis finden Lehrkräfte hier eine Reihe von Anregungen, die sich auch verändert für den Deutschunterricht, aber auch für Religion und Ethik gut einsetzen lassen.

Literatur

VOPEL, KLAUS: Interaktionsspiele. 6 Bände. Iskopress. Salzhausen 2001–2002

Material

13 wunderkräftige Zauberinnen und Zauberer

1. Doc Tausendschön
   Er ist ein höchst geschickter Arzt, der dir – hex, hex – dein Traumgesicht, deinen Traumkörper und deine Traumhaare verschafft.
2. Professor Super-Job
   Er macht dich zu einer berühmten Kinderärztin, einer Balletttänzerin, einem Professor für Mathematik, einem großen Schriftsteller, einem tollen Pop-Sänger oder was immer du gern werden willst.
3. Gevatter Methusalem
   Er verwandelt dich so, dass du niemals alt wirst und immer jung aussiehst.
4. Dr. Dr. Lexikon
   Er macht, dass du alles weißt, und lässt deine Intelligenz auf Höchststufe schnellen.
5. Frau Verständnisvoll-Alleserlauberin
   Sie achtet darauf, dass du nie Streit oder Ärger mit deinen Eltern hast und dass sie dich machen lassen, was du willst.
6. Gute Kräuterhexe Rotbäckchen
   Wenn sie dir beisteht, wirst du niemals krank und fühlst dich immer topfit.
7. Herr Ober-Ober-Ober-Bestimmer
   Unter seinem Schutz hat dir niemand etwas vorzuschreiben: kein Lehrer, keine Polizei, kein Hausmeister …
8. Mister Kumpel und Fräulein Zu Neigung
   Sie sorgen dafür, dass du immer gute Freunde hast, die zu dir halten und nie aufhören, dich zu mögen.
9. Ölscheich Milli Onär
   Ihm verdankst du riesigen Reichtum; es gibt nichts, was du dir nicht kaufen kannst.
10. Präsident Allmächtig
    Er verzaubert dich so, dass du über alle Menschen und die ganze Welt herrschen kannst.
11. Meister Astrologius Orakelius
    Er beantwortet dir jede Frage über deine Zukunft und bringt dir bei, wie du dein weiteres Leben bestimmen kannst.
12. Fee Talenta
    Sie verrät dir, welche Fähigkeiten und Begabungen in dir stecken und wie du diese gewaltig zum Ansteigen bringst.
13. Herr Menschlich und Frau Gewissen
    Sie helfen, dass dein Leben und das von den Menschen, mit denen du es zu tun hast, gut verläuft. Niemand schadet dem anderen und alle verstehen sich bestens.

© Cornelsen Verlag Scriptor, Berlin – Die Grundschul-Fundgrube für Vertretungsstunden

Yps ist ... – Kinder einer Klasse vorstellen

Mechthild Bölting

Klassenstufe 3–4
Dauer ca. 45–60 Minuten
Vorbereitung/Material linierte DIN-A4-Blätter, Tafel

Ziele
● Mitschüler in der Klasse bewusst wahrnehmen
● Kontakt zwischen Lehrperson und Kindern herstellen
● Interesse der Lehrperson an der Lerngruppe verdeutlichen
● Wahrnehmungen, Gedanken und Beschreibungen nachvollziehbar aufschreiben

Verlauf

Phasen	Schritte

1	● Die Lehrerin informiert die Kinder über das bevorstehende Ratespiel und über die Ziele bei diesem Spiel.
	  – Das Spiel soll verdeutlichen, wie gut sich die Kinder untereinander kennen, und es soll der Lehrperson erleichtern, die Kinder kennen zu lernen.
	  – Die Kinder sollen ihre Tischnachbarn beschreiben. Im Anschluss folgt daraus ein Ratespiel.
	● Die Kinder sammeln Fragen, um einen Mitschüler zu beschreiben.
	  – Beispiele: Was kann „Yps" in der Klasse besonders gut? Was gefällt mir besonders an „Yps"? Welche Hobbys hat „Yps"? Was mag „Yps" gerne? Welche Freunde hat „Yps"? Welches sind die Lieblingsfächer? Was isst „Yps" gerne oder nicht gerne? Was und mit wem spielt „Yps" auf dem Schulhof? Was spielt „Yps" besonders gerne? Was ist für dich das Besondere an „Yps"?
	● Anhand der gesammelten Fragen kann an der Tafel ein Schaubild entstehen.

2	● Die Kinder bekommen den Arbeitsauftrag, mit Hilfe der gesammelten Aspekte über den Tischnachbarn zu schreiben. ● Die Kinder erstellen in Einzelarbeit eine Beschreibung. Zu den gemeinsamen Kriterien können noch eigene ergänzt werden. <div align="right">▶▶▶</div>

3	• Die Beschreibungen werden eingesammelt und anonym vorgelesen.
	• Die Kinder versuchen, das beschriebene Kind zu erraten, und begründen ihre Vermutung.
	• Das Kind, das erraten wurde, entscheidet, ob etwas Wesentliches fehlt und ob die Beschreibung stimmig ist.
	• Gelungene Beschreibungen werden benannt. Die Auswahl sollte begründet werden. Beispiele: „Die Beschreibung passte sehr gut zu dem ausgewählten Kind. Die wesentlichen Charakteristika des Kindes waren enthalten. Die Formulierungen waren respektvoll und nicht wertend. Der Text selbst hatte einen roten Faden und war leicht nachvollziehbar."
	• Wodurch konnte die Beschreibung einem Kind leichter/zu leicht oder schwerer/zu schwer zugeordnet werden?

⚠ Tipps

• In der Einstiegsphase wäre auch eine modellartige Beschreibung der Lehrkraft möglich.
• Die Beschreibungen über ein anderes Kind sollten keine negativen Bewertungen enthalten.
• Zur Weiterarbeit: Die Klasse könnte gemeinsam eine Klassenbeschreibung erarbeiten. Beispiele: „Wir ... sind die Igelklasse; ... sind eine ruhige Klasse; ... arbeiten schnell; ... helfen uns gegenseitig, ... schlichten bei Streit; ... machen viele Ausflüge; ... sind häufig in der Natur; ... mögen besonders das Fach Musik; mögen Rechenspiele; ... haben mehrere Lehrer.
• Mögliche Hausarbeit: Eine Beschreibung über sich selbst erstellen. Evtl. könnten hier äußere Merkmale hinzugenommen werden.

Spinnennetz – Namenspiel

Christina Robert/Heiko Rauenschwender

Klassenstufe 3–4
Dauer ca. 20 Minuten
Vorbereitung/Material Wollknäuel

Ziele
- Zugehörigkeits- und Gemeinschaftsgefühl stärken
- Kooperationsfähigkeit fördern

Verlauf

Phasen	Schritte
1	• Die Kinder sitzen im Stuhlkreis. • Das Spiel wird erklärt.
2	• Ein Kind nimmt das Wollknäuel, hält das Fadenende fest und wirft einem anderen Kind das Knäuel zu. • Dabei sagt es z. B.: „Ich heiße Anna und werfe zu Michael!" Michael hält den Faden fest und wirft das Wollknäuel zu einem anderen Kind. • So entsteht nach und nach ein Netz, das alle Kinder der Klasse verbindet.
3	• In einem Abschlussgespräch können sich die Kinder äußern, welches Gefühl dieses Spinnennetz in ihnen auslöst. • Abschließend wickeln die Kinder das Wollknäuel in umgekehrter Reihenfolge auf und lösen dadurch das Netz auf.

[!] Tipp
Das Spiel kann auch mit der vorher vereinbarten Regel gespielt werden, dass Mädchen das Wollknäuel zu einem Jungen werfen und umgekehrt.

Ein Wurfmuster rhythmisch erarbeiten

Beate Böhm/Claudia Draack

Klassenstufe   3–4
Dauer   ca. 45 Minuten
Vorbereitung/Material   drei Gymnastikbälle (rot, grün, blau) oder erhöhte Anforderung: drei Jonglierbälle (rot, grün, blau), klingende Stäbe (Fachausdruck; ist in jedem Musikalienhandel erhältlich), Bewegungsraum (Pausenhalle, Schulhof, Turnhalle)

Ziele
- Orientierungs- und Reaktionsfähigkeit schulen
- Rhythmische Fähigkeiten fördern
- Auge-Hand-Koordination fördern

Verlauf

Phasen	Schritte
1	• Die Kinder stehen im Kreis und werfen einen Ball von Kind zu Kind, bis jeder einmal geworfen und gefangen hat. Dabei merkt sich jedes Kind, von wem es den Ball bekommen und zu wem es den Ball geworfen hat, sodass die Reihenfolge genau so wiederholt werden kann. Das so entstandene Wurfmuster wird eingeübt und nach Möglichkeit im Tempo gesteigert.
2	• Das bekannte Wurfmuster wird durch Hinzunahme eines zweiten und dritten Balles erweitert. Auch dabei wird die Reihenfolge nicht verändert.
3	• Es werden drei Gruppen mit je drei Kindern gebildet, von denen jeder einen klingenden Stab erhält. ▶▶▶

Gruppe A: C-Dur (c-e-g)
Gruppe B: F-Dur (f-a-c)
Gruppe C: G-Dur (g-h-d)
Die Tonnamen, z. B. g-h-d für G-Dur, sind auf den klingenden Stäben eingraviert.

- Gruppe A begleitet das Fangen des roten Balles mit einem Akkord.
- Gruppe B begleitet das Fangen des blauen Balles mit einem Akkord.
- Gruppe C begleitet das Fangen des grünen Balles mit einem Akkord.

☐ Tipps

- Je nach Klassengröße und Leistungsstand der Kinder kann das Wurfmuster auch in zwei Gruppen erarbeitet werden.
- Bei geringer Ballsicherheit oder Unruhe kann man das Wurfmuster auch zum Rollmuster machen. Die Kinder setzen sich dazu auf den Boden und rollen sich nach dem oben beschriebenen Wurfmuster den Ball zu.
- Das Wurfmuster kann auch als Bewegungspause im normalen Unterricht erarbeitet werden. Die musikalische Begleitung entfällt dann.

Quellenverzeichnis

AUER, MARTIN: Tischrede. In: Gelberg, Hans-Joachim (Hrsg.): Überall und neben dir. Beltz & Gelberg in der Verlagsgruppe Beltz.Weinheim/Basel 1986

BULL, BRUNO HORST: Ein schlechter Schüler. © by the author.

DOMENEGO, HANS, U. A. (Hrsg.): Sprachbastelbuch. Wien/Zürich 1975

ENZENSBERGER, HANS MAGNUS: Der Zahlenteufel. München/Wien 1997

GUGGENMOS, JOSEF: Es gingen drei Kinder durch den Wald. In: Guggenmos, Josef: Es gingen ... Beltz & Gelberg in der Verlagsgruppe Beltz. Weinheim/Basel 1983/89

GUGGENMOS, JOSEF: Was denkt die Maus am Donnerstag? Beltz & Gelberg in der Verlagsgruppe Beltz. Weinheim/Basel 1998

HÖNISCH, KURT: Spielerisch üben – Mathematik. © Bildungshaus Schulbuchverlage Westermann Schroedel Diesterweg Schöningh Winklers GmbH. Braunschweig 1989

JESTEL, JEAN: Vorsicht – Falschgeld. In: Die Grundschulzeitschrift, Heft 72. Seelze 1994, S. 17 ff.

LINDGREN, ASTRID: Pippi Langstrumpf. © Verlag Friedrich Oetinger. Hamburg 1997

MANZ, HANS: Achterbahnträume. In: Manz, Hans: Die Welt der Wörter. Beltz & Gelberg in der Verlagsgruppe Beltz. Weinheim/Basel 1991

METZGER, KLAUS: Handlungsorientierter Umgang mit Medien im Deutschunterricht. Berlin 2001

PRESSLER, MIRJAM: Die schönsten Erstlesegeschichten. Frankfurt a. M. 2002, S. 145–184

SECK-AGTHE, MONIKA: Das freche Schwein. In: Gelberg, Hans-Joachim (Hrsg.): Überall und neben dir. Beltz & Gelberg in der Verlagsgruppe Beltz. Weinheim/Basel 1986

VAHLE, FREDRIK: Hupp Tsching Pau – Das Bewegungsliederbuch. Beltz Verlag. Weinheim/Basel 2001

VAHLE, FREDRIK: Bewegliche Lieder oder Musik macht Beine. Beltz Verlag. Weinheim/Basel 2002

Nicht in allen Fällen war es möglich, den Rechteinhaber ausfindig zu machen. Berechtigte Ansprüche werden im Rahmen der üblichen Vereinbarungen abgegolten. Wir bitten um Verständnis.

Stichwortverzeichnis